大旗出版
BANNER PUBLISHING

大旗出版
BANNER PUBLISHING

大旗出版
BANNER PUBLISHING

大旗出版
BANNER PUBLISHING

血染的皇權

中國歷代天子鬥爭史

前言

這是一個特殊的人群。

這是一個充滿矛盾的人群。

幸運與悲哀，抗爭與妥協，瘋狂與無奈……都在他們身上得到了淋漓盡致的體現。也許有人會說這些「天潢貴胄」生來就是全天下最幸福的孩子。貧窮、飢餓與他們無緣，考試、工作更與他們無關，那些常人需要費盡周折，嘗盡艱辛才有可能掙來的榮華富貴，他們早在娘胎裡就得到了。他們是含金握玉的來到這個世上。但其實拋開這層表像，用心去體悟他們的命運之時，我發現，皇子是一群十足的可憐蟲。

身為人子，他們鮮有機會體味人世間的父子親情。

身為人臣，他們鮮有機會表達個人的思想與主張。

身為一個活生生的「人」，他們鮮有機會獲得基本的自由、權力與尊嚴。

這一切的一切都要歸因於造就和埋葬他們的皇權政治。

皇權政治，即以皇權為核心的政治格局和形態。在皇權的支配之下，經濟、文化皆為附庸，至於皇子，更是徹徹底底的皇權附屬物，其地位與特權完全來自於皇帝。他們的興衰榮辱，甚至性命，都與皇權休戚相關。

他們是距離權力之巔最近的人群，也是最遠的人群。說最近，是從空間考量，說最遠，是從本質考慮。「王子犯法，與庶民同罪」至少從理論上宣告：「在皇帝面前，皇子與廣大臣民別無二致，皆為奴僕。」皇權政治呈現出一點、一線的格局。皇帝是那個高高在上的點，奴僕是那條筆直而又有些曲折的線。

君民關係與君臣關係是皇權政治下的兩大重要課題。從君主的切身利益來考慮，顯然是臣子對其權位的威脅更加的直接和顯而易見。因此，君臣關係是皇權政治中的首要關係。

君臣關係的基本準則是尊君抑臣。君主要集權，勢必要侵奪臣子的權力，其中當數那些與君主「親」、「愛」、「信」的臣子對君權最具威脅，是君主首先需要提防的。那些理應是「至親」、「至愛」、「至信」的人也就是妻妾子女。

家天下時代，國家為帝王一姓之私產，基本繼承制度為父死子繼制，皇子具備承繼大統的合法資格，這相對於那些有著篡位野心的異性臣子顯然更有優勢；從人身關係上考慮，有較多機會親近君主的皇子，在弒君謀逆的時候也更加方便。

因而，皇子的身份就顯得很微妙了。從宗法角度來看，他們是君主的親生骨肉，可謂至親；從權力格局來講，他們是與君相對的臣子。那麼，這兩種關係孰輕孰重呢？從皇權主義理論和歷史態勢來看，顯然是前者服從於後者。

韓非將這種關係說的很露骨，即「為人主而大信其子，則奸臣得乘於子以成其私，故李兌傳趙王而餓主父。」因而，即便是親生兒子也不能相信。

對於君主而言，父子關係與夫妻關係，歸根結底就是「利」。即便是正妻所生嫡子做了「太子」的，「或有欲其君之蚤（通「早」）死者。」

父子關係已經十分緊張，那些嗜權，貪利，試圖固寵的后妃也參與了進來。為了確保自己的兒子能夠早日接班，這些女人不惜對丈夫痛下殺手。

對於這種有悖人倫的現象，韓非的解釋很直白：並不是弒君之人憎恨君主，而是因為君主的死可以為其帶來利益。即「君不死，則勢不重。」「情非憎君也，利在君之死也。」人情敗給了利益，當君主的存在，影響到了妻子，兒女的利益之時，利害之爭便會超過情感

既然父子關係成了猜忌與防範，我很質疑他們之間還剩下幾分親情。

伴隨著皇權的擴張與強化，皇子地位呈現出日漸衰微的趨勢。這從皇子之首，即「太子」的命運可以看出。作為國之儲貳，帝國的第一接班人，太子在皇權政治的前期曾扮演較為重要的角色。他們身居東宮，設官建制，並配有一定的武裝力量。而且，太子時常利用自己的特殊身份延攬人才，擴充實力。不少臣子也半推半就投入未來君主的懷抱，以期日後飛黃騰達。

既然對於君主的威脅最大，那麼皇子的處境也就最危險了。

人們常用「伴君如伴虎」來形容侍奉君主的危險。零距離的接觸，使得皇子較之普通臣僚，更容易成為皇權政治的刀下之鬼。此時，「天高皇帝近」的觀念現實成為實際存在狀態。面對皇帝，他們發現這個父親有異於常人，不能從人性的角度去考量。

皇子的存活率很低，即便成人，亦難以善終。一旦涉足權力，即會遭到猜忌。若是才華外露，自然招致皇帝的嫉恨與打壓，小命難保；若是庸庸碌碌，又會惹來皇帝和敵對勢力的詆毀與攻擊。總之，進也不是，退也不是。特別是那些佔據太子之位的皇子，就更是戰戰兢兢，如坐針氈了。

隨著年歲的增長，一些皇子權力慾望膨脹，拉攏勢力，勾心鬥角，甚至急於搶班奪權。使得君主若有芒刺在背，坐立不安，必欲除之而後快。

這種對皇帝權威的威脅與挑戰，必定會遭到無情的打壓。於是，有的皇帝裁撤東宮僚屬，有的安插眼線，有的取消太子特權，有的甚至直接將其廢黜或誅殺。到了最後，雍正皇帝則是採取秘密立儲的方式進行傳位，對於皇子的提防可謂到了極致。

其實，待到百官之首的丞相遭到廢除，那些飽讀詩書，標榜道德的漢族官僚欲做「奴才」而不可得的時候，皇子的地位也就可想而知了。

說白一點，他們也只是生長在宮城內的高級囚徒。

本書寫作，以《二十四史》和《資治通鑒》中記載有皇子事蹟的篇章為藍本，從數以千計的皇子當中遴選出了三十六位人物，分別作傳。他們當中，有文采斐然者，有武藝超群者；有修成正果者，有遺憾出局者；有悲天憫人者，有兇殘成性者；有唯唯諾諾者，有驕橫跋扈者；有安邦定國者，有荼毒天下者；有轟轟烈烈者，有窩窩囊囊者；有超凡脫俗者，亦有俗不可耐者。為了便於讀者閱讀，特打破朝代限制，據其共同特點，將人物分成了八大章節進行論述，也可以理解這就是皇子的八種命運。

在這裡，我不得不讚嘆太史公的偉大。諸多史書當中，唯有他筆下的皇子是那樣的個性鮮明，活靈活現，富有人味。這讓我在書寫漢武帝之前的幾位皇子之時省力不少。我自信，那些篇章也是最出色的。初次捉筆，必定充滿許多不足之處，期待讀者的批評指教。

血染的皇權

中國歷代天子鬥爭史

——

目次

Section 03 出逃國外

Section 04 附庸風雅

Section 05 天之驕子

Section 06 另類皇子

Section 07 活得精彩

Section 08 死得窩囊

Section 01 —— 接班太難

接班太難 之一

母親短視父拋棄 劉榮命喪中尉府

漢景帝劉啓長子

在皇權世襲制時代，選立接班人算得上是頭等大事，這直接關係到皇帝私產的繼承與穩定。太子亦被稱之為「國之根本」，應當儘早確定，以安天下人心。

漢景帝的原配皇后薄氏患有不孕症，未能生下一男半女，因此就只能從庶子當中挑選接班人。前元四年（西元前一五四年），景帝根據「無嫡立長」的原則，冊立庶長子劉榮為太子。

為了將太子培養成為一名合格的帝國接班人，景帝特意挑選魏其侯竇嬰做兒子的老師。魏其侯不僅是平定七國之亂的大功臣，而且還是竇太后的侄子，在朝中威望很高。由此可見景帝對太子的教育問題很是重視。

推崇儒術的竇嬰非常賣力，為太子傾注了大量心血；學生也很爭氣，品學兼優，深受老師好評。然而，這樣一位被家長和老師寄予厚望的孩子，卻因為母親的短視與愚蠢而喪失了大好前程，更由於父親的拋棄，而直接丟掉小命，不禁令人惋惜。那麼劉榮的母親是個什麼樣的女人呢？她到底犯了哪些致命錯誤呢？

「諸呂之亂」被平定後，臣子們商量著選任下一屆國家元首。齊王劉襄與弟弟朱虛侯劉章、東牟侯劉興居出力最多，朝中大臣卻以齊王劉襄之舅駟鈞為人兇殘，為防「呂禍」重演為藉口，而將齊王兄弟踢出候選行列。他們盤算著，代王劉恒的母親薄姬比較安分，娘家人也沒什麼勢力，殺傷力較弱，而代王不僅處事低調，還是所剩高祖兒子中的老大，於是共同擁立代王為新一任國家領袖，即漢文帝。薄姬此刻也「母以子貴」，升格為皇太后。

薄太后眼見著兒子做了皇帝，孫子劉啟還缺個媳婦，便效仿當年呂后的「劉呂配」，玩了出「劉薄配」，把一個娘家孫女指配給劉啟作為正娶妻子，借此抬高娘家的地位。劉啟雖不樂意卻也不敢執拗，因為父親可是個大孝子，對奶奶的話可是言聽計從，若是惹了老太太不高興，說不定太子之位不保。

西元前一五七年，文帝去世，太子劉啟接班，是為景帝。太子妃薄氏也順理成章成了皇后，可卻一直無法生育。她本就因為是太后許配給景帝的，因此不得丈夫景帝喜愛，加上又沒能生下龍子，這就註定了她的悲慘下場。果然，待到薄太后一死，薄皇后便被景帝廢黜，四年後鬱鬱而終。

后位空懸，景帝的其他女人都在眼巴巴地盯著這個位子。然而，景帝似乎並不著急。按常理，太子劉榮早在兩年前就已經定下來了，若是依據「母以子貴」的原則，應該把太子的生母栗姬扶為正房。可景帝並沒有這麼做。這似乎是在傳遞一個資訊：皇后待定！於是後宮的女人們開始想入非非了！

太子劉榮的生母栗姬，性情高傲，仗著老公的寵愛，目空一切，如今自己的大兒子又成了太子，更令她得意忘形，忘了自己的身分。栗姬尋思著：皇后的位子早晚是我的！她雖是個醋罈子，但最令她最妒恨的女人卻不是丈夫的其他妻子，而是長公主劉嫖。這個女人可不一般，她是景帝的親姐姐，竇太后的獨生女。因封地位於館陶縣，故稱館陶長公主。

劉嫖的名字總是讓人浮想聯翩。此處「嫖」字發一聲，而不是二聲，是勇健輕捷的意思，可以和「驃」字通假。她有兩個弟弟，大弟劉啟做了皇帝，小弟劉武被封為梁王。為了討好皇帝，劉嫖投其所好，常常向他進獻各地海選出來的美女，使得姐弟倆的關係很是親密。長公主也倚仗著老媽的寵愛和弟弟的縱容，經常出入宮闈，為自己和夫家攫取權利。

然而，長公主並不滿足於現有的地位與權勢，為了謀求利益的最大值，她開始進行一項放長線釣大魚的投資。深謀遠慮的長公主看著自己那漂亮的女兒陳氏，心生一計：即通過政治聯姻，以穩固並提高自己的顯赫地位。

劉嫖首先盯上了太子劉榮。

將寶壓在帝國接班人身上，這無疑是一項極富戰略眼光的投資，也體現了長公主作為一個風險投資人的膽量和氣魄。倘若能夠搶下這門親事，陳氏將成為太子妃，劉嫖也成了皇帝的親家婆。有朝一日，太子即位，陳氏就是皇后，劉嫖便是皇帝的丈母娘了，這個劉嫖還真會打算盤。

一日，長公主樂呵呵地跑到栗姬的住處，前來洽談親事。栗姬看見這個女人火氣就上來，心想：要不是妳成天給皇帝送那麼多的狐狸精，皇帝肯定天天都來我這兒過夜！但又想伸手不打笑臉人，且看她今天能耍出什麼花樣！

劉嫖厚著臉皮，一陣寒暄之後，遂將心中盤算已久的想法說了出來：「好弟妹，若是將陳氏嫁給太子，你我結成兒女親家，豈不是親上加親的好事！」自視甚高的栗姬冷笑道：「開什麼玩笑？我的榮兒將來可是要做皇帝的，妳家陳氏怎麼能配得上！」劉嫖一聽這話，羞得簡直無地自容，二話不說就拂袖走人。

當嘴上占了便宜的栗姬正在為自己的「勝利」洋洋得意時，愚蠢的她怎麼也沒想到得罪了這個大姑將會是一件多麼可怕的事情！

長公主碰了一鼻子灰，憤怒難耐！她心想，我堂堂陶館長公主，當今太后的獨生女，皇帝的親姐姐，有心跟妳結這門親是瞧得起妳，覺得妳家兒子是太子，也算門當戶對，又是親上加親的好事。妳竟然敢給我臉色看，走著瞧！遭受羞辱的長公主暗下決心，一定要把這個不識相的弟妹整到永世不得翻身，兒子也別想著當太子。

碰壁的劉嫖並未灰心，她依舊盤算著給女兒找個好婆家。這時，她想起了親家婆王美人，也就是兒子的岳母。劉嫖有兩子一女，二兒子名叫陳蟜，娶得就是王美人的小女兒隆慮公主。此時的王美人正在得寵，兒子劉徹也很討景帝的喜愛，四歲的時候就被封為膠東王了。極具戰略眼光的劉嫖意識到這也是一支不可小覷的潛力股。於是，長公主轉而和王美人洽談此事，欲將陳氏指給劉徹。工於心計的王美人一聽這個計畫，很感興趣，二人隨即結下了這門親事，並達成了如下共識：雙方將本著互惠互利的原則，為劉徹早日當上接班人而努力奮鬥！

這次政治交易意義非凡，不僅是一次成功的權力運作，更是直接改變了歷史。長公主的特殊身份，加上王美人的陰險狡詐，可以說是雙劍合璧，天下無敵。兩個女人一共只用了四招即將對手打倒在地，完成了這次扭轉乾坤的豪賭。

第一招——貶低敵人

這個層次低的工作不能由王美人來做，因為這樣容易引起別人的猜忌，但是長公主就比較適合這個工作了。她是一個嫁了人的公主，於後宮爭鬥有利，又是皇帝的親姐姐，說起話來自然方便許多。於是常常出入宮廷的長公主逮著機會就對栗姬大加詆毀。

其中有這麼一次，她對皇帝說：「那個栗姬啊！心眼可小了，常常妒忌別人。每次遇到陛下的寵姬之後，栗姬便讓侍者在背後咒罵她們，還吐口水，別提有多噁心了。我還聽說，栗姬為了勾引陛下，竟然學了很多歪門邪道的媚術。」景帝最忌諱的就是後宮之人沾染巫術，聽了姐姐的話，對栗姬的一股厭惡之情開始油然而生。

第二招——吹捧自己

王美人是一個離婚再嫁的女子，自然閱歷豐富，極富戰鬥經驗。為了抬高自己的身價，早在懷有劉徹的時候，她就曾對景帝說過不切實際的話。王美人對景帝說，夢見有一輪紅日撲通一聲掉進了自己的肚子裡。即在暗示丈夫，我懷的孩子可不是一般的小孩。飽受封建迷信毒害的景帝對此深信不疑，因而對王美人母子的印象一向不錯。

使出第一招說壞話後，皇帝就已明顯疏遠了栗姬，但這並不意味著王美人母子就會受到特別青睞。而且，光靠她一人自吹自擂顯然是不夠的，於是長公主再次披掛上陣了。她見了皇帝就開始誇王美人母子，母親心地善良，賢慧端莊，兒子聰明機靈，敏而好學……反正有什麼好話就說什麼！

正所謂，謊話重覆千遍就會成為真理。別管這句話在其他地方是否適用，反正放這裡絕對是沒錯。景帝成天聽姐姐這麼稱讚王美人母子，對他們的印象自然更好了。

第三招——借刀殺人

經過二女的聯合行動，鋪陳工作此時已經做得差不多了，所缺的就是一次引發爆炸的機會，而她們很快就等到了。

景帝有一回病得很重，連他自己都擔心挺不過去，情緒低落的他試探著向栗姬說起了身後之事：「待朕百年之後，還希望妳能夠善待那些其他夫人所生的孩子啊！」心直口快的栗姬一聽這話，立刻拉下了臉，嗲聲嗲氣地嚷嚷道：「你怎麼在我這裡還惦記著別的女人啊，我憑什麼照顧別人的孩子啊，他們又不是沒媽，哪用得著我去發善心。」

原本對栗姬尚存幻想的景帝一聽這話，真是既失望又惱恨，本欲發火，但又因考慮到自己的形象問題而把怒氣強壓了下去。景帝在栗姬那兒碰了釘子的消息，迅速傳到了王美人的耳朵裡，這個外表美豔，內心毒辣的女人很快想出了一招陰險的技倆。

王美人對丈夫的脾氣了解的很透徹。景帝是那種有了脾氣卻在心裡憋著，不輕易發洩的人。但這種人一旦發起脾氣來絕對要比常人來的更加猛烈。如今，丈夫因為栗姬的事情正在氣頭上，心裡憋著一把火無處宣洩。王夫人心想，何不趁此時機再添一把火，火上加油一番，或許能趁此機會將栗姬一次打翻在地！

王美人隨即暗中派人去拉攏一些大臣抓緊時機向皇帝奏請冊立太子生母為皇后。不明內幕的臣子們還以為這是皇帝的意思，爭著搶著要抓住這個邀功領賞的機會。經過選拔，主持外交工作的大行令幸運中獎，糊裡糊塗地就充當了王夫人的炮灰。

他上奏景帝：「古人云：母以子貴。如今儲君已定，可太子的生母卻還沒有名號，臣懇請陛下早日冊立栗姬為皇后，以安人心。」

正在生栗姬氣的景帝，一聽到這話，壓了很久的怒氣終於憋不住了。他馬上聯想到此舉必定是栗姬指使這幫傢伙來要封的，妳想要，朕偏不給。景帝怒斥：「這難道也是你可以管的嗎！來人，拖出去斬了！」殺了這個多嘴的大臣之後，景帝仍不解氣，繼而將怒氣轉向了栗姬的兒子劉榮，可憐的太子隨即被貶為臨江王。就這樣，劉榮四年的儲君生涯就這樣莫名的到了盡頭。此事發生在景帝前元七年（西元前一五〇年）四月。

聽聞兒子被廢的栗姬成天嚷嚷著要面聖叫屈，可景帝對其已經厭惡至極，理都不想理。丈夫的拋棄和兒子的罷黜，令這個內心脆弱的女人徹底喪失了活著的念頭，不久之後即憂鬱而死。

栗姬母子的倒臺，也昭示著另一對母子的崛起。景帝正式冊立王美人為皇后，膠東王劉徹為太子，陳氏成了太子妃。正如太史公所說：栗姬的被害，使得王氏心滿意足。真是一語道破天機。

第四招——斬草除根

被下放到臨江國（國都為今湖北江陵市）的劉榮並沒有消沉，他把滿腔的冤屈轉化為無窮的動力，投入到了無限的為人民服務當中，興利除弊，在封國內贏得了很高的人氣，深受國民愛戴。

但有人卻仍在惦記著他。

俗話說：牆倒眾人推，破鼓萬人錘。即便當權者沒有指示要將已經失勢的政敵徹底剷除，那些投機分子也會羅織罪狀，落井下石，藉機向主子邀功獻媚。

景帝中元二年（西元前一四八年），有人告發臨江王劉榮，罪名是：在擴建王宮的時候侵佔了宗廟的地盤。這是一項可大可小的罪過，說大了是違制，應當處以極刑；說小了不過是皇子的一點過失而已，關鍵要看法律的制定者和仲裁者——也就是皇帝的意願了。

聽到舉報之後，景帝下令劉榮立即進京。正要出發的劉榮剛一上車，喀嚓一聲，車軸竟然斷了，這可是不祥之兆。送行的百姓看到這一幕後，紛紛落下了眼淚，嗚咽著說道：「我們的國王再也回不來了！」

誰知竟然一語成讖，悲劇應驗了。

景帝將兒子劉榮召回京城，一沒讓他進宮，二沒把他交給主管皇家事務的宗正府，而是直接將他扔給了下手狠辣的郅都。景帝此舉，無異於送羊入虎口。郅都是歷史上有名的酷吏，為人剛直不阿，堅決維護皇帝權威，愛好打擊權貴豪強，並以此揚名立萬，人稱「蒼鷹」。此時正在擔任中尉（首都警備司令）。

劉榮一進長安就被傳喚到中尉府問訊，郅都絲毫不留情面，上來就是一陣恐嚇。貴為皇子，長於深宮之中的劉榮哪裡見過這種情勢，嚇得差點尿了褲子。劉榮請求郅都給他刀子（當時使用竹簡記事，刀子用來刮去錯字）和毛筆，想要直接寫狀子向父皇申訴。早已得了命令的郅都自然不會答應，反而將他收監看押。

聽到臨江王遭難的消息，竇老太后心疼孫子，便讓太子當初的老師魏其侯竇嬰偷偷地把刀筆送了進去，劉榮一把鼻涕一把淚將自己的冤屈寫了出來，隨後便自刎而死。劉榮死後，許多百姓都為這個孩子的不幸遭遇深表同情，就連燕子似乎也在為他哀悼，紛紛銜著泥土放到他的墳墓上。也不難看出，正是景帝這個狠心的父親將劉榮送上了黃泉路。那麼，景帝何以至此呢！

獨裁者的所作所為是不能用常人邏輯去推斷的。簡而言之，帝國的利益，其實就是帝王的私利，當這些受到威脅的時候，他們的心中沒有什麼親情、愛情和友情，所想的只不過是如何使自己處於不敗之地，如何才能永保自己的這份家業，未達這一目的，一切在所不惜。因而造成中國歷史上不斷上演著父子、母子、兄弟互相殘殺的悲劇。

新太子劉徹此時年僅九歲，而景帝的身體一向不好，萬一有個三長兩短，留下一個羽翼未豐的幼年天子該如何是好。已經成年的劉榮不僅曾經當過太子，而且有著不錯的風聲，對朝政頗具影響力的竇老太后亦對這個長孫很是疼愛。

但景帝想的卻是詭譎多變的政治鬥爭。當初是他將劉榮貶到臨江國，萬一劉榮造反怎麼辦？即便劉榮沒這想法，萬一朝中有人擁立他怎麼辦？基於以上考慮，劉榮不得不死。

接班太難　之二

廢太子有幸運兒 劉慶美夢終實現

——東漢章帝劉炟第三子

在中國漫長的專制時代，「太子」是一個多麼令人羨慕的職業啊！身為未來的皇帝候選人，他們尊貴無比，前途無量。一旦君臨天下，無限的權力與財富都將滾滾而來。然而有句話說，好事多磨難。做太子這行的危險指數是非常高的，雖距權利巔峰僅一步之遙，但離身敗名裂更是只差半步。

可是還有比「太子」更難當的位子，那就是「廢太子」。當太子還有登臺表演的機會，「廢太子」則不僅喪失了接班上臺的可能性，更是成了統治集團眼中的不安定因素，對於眾人而言，這種角色是多欲除之而後快。因而這行裡沒幾個能活下來的。東漢的清河孝王劉慶也是個廢太子，但他的命運比起其他同行來說，無疑算是幸運的，這是為什麼呢？

劉慶是漢章帝劉炟的第三子，母親是大宋貴人。

宋氏出身沒落貴族，號稱西漢中尉宋昌八世孫。父親宋楊是明德馬皇后（漢明帝妻）的表舅，以恭孝名聞鄉里，卻遠離官場，不應州郡徵召，想必是位淡泊名利的長者。早在明帝永平末年，美貌賢淑的宋氏姐妹即被時為太子的劉炟相中，納入東宮。不久，太子接班，是為章帝，姊妹倆都被封為貴人（妃嬪封號，當時僅次於皇后），深受寵幸。

建初二年（西元七七年），章帝開始擴充後宮的嬪妃人數。沘陽公主（光武帝長子東海恭王劉彊之女）的兩個女兒竇氏姐妹和舞陰長公主（光武帝長女）的夫家侄女梁氏姐妹同時入選，亦被封為貴人。次年，大竇成為皇后。沒多久，宋大貴人生下劉慶。皇帝等了一年，竇皇后的肚子仍不見動靜，遂將劉慶立為太子。知書達理的大宋和小宋不僅討丈夫歡喜，還特別善於處理婆媳關係，很受馬太后喜愛。

女兒得寵，老爸也跟著沾光，宋楊被任命為議郎（郎官一種，職同顧問，可參與朝政）。雖然僅是一個俸祿六百石的中級官吏，但畢竟是皇帝的舅公兼老丈人，所以褒獎不斷，賞賜甚厚。此時的宋家真可謂如日中天，前途不可限量，倘若運作得當，一個新的外戚集團不難形成。然而人有旦夕禍福，一場大禍竟不遠矣。宋氏的崛起，使得另外一股外戚勢力深感不安，那便是以皇后為首的竇氏家族。

竇皇后出身超級豪門，曾祖父即東漢初年威名赫赫的竇融（官拜大司空，進爵安豐侯）。當時，竇氏一門貴寵，無人能及，先後產生一公、兩侯、三公主、四二千石，府邸相望京邑，奴婢以千計。到此時，雖已家道中落，但百足之蟲死而不僵，竇氏家族依舊擁有極強的戰鬥力，宋家顯然難以與之匹敵。

竇皇后雖貌美如花，但無奈肚子太不爭氣，總是懷不上龍種，讓家族極為憂慮。如今宋氏姐妹恩寵不斷，生下的兒子還成了太子，致使心胸狹窄的竇皇后妒火中燒，忌恨不已。

建初四年（西元七九年），賢明有德的馬太后病逝，宋氏姐妹沒了靠山，大難將至。宮廷之險惡，甚於戰場。嬪妃之間爭風吃醋，勾心鬥角，人人皆欲爭得夫君之歡喜，儘早產下龍子，為此不惜痛下殺手，致對手於死地。竇氏雖然家世顯赫，背景深厚，但若長期無子，也難保恩寵日衰，后位不保。因而，這一仗對竇氏來說也是至關重要。

馬太后去世不久，竇后就將梁小貴人所生的皇四子劉肇強行霸佔，養為己子。之後要做的便是如何將宋氏姐妹推翻，搶奪太子之位。年紀尚輕，經驗不足的竇后向老謀深算的母親諮詢計策後定下裡應外合之計。在外，利用自家兄弟眾多的優勢，全力蒐集不利於宋家的各種資訊，往上追溯三代，網羅罪證；在內，拉攏收買大批宦官宮女，遍佈眼線，記錄宋氏姐妹在日常生活中的過失。

常言道：明槍易躲，暗箭難防。竇后佈下天羅地網，宋氏縱然謹小慎微，亦難免不被人趁虛而入，抓住把柄。不久，竇后誣指大宋貴人行巫術詛咒皇帝，章帝卻偏偏相信了，因此日漸疏遠大宋母子。竇后繼續火上澆油，沒日沒夜地詆毀情敵，結果造成太子劉慶被父皇趕出東宮，發配到承祿觀居住。

建初七年（西元八二年），竇后再次使壞，指使掖庭令（掌宮人簿帳及蠶桑女工等事）將先前所蒐集宋氏姐妹的諸多過失統統抖了出來。章帝大怒，廢劉慶為清河王，改立劉肇為太子。同時，投機分子蔡倫（造紙術改進者）承竇后旨意，捏造事實，伺機讒害，二宋被下放至暴室（宮廷染坊）做苦工，反省罪過。

昔日受盡萬般恩寵的宋氏姐妹怎堪受此不白之冤，隨即服毒自盡，以死明志。宋楊也被罷歸鄉里，後遭地方官落井下石，打入大獄，全賴友人奔走相助，得免死罪，而後憂憤而死。宋氏家族的發跡與隕落，前後不過十年，真是「其興也勃焉，其亡也忽焉！」

擊敗宋氏之後，竇氏將進攻矛頭轉向新太子劉肇的生母梁小貴人。她使用匿名信陷害並殘殺梁貴人的父親梁竦，姊妹二人不堪受辱，自殺身亡。竇皇后獨霸後宮。

剛被廢黜，又遭母喪，年僅五歲的劉慶連遭大禍。突如其來的變故和無處不在的風險逼使得他必須學會生存的技能。很難想像年幼的孩子劉慶竟然懂得了避嫌畏禍、察言觀色的做人道理，說話做事萬分小心，從不敢提及宋氏。見此情形，狠心的皇帝父親也不禁疼惜起這個聰慧多難的孩子，特別准許劉慶的服飾可與太子劉肇等同。

劉肇曾親眼目睹了宋氏母子的悲慘下場，似乎懂得了扶危濟困的道理，於是對三哥劉慶格外的親近保護，入則共室，出則同車，形影不離，也對劉慶形成了保護的作用。章和二年（西元八八年），章帝病逝，年僅十歲的劉肇接班，即和帝。和帝尊竇皇后為皇太后。她遂以皇帝年幼為由，臨朝稱制。

竇氏集團專橫不法，為所欲為，成為威脅皇權的心腹之患。太后兄長竇憲尤其跋扈，不僅安插黨羽，控制朝政，甚至豢養刺客，打擊報復異己勢力。和帝逐漸長大，越來越懂得權力的重要性，自然對於竇氏的專權行為日漸不滿，時常與劉慶暗中商量對策。竇氏集團亦感覺到了危險，竟然圖謀弒君篡漢。

偵知竇氏陰謀的和帝深感不安，遂加緊制定對策，以防不測。然而，縱有幾位朝中大臣可以託付，無奈宮中眼線甚多，難保大事不洩，唯有身邊宦官較為安全。和帝經過觀察，覺得鉤盾令（負責皇家園林）鄭眾可以信賴，於是招其密商此事。恰好，鄭眾也早已看不慣竇氏的橫行霸道，勸和帝早下手為強。

皇帝年幼，政治鬥爭經驗不足，急需參考剷除外戚的教科書——《外戚傳》，試圖從文帝誅薄昭、昭帝誅上官桀、宣帝誅霍禹等經典案例中學習經驗。於是密令劉慶潛往大哥劉伉處借取該書，以供研讀，又命他向鄭眾傳話，抓緊準備事宜。經過周密部署，年僅十四歲的和帝一舉擊敗權傾朝野的竇氏集團。竇憲等人被賜自盡，竇太后歸政。

和帝論功行賞，鄭眾升任大長秋，職掌皇帝詔書封誥大權，後又加封為鄛鄉侯；賞賜清河王劉慶三百宮女，車馬、錢帛、帷帳、珍寶和各種玩物不計其數。從和帝對兩位功臣的封賞不難看出其中的巨大差別。鄭眾得到的是真正的權力，劉慶所得不過是一些物質享受而已。那麼和帝為何厚外而薄內呢？

在專制體制之下，皇帝手中握有誘人的無限權力，所以那些稍具實力的王公大臣往往為了爭奪皇帝寶座而爭得你死我活。因此，皇帝為了確保自身的權力不受威脅，就會重用一些低級官吏來約束、排擠和打壓那些具有威脅的王公大臣。西漢的刺史，南朝的典籤，明代的大學士制度，均是因此而生。但這些低級官吏一旦掌權日久，就會成為又一股威脅皇權的力量，皇帝又得再生辦法來制約。二者相較，宦官乃刑餘之人，地位卑賤，沒有後代，是一群十足的奴才，所以宦官掌權僅是弄權而已，他們當中的絕大多數不會有篡奪皇位的念頭，比起那些野心勃勃的官吏來說，宦官無疑更加的安全。

再者，宦官與皇帝朝夕相處，情感上更近一籌，而且他們的社會聯繫較少，幾乎是與世隔絕，也因此更易於皇帝控制，如此說來，官吏終究沒有宦官好使，至於劉慶之類的皇族貴冑，那就更得日夜提防了。和帝與劉慶兄弟倆聯手除掉竇氏集團，不僅奪得大權，也報了昔日的殺母之仇。雖然，此時的和帝尚不知曉如今的母后實為殺害親生母親梁小貴人的元兇。

當年，宋氏姐妹含冤自殺，既未舉辦葬禮，更沒能進入宗廟，而只是被草草地埋在了樊濯聚（位於今洛陽城北）。每每想起此事，劉慶都會暗自傷神，深感遺憾。到了祭祀的日子，他也只能在自己的家中私下紀念。永元九年（西元九七年），失去權力的竇太后憂鬱而死，和帝終於獲知當年真相，追尊生母梁貴人為皇太后，諡曰恭懷，追加喪制。

直到此時，劉慶才敢上書和帝，請求親自為母親祭掃墳墓。和帝批准，並命令相關部門按照規格提供祭祀用品，實際上為其平反。此時，距離宋氏姐妹的忌日已經十五年了。聞聽祭母請求獲得恩准，劉慶喜極而泣，嗚咽著說：「雖然生前不能侍奉母親，但最終能為她進行祭祀，本王的心願滿足了！」

但其實劉慶內心深處還有個想法，那便是為母親建造祠堂，進行隆重的供奉，但又害怕此舉會落人口舌於是不敢開口，只是常常對著左右隨從哭泣，認為這是終身之憾。後來，他上書說：「臣的外祖母王氏年事已高，體弱多病，地方醫療條件太差，懇請陛下恩准她到京城進行療養。」

和帝批准，下詔准許宋氏全家返回京城居住，並將劉慶的舅父宋衍、宋俊等全都任命為郎官。由於幼年驚嚇過度和較早失去母愛的緣故，劉慶的身體不太好，時常生病，而且患有輕微的精神病，發病時常會驚恐萬分，坐臥不安。

每當劉慶臥病，和帝都會派人朝夕探視，並送去藥品和美食，關心備至。皇帝體恤臣子，臣子本應萬分榮幸。然而，歷經劫難的劉慶卻不敢消受。他深知：作為一個被廢黜的太子，能夠保全性命便已是萬幸，夫復何求。由於精神衰弱，皇帝的關懷讓他更加的惶恐不安。

劉慶待人恭敬謙卑，行事謹小慎微，處處以光武朝廢太子劉彊的自保之術為圭臬，不敢有絲毫疏忽大意，唯恐遭人猜忌，被人抓住了把柄。例如每次參加拜謁陵廟等大型儀式，劉慶都會在半夜時分就起床開始準備，焚香沐浴，整裝待發，總怕因遲到而受到指責。不僅如此，他還時常告誡下屬，行事務必低調，不可張揚，出行之時，絕不能超速行駛，欲與其他的王公大臣比快。

永元十六年（西元一〇四年），清河王中傅（負責監視諸侯王動向的宦官）衛忻貪贓枉法之事遭人告發。和帝大怒，下令徹查此案。不久，司法部門共查獲贓款達千餘萬。和帝責怪清河王劉慶知情不報，身邊養了這麼大一隻蛀蟲。劉慶申辯道：「衛忻以師傅之尊，選自聖朝，代天子行事。臣本愚昧，但知言聽計從，唯恐侍候不周，不敢糾察，所以未得先聞。恭請陛下明察。」

和帝聽到這番回答，非常高興，心中對於這個曾經的太子更加放心，遂將沒收衛忻所得的財物全部賞給了劉慶。

不久，年僅二十七歲的和帝病逝。劉慶悲痛欲絕，嘔血數升，多次昏死過去，由此病情加劇，身體日漸衰微。和帝死的時候，尚未來得及冊立太子。因此，選任下一屆接班人的重大問題便立即擺在了眼前。當初，皇子接連夭亡，前後十多個無一倖存。和帝疑心後宮之中暗藏殺機，懷疑有人加害他的兒子，就將後來所生的皇子全都由奶媽偷偷抱往宮外，寄養民間。此等秘密行動，怎能輕易外洩，故而除了鄧皇后之外，朝中上下無人知曉皇子下落。

此時，找不到皇子接班的大臣們成了熱鍋上的螞蟻，急得團團轉。鄧皇后卻胸有成竹，開始逐步實施自己的計畫。首先，鄧皇后提供線索，找出了兩個皇子。大的八歲，名叫劉勝，卻患有不治之症；小的叫做劉隆，剛滿百日。群臣請求擁立長子，鄧皇后卻以劉勝患有惡疾為由，堅持冊立劉隆。當天晚上，尚在襁褓之中的百日嬰兒繼位，鄧氏以太后身份臨朝攝政。不久，諸侯王前往封國就位。臨行之際，鄧皇后對劉慶特別優待，禮遇遠超其他藩王。

劉慶的兒子劉祜，當時已經十三歲，鄧皇后因皇帝幼小單弱，擔心將來發生不測，就將劉祜留在了京城。果然，僅僅過了八個月，劉隆便不明不白地死了，諡號孝殤皇帝，這個可憐的孩子還接連創下兩項紀錄：中國帝王中即位年齡最小、壽命最短的皇帝。殤帝夭折，鄧后與哥哥鄧騭密謀迎立劉祜為帝，連夜將他接入宮中登基，史稱安帝，鄧后照舊掌權。

消息傳來，剛剛回到清河國（在今山東臨清市）的劉慶感慨萬千。遙想當年，他曾貴為太子，卻遭奸人陷害，不僅喪失了繼承皇位的可能性，母親也含恨而死。多年來，他一直生活在驚恐之中，多年來沒睡過一個好覺，而如今，總算是媳婦熬成婆，修成正果了。雖然自己沒當上皇帝，可兒子卻幸運的為自己實現了夢想，也算是不枉此生。

但命運似乎又捉弄了劉慶一把，皇帝爸爸的好日子還沒享受幾天，病魔就將他的生命帶走了。永初元年（西元一〇七年），劉慶病重，唯一的願望就是死後能夠和母親宋貴人葬在一起，死去時年二十九歲。漢安帝追尊父親為「孝德皇」。這個名號，雖然低於皇帝但卻高於諸侯王。

當然，劉祜的繼位也僅僅是開了個頭。

西元一二五年，劉慶的孫子劉保繼位，即漢順帝。

西元一四四年，劉慶的曾孫劉炳繼位，即漢沖帝。

東漢清河王世家竟然就出了三位皇帝，也算是一項不凡的紀錄了。

接班太難　之三

內外交困陷重圍　楊勇被扣瘋子名

隋文帝楊堅長子

在中國歷史上，被扣上瘋子之名的案例可謂是由來已久，源遠流長。早在隋朝時期，太子楊勇在遭到廢黜之後，就曾被取代自己位置的楊廣貼上「精神病人」的標籤。

楊勇，小名睍地伐，是隋文帝楊堅和獨孤皇后的長子。早在北周時期，他就因為爺爺楊忠屢立軍功的緣故而被封為博安侯。後來，楊堅掌權，進封隋王，楊勇成為世子，待到楊堅當了皇帝之後，他也就成為了皇太子。楊勇性情寬厚，待人直率熱情，從不弄虛作假，而且生性好學，善長詞賦，能力出眾，很早就顯露出了不俗的政治意識。

為了鍛煉儲君的從政能力，文帝特准許楊勇可以參與決斷軍國大事。楊勇也不負聖望，多次對朝廷弊政提出切中要害的處理意見，且都獲得文帝的採納和誇獎。然而，這樣一位在各方面才能都堪稱上是優等的太子，卻在當上太子的第二十個年頭被廢黜了，這究竟是為什麼呢？

作為皇帝的唯一合法繼承人，太子的廢立問題向來都是歷朝歷代的一件大事。而最高決策者隋文帝也並非草率之人，可以這麼解釋，楊勇的廢位是一個矛盾長期累積的過程，是內外多方勢力共同作用的結果。

簡而概之，共有三大勢力對楊勇進行圍剿，即隋文帝、獨孤皇后和楊廣集團。

隋文帝靠陰謀起家，上臺後難免變得患得患失，於是竭力效仿古代聖王，節儉治國便是他的主打牌之一。一次，文帝去東宮視察，看見楊勇在給一副精美的蜀鎧（蜀地出產的鎧甲）添加裝飾，文帝很不高興，拉著長臉說：「自古以來，沒有一個生活奢侈的帝王能夠長久的，你作為未來接班人，應當以節儉為先，這樣才能承繼家業。朕將過去所穿的衣服都各留了一件，時常取出來告誡自己不可忘本，現特賜你一把朕舊時佩帶的刀，一盒你當年常吃的醃菜。希望你能夠懂得朕的用心良苦。」

其實，隋文帝是個十足的沽名釣譽之徒。他的節儉僅僅體現在一些生活上的瑣碎事情，省不下幾個錢來，而營建新都大興城，建造富麗堂皇的避暑聖地仁壽宮（位於陝西麟游縣群山之中），卻是個勞民傷財的大建案。但隋文帝就偏偏喜歡靠做秀來贏得名聲。

某年冬至，百官都去東宮拜見楊勇。楊勇很高興，排列樂隊接受百官祝賀。文帝知道後，非常不滿，感覺太子搶了自己的風頭，就問道：「最近，朕聽說內外百官在冬至那天都跑去朝見太子了，這遵循的是什麼禮法？」

主管禮樂的太常少卿辛亶聽出了話中的殺氣，趕緊回稟：「百官到東宮，是祝賀，不能說是朝見。」

文帝面帶怒色道：「祝賀的話應該是三五十人，各自前往，為什麼會是有組織的團隊前往？

而且，太子竟然身著禮服，大張旗鼓地奏樂接待百官，焉能如此？」

臣子還欲解釋，文帝不由分說地立即下詔禁止官員在冬至日前往東宮祝賀。他也因此對楊勇生出了猜疑戒備之心，楊勇身為兒子恩寵自然日漸衰退了。不久，文帝從東宮宿衛軍中抽調出大量精壯守衛來護衛自己。宰相高熲上奏說：「如果陛下把精兵都選走了，恐怕東宮的宿衛力量會過於薄弱。」

文帝勃然變色，厲聲說：「朕時常外出巡幸，自然需要強大的警備力量。太子只不過在東宮修身養性，哪裡用得著壯士保護！在東宮保持強大的警衛力量是極大的弊政。在朕看來，只需在衛隊換防之時分出一部到東宮去就足矣了，沒有必要專設兩支隊伍。朕對於前代的制度得失再清楚不過了，你不必拿以前的老規矩來提醒朕。」

文帝此舉，無異於敲山震虎，因為高熲的三兒子高表仁娶的正是楊勇的女兒，大寧公主。

隋文帝共有五個兒子，全都是獨孤皇后所生，但文帝只有這一個妻子嗎？難道後宮其他的妃嬪宮女都集體患有不孕症嗎？這倒不是，這全都因為獨孤氏獨霸後宮，實為下罕見的「妒婦」。

獨孤氏坐鎮後宮，一手遮天，嚇得其他妃嬪宮女都不敢親近皇帝，更別說侍寢了。後宮有那麼多年輕貌美的女子，文帝卻只能乾瞪眼，每天還要面對年老色衰的獨孤氏，這對於天下至尊的皇帝來說，實在是一種煎熬。可即便獨孤氏防備甚嚴，但只要文帝用心，機會總是有的。

當初，相州總管尉遲迥起兵反對楊堅遭到鎮壓，他的妻女作為罪臣家屬全都被罰入宮中為奴。文帝因一次偶然的機會看到了尉遲迥的漂亮孫女，就跟失了魂似的，胸中壓抑多年的情感頓時全都湧向了這名女子。

獨孤氏知情後醋意大發，竟然趁文帝坐朝聽政的時候，暗中派人殺了尉遲氏。文帝大為光火，但竟然不敢發飆，而是選擇離家出走，獨自一人騎著馬，在山谷之中狂奔二十餘里。高熲、楊素等臣子隨後趕來，攔馬苦苦勸諫。文帝長嘆一聲：「朕貴為天子，竟如此不得自由，活著還有什麼意義！」

高熲勸道：「陛下身繫家國社稷，怎能因一婦人而看輕天下？」

文帝怒氣漸消，一直在外面發呆到半夜才回到宮中。獨孤氏的醋意可見一斑。此人不僅干預老公的性生活，而且還把多管閒事的觸角伸到了王公大臣的家中。只要她一聽說哪個人的小妾懷了孩子，就會讓皇帝斥責他們貪戀女色，不遵禮法。楊勇就是因此而遭到了母親的厭惡。

楊勇很喜歡女人，娶了不少老婆，其中最寵愛的當屬雲氏，而太子妃元氏卻長期遭受冷落，也無半子。後來元氏抑鬱成疾因心絞痛暴斃而死。獨孤皇后認為太子妃的死因有蹊蹺，懷疑是雲氏下的毒手但卻毫無證據，遂遷怒於楊勇，將其痛斥一番。

此後，雲氏總攬東宮事務，先後生下了長寧王楊儼等三個兒子，其他的姬妾也很努力，生了不少兒子。儲君多子，後繼有人，本是好事，但卻惹惱了獨孤皇后，因為她向來最看不慣的就是偏房篡位，搶了正房的風頭。如今，她為兒子聘娶的太子妃元氏成了浮雲，其他的小妾反倒接連生了一大堆兒子，這在她眼裡看來豈不是造反嗎。獨孤氏很不高興，竟然派人到東宮盯梢，專門找楊勇的過失和罪過。她的監視舉動，很快地就被一個蟄伏已久的陰謀家得知，即晉王楊廣。

楊廣，小名阿麼，是獨孤氏的次子，即楊勇的弟弟，他不僅生得容貌俊美，舉止優雅，而且聰明好學，性格沉穩，對朝中官員更是以禮相待，竭力結交，因此他的人氣指數在五位皇子當中排名第一。當楊廣瞭解到母親厭惡大哥的原因之後，就針鋒相對地制定了一系列與大哥行徑相反的偽裝策略。

首先，楊廣在白天時只和正宮蕭妃守在一起，對其他小妾及所生子女則毫不理睬，其實晚上的時候照舊淫樂。這種假象令獨孤皇后非常滿意，覺得二兒子遵行禮法，德行高遠，專情於正宮而不偏袒偏房。其次，每當帝后駕臨晉王府邸之時，楊廣就將那些漂亮小妾全都藏起來，特地安排年老的和貌醜的僕人穿著粗布爛衣出來服侍伺侯。藉此顯示自己不好女色，崇尚節儉。

第三，楊廣將房中的豪華裝飾全都撤去，改換成非常樸素的陳設，還故意把琴弦弄斷，再撒上一層厚厚的塵土。文帝看到這些精心佈置的景象後，深感欣慰，覺得兒子不喜聲色。第四，對於文帝和皇后派來的使者，不論地位高下，楊廣和蕭妃必定出境遠迎，並為來人大擺筵席，厚贈禮品。於是這些人無不競相稱頌楊廣的仁孝寬厚。經過楊廣的精心偽裝，朝中大臣和宮中奴婢的大力頌揚，文帝和獨孤皇后也越來越屬意楊廣了。

有一次，楊廣要離京返回揚州總管任上，臨行前進宮向母后辭別，順便來了段即興演出。他趴在地上，兩眼熱淚，訴說著自己對母親的不捨之情，感動的獨孤氏也不禁潸然淚下。楊廣哭著說：「孩兒愚笨，常常顧念兄弟之情，卻不知什麼地方得罪了太子哥哥，令他常常滿懷怒氣，想要誣陷並加害於我。嚇得孩兒食不甘味，夜不能寐，唯恐遭人暗害，死於非命。」一聽這話，獨孤氏急了，拍著桌子怒吼道：「晛地伐真是越發不像話了，想我當初給他娶了元家的女兒，他竟然晾在一邊，就只寵愛雲氏，還和她生下那麼多兔崽子。當年元氏好端端的突然死了，顯然是被奸人所害，事已至此，我也就不追究了。可他為何對你也生出了歹念！我尚活著，他便如此，若我死了，他還不整死你們嗎？每每想到皇太子沒有正妻嫡子，皇帝百年之後，你們兄弟竟要跪拜雲氏的兒子，我這心裡就跟針扎了似的，痛不欲生啊！」說罷，母子二人抱頭痛哭。從此之後，獨孤氏下定了廢黜楊勇改立楊廣的決心。

大臣宇文述乃是楊廣死黨，為了替主子分憂，壯大己方勢力，他主動請纓，先是用大量財寶爭取到了大理寺少卿（最高法院副長官）楊約，後又通過楊約將宰相楊素拉了過來。楊約對兄長楊素說：「聖上對於皇后向來是言聽計從。因此，你應趁早傍上皇后這棵大樹，如此才能長保榮華富貴。兄長若是遲疑，一旦情況有變，太子即位，恐怕你我就要大難臨頭了！」楊素聽了深以為然。

過了幾天，楊素進宮參加宴會。席間，楊素試圖揣摩皇后對楊廣的看法，就委婉地說：「晉王孝悌恭儉，真是與至尊（即皇帝）十分相像啊。」

皇后立馬流著淚說：「你說的很對啊！阿麼非常孝敬友愛，每次聽到皇上和我派的使者到了，必定親自遠迎。一到辭別之時，沒有一次不落淚的。他的妻子也很令人憐愛，我派婢女去她那裡，她常與婢女同寢共食，哪像太子和雲氏那樣終日沉溺酒宴，親近小人，猜忌防備骨肉至親！所以我愈加愛憐阿麼，常常怕太子陷害他。」楊素摸到了皇后的底牌，便開始大膽詆毀太子如何不成器，讚揚楊廣如何出色。最後，獨孤皇后還賜給楊素許多財物，讓他煽動文帝行廢立太子之事。

這時，楊勇自身也出現了不少問題，為敵人創造了許多可乘之機。當初，雲氏的父親雲定興為了討好太子，沒事就往東宮跑，還總是會向楊勇進獻許多奇裝異服和稀奇玩物。對於此事，左庶子（東宮侍從官）裴政多次勸說楊勇，都未被採納。裴政轉而警告雲定興：「太子妃暴死，外面議論紛紛，在這非常時期，您不避嫌，還總是往東宮跑，不但會給太子帶來麻煩，您自己也會大難臨頭的。」雲定興卻不以為然，跑到楊勇那裡打小報告，楊勇因此越發疏遠裴政，竟將他外調為襄州總管。

楊勇開始不但遠賢臣，而且親小人。音樂家唐令則之徒，因為擅長音樂歌舞的緣故使楊勇特別親近。右庶子（東宮侍從官）劉行本責備唐令則：「你身為東宮輔官，應當輔佐太子走正道。為何要用聲色歌舞取媚於太子？」唐令則深感慚愧但卻不知悔改。一次，楊勇宴請東宮臣僚，唐令則自彈琵琶，唱起了當時著名的淫詞豔曲〈媚娘〉。太子隨從李綱起身對楊勇說：「唐令則身為輔官，職責應是調教指導太子，卻在大庭廣眾之下自比娼優，進獻靡靡之音。這種事情若是被皇上知道了，唐令則不僅會被治罪，恐怕還要連累殿下，請您速速將他治罪！」

楊勇不耐煩的說：「我不過是想要快樂過生活，少管閒事！」

李綱憤然退席。後來，裴政和劉行本先後病逝，楊勇就更加沒人管束了，錯誤也自然是越來越多。

對於楊廣集團的圖謀，楊勇倒也非常清楚，雖然深感憂慮恐懼，但卻束手無策。後來，他竟然讓巫師製作法器來避邪，又在後園建了一個貧民窟，裡面全是低矮簡陋的破房子。楊勇常常身穿布衣，鋪著草褥子，吃著粗茶淡飯，在裡面體驗貧民生活，希望以此躲避現實中的災禍。楊勇病急亂投藥，文帝竊喜，派楊素去東宮打探動靜，查看楊勇是否會露出什麼馬腳。楊素來到東宮門口後故意卻步不進，讓早已換好衣服等候自己的楊勇乾著急。

楊勇懷恨在心，在言行上表露出來。楊素就回去向文帝報告：「太子心懷怨恨，恐怕會發生變故，希望陛下對其嚴加防備。」聽了楊素的詆毀之詞，身為人父的文帝，非但不對兒子加以勸慰警告，反而學皇后玩起了特務手段。同時，文帝還對入值東宮的衛隊加緊監控，將其中的勇猛之士全都調出，進一步削弱東宮的武裝力量。不久，皇后也將從東宮暗中偵查得來的所謂情報全都上報文帝，夫妻倆密切配合，想盡法子要找藉口將長子拉下太子之位。

有了父母當靠山幫忙，楊廣也沒閒著。為了將對手搞垮，輿論攻勢自是必不可少的。楊廣派心腹段達賄賂東宮弄臣姬威，使其暗中監視太子，一有動靜立刻報告給楊素。楊素則在外造謠生事，大肆鼓噪，於是朝廷內外到處都是對太子的議論誹謗，天天都可以聽到眾人在流傳他所犯的罪過。

文帝晚年時期信佛，更信鬼神，整天動不動就要求神問卜。一天，他命術士暗中給五個兒子相面。術士瞇著眼，捋著小鬍子，煞有其事地說：「晉王楊廣眉上有雙骨隆起，貴不可言。」文帝很高興，又詢問擅長陰陽相術的大臣韋鼎：「朕這些兒子，哪個可以繼承皇位呢？」韋鼎是個聰明人，他不敢摻和廢立儲君的危險事，狡猾地回答：「自然是陛下和皇后最鍾愛的兒子應當即位。臣愚鈍，怎麼能夠預知呢。」文帝笑了。

雖然文帝多次當眾表示對於太子的不滿之情，群臣也都知曉他的意思，但卻沒人敢當發聲人，正式提出廢黜太子的議案，因此一直沒能形成聲勢浩大的廢儲浪潮。在這樣的情形下，文帝只好親自出馬了。文帝在大興殿召見親信大臣，率先拋出問題：「朕剛返回京師，本該開懷暢飲尋求歡樂，但卻不知為何變得鬱悶惆悵？」

吏部尚書牛弘搶先回答：「是臣等不稱職，才使得陛下憂愁勞累。」

文帝本欲藉此問題，引誘臣子揭發檢舉太子的過失，牛弘的回答自然很不合文帝的心意。文帝臉色一變，先衝東宮輔官發起了火：「仁壽宮離此不遠，但朕每次從那兒返回京城之時，都得嚴加戒備，如同進入敵國一樣。這些天，朕正在拉肚子，不敢脫衣睡覺，昨天夜裡要上廁所，因為恐怕後殿不安全，就又跑回前殿解手，路上的時候險些拉到褲子裡。難道不是你們這些人想要危害朕的國家嗎！」

不由分說，文帝把唐令則等幾個東宮輔官交付有關部門進行審訊，然後命令楊素將太子的不軌行徑統統抖露出來。楊素得令，開始講述自己的所見所聞：「我奉旨查辦東宮屬官劉居士謀反一案，請太子配合調查，追查劉居士的餘黨。誰知太子接到詔書之後，臉色大變，暴跳如雷地對我吼道：『劉居士的餘黨都已伏法，讓我往哪兒找去？你作為宰相，身兼重任，還是自己去查核此事吧，不關我的事！』太子還曾私下說：『當初禪讓之時（楊堅篡奪北周政權），我冒著掉腦袋的風險參與政變，如今父親當了皇帝，居然待我還不如幾個弟弟，處處與我為難，唉！真是太不自由了。』」

楊素說完，文帝接過話：「朕很早就覺得這個兒子難勝大任！皇后老是勸朕將他廢黜，朕覺得他是朕在作平民的時候生的，又是長子，希望他能夠改邪歸正，才一直克制忍耐到現在。想當初，楊勇曾對衛王楊爽（文帝的異母兄弟）說：『娘不給我娶個好媳婦，真是可恨！』然後他指著皇后的侍女說：『她們全都是我的！』諸位聽聽，這話是多麼的無恥！太子妃剛死之時，朕很懷疑她是被毒死的，就責問楊勇，這孩子竟然怨恨地說：『真應該除掉元孝矩（太子妃的父親）。』這分明是想要害朕而遷怒他人啊！長孫楊儼剛出生時，朕和皇后因為高興，就把孫子抱來撫養幾日，楊勇卻連連派人索要，真不知是何居心。況且，楊勇寵幸的那個雲氏原本就是雲定興在外與人野合而生，還未必就是他的骨肉呢！俗話說，龍生龍，鳳生鳳，老鼠的孩子會打洞。以前，晉太子司馬衷娶了個屠夫的女兒，生下的兒子就喜歡屠宰賣肉。如今太子娶了這樣的女人，是會亂了祖宗家法的。」

文帝頓了頓，最後總結說：「朕雖德行不及堯舜，但終歸不能把天下百姓交付給不肖子孫！長期以來，朕總擔心他會謀逆，整日如防大敵，現在朕打算廢掉楊勇，以慰天下。」

五原西元旻趕緊規勸道：「廢立儲君，乃是國之大事，陛下金口玉言，詔書一旦頒行，悔之不及！讒言均為污蔑之詞，萬望陛下明察啊！」縱使元旻聲色俱厲，犯顏強諫，文帝終以沉默對之，他在等待有人一起幫腔。就在此時，受人指使的姬威越級上報，表示要控告太子的非法言行。文帝很是興奮，鼓勵姬威把太子的過錯全都講出來。

姬威清了清喉嚨，打開奏章，開始羅列罪狀。

罪狀裡首先提到楊勇曾說要把從樊川（位於今陝西省西安城南）到散關（在今陝西寶雞市西南）的廣闊地域全都建成離宮別院，以供玩樂。而當年漢武帝要建上林苑用作娛樂之途的時候，東方朔曾上表勸諫，武帝接受勸練還賞他黃金百斤，楊勇認為若有人膽敢阻撓他，他只好一刀剁了擋路者，只要殺上百十人，自然無人再敢妄言。

其次，大將蘇孝慈在被解除太子左衛率（東宮屬官）的職務之時，楊勇曾憤恨地說發誓要趕盡殺絕以求痛快；再者，有關部門對於東宮非法索取的許多物品總是不予批准，楊勇每次都會大發雷霆，還立志要將宰相以下的人殺他幾個，讓他們曉得怠慢太子的下場；再來，楊勇還說過：「父皇厭惡我小妾們的孩子多，北齊後主高緯和陳後主倒是嫡長子，那他們又如何呢？沒一個好東西。」

最後，還捏造了楊勇曾令巫師占卜國之吉凶，之後得意地說：「皇帝的忌日就在開皇十八年，快到了！」

姬威彙報完畢，文帝早已老淚橫流，嗚咽著說：「誰不是父母所生，他竟然如此大逆不道！朕近來翻閱《齊書》，看到高歡放縱自己的兒子，就會非常氣憤，朕怎麼能仿效這種人呢？」

於是，文帝下詔將楊勇和他的幾個兒子全部收監，並逮捕東宮黨羽。負責此案的楊素充分施展才能，舞文弄墨，巧言詆毀，羅織罪名將案子辦的十分徹底。結果，楊勇父子全都被廢為庶人，原東宮僚屬和那些與楊廣親近的朝中官員大都被殺，罪犯家屬全被罰沒入官為奴。

直到此時，還有大臣冒死上書文帝：「太子顯然是被小人教壞了，應該加強訓誡教誨，不宜廢黜。」文帝大怒，抄起鞭子就抽了大臣一頓。事後，文帝將楊勇墮落的責任全都歸咎於東宮的屬官，對他們進行了嚴厲斥責。眾人惶恐，無人敢言，唯有李綱反駁道：「太子的性格本來就與常人無異，可以變好，也可以變壞。若是陛下挑選正直的人輔佐太子，勤加督導，他足以繼承祖宗基業。可諸如唐令則之類的小人竟然也被任命為東宮屬官，他們只知用聲色犬馬娛悅太子，後果可想而知！這是陛下的過失，並非太子之罪。」

文帝神色慘然，愣了半天才說：「李綱責備朕，不是沒有道理。但你只知其一，不知其二。朕挑選你為東宮臣僚，可楊勇不信任你，即便換上正直的人又有什麼用處呢？」

李綱生氣地道：「臣之所以不為太子信任，全因奸人從中作梗，倘若陛下將唐令則等人斬首，更換賢能才學之士輔佐太子，我怎會被疏遠拋棄呢？自古以來廢長立幼，國家多遭危難。希望陛下好好考慮，不要做後悔之事。」文帝默然。

不久，晉王楊廣成為新的皇位接班人。文帝將楊勇囚禁在東宮，交給楊廣管束。楊勇認為自己雖有罪，但不至於遭受廢黜，就多次請求面見文帝申明冤情，但卻被楊廣阻攔。無奈之下，楊勇趁著放風的時候，竟然爬到樹上大聲喊叫：「父皇，兒臣冤枉！」楊廣趕緊派人將楊勇拖下來，關進了一間小屋中，再也不讓他出來放風透氣了。呼喊的聲音傳到皇宮，文帝也未在意。楊素說道：「楊勇神志不清，遭厲鬼附體，已經病入膏肓，無可救藥了。」文帝覺得楊素的結論很有道理，於是連聲誇讚。因此，楊勇至死都沒能再見上父親文帝一面。

仁壽四年（西元六〇四年），文帝病重，臨死之前發現楊廣非禮自己的愛妾宣華夫人，始知遭人矇蔽，痛心疾首，捶床大呼：「枉廢吾兒！獨孤誤我！」文帝趕緊派使者去召回楊勇，但行動早已被楊廣控制，縱然悔不當初，也是無能為力了。不久，楊廣弒父篡位。登基後，楊廣首先搶佔父親的美麗妻子，然後偽造詔書，派楊約將「瘋子」楊勇勒死，後又接連殺害了他的十個兒子，實為心狠手辣的歹毒之人。

接班太難　之四

黃台瓜辭訴衷腸　李賢難逃母毒手

——唐朝高宗李治第六子　武則天第二子

常言道，虎毒不食子，比喻人皆有愛子之心。但當人性被權力欲望所吞噬的時候，這些說詞是顯得那麼沒有說服力。獨裁者們打著為天下蒼生謀福祉的幌子，實則為謀一己之私利，但凡有人對其權力構成威脅，那便是「遇神殺神，遇佛殺佛」，其兇殘和醜陋的程度比之禽獸真是有過之而無不及。

章懷太子李賢本是一個非常稱職的皇位接班人，但卻死於奸人之手，成為政治鬥爭的犧牲品。陰謀背後的主導人不是外人，正是他的親生母親——武則天。可憐的李賢至死都沒能想明白究竟是誰非要至他於死地。

李賢，字明允，唐高宗李治第六子，武則天的第二個兒子。永徽五年（西元六五四年），他出生在父母前往昭陵祭拜爺爺唐太宗的途中。據《兩唐書》記載，李賢年少時風姿端雅，而且讀書過目不忘，非常聰慧，因而深得高宗喜愛。兒子有出息，爸爸也有面子。一次，高宗欣喜地對大臣李勣說道：「愛卿啊，朕的這個兒子真是太優秀了，小小年紀就已經讀過《尚書》、《禮記》和《論語》了，還能背誦很多詩賦。有一回，朕讓他讀《論語》，當讀到『賢賢易色』（大意為看到賢人，便會肅然起敬，類似於見賢思齊）的時候，他就再三地念誦。朕問他為何如此，他回答說生性喜愛這句。原來，他的聰慧乃是出自天性啊！」

李勣向高宗表示祝賀，並將此現象歸因於上天對高宗功業的獎賞。高宗更加高興。正當李賢無憂無慮的讀書之際，他的母親正在為了皇后的位子和一幫對手纏鬥。

高宗的皇后長期無子，蕭淑妃獨霸後宮，王氏嫉恨，就想著邀請外援，以毒攻毒。此時，感業寺裡的一個比丘尼進入了王皇后的視野，即先帝唐太宗的才人（妃嬪封號，正四品）武媚。

話說當年，十四歲入宮的武媚，憑藉年輕貌美，最初還是很招太宗喜愛的，但卻在「馴馬門」一事當中，急於上位，表現過於毒辣，給太宗留下了陰影，結果就此失寵，「才人」的冷板凳一坐就是十二年。可胸懷大志的武媚怎會屈從命運呢？期間，她將投資對象鎖定為生性柔弱，有著戀母情結的太子李治。俗話說，女追男隔層紗，心機頗深的武媚很快就將獵物俘獲了。

太宗駕崩之後，無子的嬪妃大都被發往皇家寺院感業寺做尼姑，武媚也是其中之一。然而，遁入空門的武媚並不甘於寂寞，她與昔日的情郎，今日的高宗皇帝藕斷絲連，時常暗度陳倉。正當這對偷情男女試圖結束難熬的地下狀態之時，王皇后幫了他們大忙。

王皇后一心想要打擊報復老情敵蕭淑妃，覺得武媚可以助其完成夙願，遂向高宗提議讓其還俗入宮。高宗喜不自勝，遂於永徽二年（西元六五一年）五月將武媚召進宮中，次年封其為昭儀（正二品）。武媚一回宮，立馬將正房權力奪為己有，蕭淑妃成了擺設。當然，王皇后也什麼都沒有得到，只不過是換了個對手而已。但當她回過神來，試圖聯手蕭淑妃反擊的時候，一切都已經晚了，她為自己找來了比蕭淑妃更強大的對手。

接下來的三年，就是武昭儀狠毒的個人秀上場了。

誣殺王皇后、蕭淑妃，貶黜褚遂良，除掉長孫無忌等阻撓自己前進的異見大臣，慫恿李義府、許敬宗等圖謀上位的野心分子為自己壯大聲勢，製造封后輿論。永徽六年（西元六五五年）十月，高宗正式冊立武氏為皇后。之後，那位剛當上太子不久的李忠（宮女所生，認在王皇后名下）遭到廢黜，貶為梁王。武后的長子，是年四歲的李弘成為新的接班人。

貴為皇子的李賢早在四歲時就被封為潞王，到了龍朔元年（西元六六一年）之時，高宗改封他為沛王，加授揚州都督，左武衛大將軍等榮譽職務。咸亨二年（西元六七一年），高宗巡幸東都洛陽，讓太子李弘留守京都長安，處理內外事務。期間，李弘在宮中無意間獲知了一起令人震驚的宮廷內幕。

武后殘殺蕭淑妃後，連她的兩個女兒也不放過，將其打入後宮的牢房之內，過著暗無天日的生活，吃著豬都不吃的餿水，使其年過三十也無法出嫁。李弘看到兩個同父異母姐姐的悲慘情況之後，十分同情，立即上奏請求將她們釋放並助其出嫁。高宗批准，武后則大發雷霆，當天就把二人嫁給了兩個當值的衛兵。李弘因此觸怒了母后。

上元元年（西元六七四年），高宗稱天皇，武后稱天后。武后不僅在實際上掌握了大權，在名義上也和皇帝分庭抗禮了。次年，李弘隨父皇前往合璧宮遊玩，不久暴斃而亡，年僅二十四歲。時人都認為他是被野心勃勃的親生母親用鴆酒毒死的。高宗悲痛萬分，當年六月立次子李賢為新的太子。沒過多久，時常生病的高宗命他代行主持國家政務。

李賢不負重望，明達幹練，辦事周詳，受到滿朝文武的一致讚揚。高宗也很欣慰，親自下詔對其褒獎，詔書中說：「太子李賢自從代理國政以來，將時間全都用來研讀經典，體悟聖人之道。太子揚善劾惡，樹之風聲，令朕非常滿意，特賜絲綢五百段，以示表彰。」

李賢愛才，身邊聚集了很多才學之士，當中最有名的就要數「初唐四傑」之一的大才子王勃了。王勃是隋末大儒王通（文中子）的孫子，才華早露，人稱「神童」，十七歲時就被當時的沛王李賢聘為王府侍讀。當時社會上風靡鬥雞活動，許多王公大臣也都對此活動非常癡迷。一次，沛王李賢與英王李顯哥倆兒鬥雞，在旁觀站的王勃玩性大發，揮筆寫就了一篇〈檄英王雞〉，以此討伐英王雞，並為沛王雞吶喊助威。高宗看到這篇文章之後，生氣的說：「歪才，歪才！二王鬥雞，王勃身為輔官，不行諫諍，反作檄文，有意虛構，誇大事態，如此下去，勢必挑起諸王之間的矛盾。」

當年，高宗之所以能夠成為太子，就是撿了大哥二哥鷸蚌相爭的便宜，他登基後對於皇子之間的關係問題自然格外敏感。於是，高宗當天就下詔罷免王勃官職，將其逐出沛王府，此事也給沛王李賢上了一課。

唐代史學十分繁盛，統治者非常重視史學的經世致用功能，更將修撰史書作為鞏固政權，粉飾太平的一種手段。太宗時期便曾由朝廷政府組織大批官方學者進行了一場聲勢浩大的修史活動，二十四史當中有八部成於此時。為了給自己的奪權運動營造聲勢，增加籌碼，並組建參謀團隊，武后於上元二年（西元六七五年）三月，召集了一批依附於己的御用文人，開始大量修書，先後撰成《少陽正範》、《鳳樓新誡》、《孝子傳》、《列女傳》、《百僚新誡》、《臣軌》等書，達千餘篇之多。

武后密令這批走卒積極參決朝廷奏議，以分宰相之權。他們被特許出入皇宮北門玄武門，故而時人謂之「北門學士」。太子李賢不甘示弱，召集當時研究漢代歷史的名家，張大安、劉納言等人，為範曄的《後漢書》作注。他不僅是這項文治工程的組織者，而且是主要執筆者，為其傾注了大量心血。注疏雖為解釋和補充原著的作品，但所耗費的精力並不亞於著書。李賢不僅對原書進行注音、釋義和校勘，還增補了大量相關史料，對於那些尚有疑問的，則將其列出，以示存疑，表現了十分嚴謹的治學態度。

儀鳳元年（西元六七六年）十二月，這項浩大工程順利完成，李賢將其進獻給父皇。高宗大喜，稱讚不已，賜物三萬段，並把此書送交秘閣（皇家圖書館）收藏。這就是流傳至今，享有盛譽的「章懷注」。此外，李賢還著有《列藩正論》、《春宮要錄》、《修身要覽》等書籍，但均已佚失。

正當太子李賢聲望正隆之際，有個人卻很不以為然。他再三向武后暗示，英王李顯（武后第三子）和英明神武的太宗皇帝十分相像，相王李旦（武后第四子）的相貌貴不可言，至於李賢則是不配做太子的。這個膽大妄為之人便是明崇儼。明崇儼是河南偃師人，小的時候曾經跟隨一個精通請神招鬼的小吏學習巫術。他在做縣丞的時候剛好遇上刺史大人的千金得了重病，危在旦夕。明崇儼用偏方將其治癒，一時名聲大噪，被稱作神人。此事被高宗和武后得知，特召其面談，明崇儼大談神怪之事，使得二人大為嘆服。

盛夏，高宗熱得不行，盼望著下場雪，明崇儼很快就捧來一把雪進獻，說是從陰山取來的，眾人無不驚愕。四月，高宗突然想吃西瓜，明崇儼向其討要了一百錢就出去了，沒多久竟然獻上一個大西瓜，還神神秘秘地說道：「這是臣從緱氏縣（在今河南偃師市境內）一戶老農的果園中弄來的。」高宗派人隨明崇儼去尋找那戶老農核實情況。老人說他埋藏的一個西瓜莫名消失了，但卻在土裡發現了一百錢。一連串的奇異事件，令高宗夫婦深感不可思議，對明崇儼更加寵信了。

話說武后在將王皇后和蕭淑妃殘害之後，長期噩夢不斷，痛苦萬分，只得時常藉故離開長安，跑到洛陽居住，但仍是時常發作。明崇儼施法念咒，幫武后解除了噩夢的困擾，他也因此得到了武后的格外寵幸。

對於明崇儼先前的詆毀，太子李賢非常不爽，可此人是帝后的寵臣，他也無可奈何，只能暗自憤恨。這時，宮中流傳著這樣的謠言，說是李賢並未是武后親生，而是她的姐姐韓國夫人所生，這是怎麼回事呢？

武后姊妹三人，她排行第二，妹妹早死。自從武后得寵，守寡在家的姐姐武順也跟著沾光，被封為韓國夫人，還常常帶著漂亮女兒賀蘭氏出入宮廷。隨著次數增多，母女二人竟然全都被高宗相中，老少通吃，得到寵幸。

謠言聽多了，武后心裡也覺得煩，看李賢越來越不順眼，就將自己組織文人撰寫的《少陽正範》和《孝子傳》拿給李賢，讓他好好學學如何當太子，如何做兒子。更重要的是，身為帝國接班人的李賢已經年長，對於母親的專權逐漸流露出了不滿，這是武后無法容忍的，因此多次寫信對其進行斥責。李賢心中疑慮，一想起慘死的廢太子李忠和哥哥李弘，更加驚恐不安了。

他私下做了一首〈黃台瓜辭〉，辭中曰：

種瓜黃台下，瓜熟子離離。
一摘使瓜好，再摘令瓜稀，
三摘猶尚可，四摘抱蔓歸。

李賢藉此表達對於母親頻繁廢立，殘害骨肉的不滿，和對自身危險處境的憂懼。

調露二年（西元六八〇年），長安城中發生一起兇殺大案，明崇儼竟被盜賊殺死。正在東都的武后下令加緊搜捕兇手，但卻一無所獲。當時的人都說死者是被鬼神奪去了魂魄。武后不甘心自己的寵臣就這麼不明不白的死去，決心藉此做篇文章。她覺得明崇儼的死，最大的受益者就是太子李賢，而且案發時期，正是李賢在長安主持政務，嫌疑最大，遂命人誣告太子為幕後兇手，將其逮捕入獄。接著，武后讓自己的親信裴炎會同宰相薛元超、御史大夫高智周等官員聯合審理此案。

薛元超曾經得罪過武后，因而在問案過程中不敢過多發表意見，高智周則壓根兒問都不問，一股腦的請求辭職，可見此案實則由裴炎操控，而他則是唯武后之命是從。期間，查案人員在東宮的馬廄裡發現了幾百副鎧甲，隨即給太子李賢扣上了圖謀造反的大黑帽。而正在接受審訊的東宮奴僕趙道生，也扛不住了連日的嚴刑拷問，假稱自己奉太子之命暗殺明崇儼。武后要求重治李賢，高宗素來喜愛這個兒子，非常不忍，請求武后對其減刑，武后厲聲說道：「李賢圖謀叛逆，應該大義滅親，絕對不可赦免。」高宗嚇得再不敢說話，眼睜睜地看著李賢被貶為庶人，關進了大牢。武后下令，將查獲的鎧甲全部拿到洛陽鬧市區的天津橋當眾焚燒，以儆效尤。

接著，平日與李賢親近的宰相張大安被貶為普州（治所位於今四川安岳縣）刺史，東宮輔官劉納言更慘，直接被貶到了海南島，另外還有十餘人因牽連此案而被貶官。永淳二年（西元六八三年），李賢被發配到了巴州（今四川巴中市），受到嚴加監管。

李賢被廢之後，三弟李顯成為太子。弘道元年（西元六八三年）高宗病逝，李顯接班，即中宗，在位不及兩月即被武后藉故廢黜。次年，武后立第四子李旦為皇帝，即睿宗，但卻迫其長期窩在深宮，不得過問政事，她自己則是臨朝稱制，掌握內外大權，這也象徵著武后進入了稱帝的倒數階段。

這時，武后想起了千里之外的李賢，覺得此兒仍是橫在自己稱帝道路上的一個隱患，不得不除，於是派出臭名昭著的酷吏丘神勣前往巴州執行特殊任務。丘神勣首先將李賢囚禁到別處，然後命人在其住處翻箱倒櫃，徹底搜索，但卻沒有查到任何與謀反搭上邊的線索。丘神勣於是惱羞成怒，逼令李賢自殺。

李賢喊冤：「吾有何罪？」

丘神勣惡狠狠地說道：「你生而該殺！廢話少說，免得老子親自動手，否則就死的沒那麼好看了！」

陷入絕望的李賢想破頭也想不明白自己都被貶到這裡了，還能對誰構成威脅，遂揮淚自盡，時年三十歲。難以想像，武后在得知親生兒子的死訊之後內心作何感想。

不久，李賢的追悼會在洛陽顯福門隆重舉行。武后率領睿宗皇帝和在京全體官員出席儀式。武后下詔，追封李賢為雍王，貶黜「擅作主張」的丘神勣為疊州（今甘肅省達部縣）刺史，但不久就讓其官復原職了。

待到二十年後，中宗李顯復位，武則天被迫退位之後，李賢的名譽才得以恢復。他被追贈為司徒，靈柩也被迎回長安，陪葬乾陵（唐高宗與武則天的合葬墓）。中宗死後，睿宗通過政變，再次登上皇位，感慨之餘，他想起了慘死的二哥李賢，遂追贈其為皇太子，諡號「章懷」。但這些虛名對於一個死人來說還有什麼意義呢。

接班太難　之五

何苦生在帝王家　朱標只能鬱悶死

——明太祖朱元璋長子

西元二〇〇〇年五月下旬，南京市的考古工作者在清理完明孝陵（朱元璋陵寢）東側的一片荊棘灌木之後，一個規模不大，但頗為規整的明代皇家陵墓呈現在世人面前。考古人員發掘出了大批皇室專用的建築構件及遺物，包括黃釉或綠釉龍紋勾頭、彩釉螭吻、蹲獸等，形製精美，釉面亮澤，代表了明代早期的皇家燒造工藝水準。

這座陵墓本質上採用孝陵建制，只不過在規模上有所縮小，建築內涵上有些縮減。那麼，墓中所葬到底是何方神聖呢？為何他竟會長眠在明朝草根皇帝朱元璋的身旁呢？

元朝末年，政治黑暗，經濟凋敝，民不聊生，各地武裝暴動風起雲湧，令昔日叱吒風雲的大元帝國搖搖欲墜。至正十五年（西元一三五五年），紅軍統帥劉福通將原紅軍領袖韓山童之子韓林兒接至亳州（今安徽亳州市），立為皇帝，又號小明王，定國號為宋，年號龍鳳。是年六月，紅軍右副元帥朱元璋一舉攻克沿江重鎮太平城（今安徽當塗縣）。不久，政府軍反撲，圍攻太平。朱元璋披掛上陣，帶領眾兄弟堅守城池。正在酣戰之際，傳令兵來報：「恭喜元帥，長子降生！」

年已二十八歲的朱元璋聽此消息，喜不自勝，衣服一脫，光著膀子就上陣殺敵。將士們一看元帥如此興奮，軍心大振，每個人皆奮勇殺敵，很快地就將敵軍擊退。九年之後，朱元璋終於打敗宿敵陳友諒，將根據地擴展至湖北、湖南和江西地區，成為黃河以南地區最強大的割據政權。眾臣勸進，朱元璋進位吳王，立長子朱標為王世子。

擊退了陳友諒之後，朱元璋再接再厲，搞垮張士誠，掃滅方國珍，進一步鞏固了自己的地盤。西元一三六八年，剛過不惑之年的朱元璋在南京這個大城市正式登場，自稱皇帝，冊立馬氏為皇后，朱標為太子。一個血腥醜陋、齷齪荒淫，但卻堅挺了近三百年的王朝誕生了。

作為長子的朱標，從被命為接班人的那一刻起，便註定了他已不再享有陽光燦爛般的快樂童年。身份註定了命運，等待他的將是一條外表平淡實則險象環生的道路。早在朱標十三歲的時候，望子成龍的父親就帶他去參加了一次不尋常的農家活動。他們深入田間造訪農戶，詢問農事，品嘗農家飯菜，親身體驗了農民的艱辛生活。父親此舉，無非是要兒子不忘家庭出身，體察民情，重視農業工作，將來做一個愛民如子的好皇帝。

回宮路上，朱元璋指著路邊那些長滿利刺的荊棘，語重心長地對兒子說道：「孩子，看到了嗎？這是古代用來打人的刑具，雖然被打會很疼，但卻打不死人。古人用心如此仁厚，你可要牢記於心。」雖然朱元璋打民間出身，戎馬倥傯時期也曾學習一些知識。然而，出身貧窮，當過和尚要過飯的他始終無緣接受什麼正規教育。每每想起這些，都令他深感遺憾。現如今當了皇帝，無所不有，他可以不用再讓自己的下一代沒錢念書了。

為了將朱標培養成文武全才的接班人，朱元璋為其傾注了大量的心血。他不僅聘請名師大儒、特設皇家圖書館「大本堂」、親自勘定專用教科書，而且還從最高學府國子監當中精心挑選了一批品學兼優的高材生陪太子讀書。眾多師傅當中尤以宋濂對朱標的影響最大。

宋濂，字景濂，浦江（今浙江義烏市）人，元末大儒，以善文和熟悉典章制度而被朱元璋賞識，成為朱標教育方面的最高顧問。宋濂知識淵博，德行高遠，太子對其十分敬重，言必稱師傅。老師也不辱使命，悉心教授，凡一言一行，都嚴格遵照禮儀法度諷諫規勸。每當講到有關政治教化和王朝興衰等重大問題之時，老師都會鄭重地拱手說，殿下應當如何如何，切忌如何如何。朱標也會正色道，學生謹記。師生前後十餘年，培養了深厚的感情。長期儒家思想的薰陶，將朱標培養成了一位謙謙君子。他不僅孝順父母，尊敬師長，而且關心弟弟，待人接物溫文爾雅。《明史》稱讚其「為人友愛」、「孝友仁慈，出於至性」。總之有著眾多可貴的美德。

洪武十年（西元一三七七年），朱標二十三歲，朱元璋開始讓其學習處理政務。他命令相關部門彙報政務之時，先聽聽太子的意見，自己則掌握對重大事務的最終決定權。用心良苦的父親還特意在兒子的實習儀式上發表了一番人生感悟和從政經驗：「自古以來，創業國君，歷經艱辛，通達世情，所以辦事兒皆實為可靠。然即位之君則是生長於富貴之中，若平日不注意熟悉工作和提高施政水準的話，很少有不犯錯的！所以，朕特意命你每天都與百官見面，聽他們彙報工作情況，並試著進行裁決，以此來熟悉國政。為了讓你能夠明辨是非、區別善惡、分清美醜，朕還特意為你編定了『五榮五恥』條例，希望你能夠認真領悟其中的奧妙。」

以仁義慈善為榮，以粗俗暴力為恥；

以選賢任能為榮，以寵倖奸佞為恥；

以艱苦奮鬥為榮，以好逸惡勞為恥；

以從諫如流為榮，以獨斷專橫為恥；

以清心寡欲為榮，以縱欲淫樂為恥。

俗話說：『做一行，愛一行』，做皇帝也不例外。朕自從登基以來，不曾有過半刻閒暇安樂，對於各項政事都務求恰當，唯恐有絲毫失誤，辜負了上天的託付之意。每日披星戴月，宵衣旰食，這些都是你親眼看到的。等你接班之後，若能夠有朕這樣的執政精神，那就是天下人的福祉了。」

朱元璋常常叮囑兒子要善待這個世界，善待周圍的人，將來努力做一個仁慈的君主，可他卻說一套，做一套，殺起人來毫不眨眼，這使得善良純真的朱標非常矛盾與苦惱。一日，朱元璋在審決囚犯之後，令禦史袁凱將判決意見交太子過目。太子一看父皇在這麼多的犯人名下打了紅字，內心十分不忍，於是做了很多減刑工作。朱元璋得知後，詢問袁凱誰批決的？袁凱無奈，只好答道：「陛下施法嚴明，太子宅心仁厚。」朱元璋此舉，想必是想要鍛煉太子的殺心，並藉機考察臣子的忠心，同時也表現出了父子二人在治國理念上的差異。出身富貴，深受儒家思想影響的朱標與那位丐幫出身，綠林深造，混跡於江湖、戰場與政壇的父親有著太多的不同。在統治人民的策略問題上，太子自然更傾向於仁治，而非其父的重刑典國，簡直等同於殺戮的法家手段。為此，父子二人也曾多次發生衝突。

洪武十三年（西元一三八〇年），朱元璋羅織罪名，親自導演了一齣殺人大戲——「胡惟庸案」，大肆屠戮開國功臣。宋濂的長孫宋慎被牽連入案。皇帝裁定宋濂死罪。太子得知之後，立刻進宮跪求皇帝饒恕恩師，皇帝厲聲說道：「等你當了皇帝再來赦免他吧！」這句危險的警告令朱標驚恐不已，著實嚇出一身冷汗。他只好請求母后設法挽救恩師性命。

馬皇后對丈夫規勸說：「尋常百姓為子弟聘請老師，尚且自始至終以禮相待，更何況天子呢？況且宋老師一直養病在家，必定不瞭解此事，還望陛下三思。」皇帝不聽。恰好，適逢輪到馬皇后侍駕。朱元璋下朝後高興地回宮用膳，卻發現餐桌上沒有酒肉，這讓他怎麼吃得下去。朱元璋問道：「沒有酒肉，如何讓朕下箸？」皇后閉目答道：「臣妾在為宋老師持齋祈福啊。」朱元璋聽後心裡很不是滋味，生氣之餘有些愧疚，隨後就赦免了宋濂的死刑，改判流放茂州（今四川茂縣）。屠刀雖從宋濂的頭頂掠過，但卻並未止步，一場殺戮大戲才要上演。

話說朱元璋做了皇帝以後，隨他征戰多年的淮西老鄉也紛紛跟著雞犬升天，位列朝堂之上。洪武四年（西元一三七一年）朱元璋論功行賞，共封六公二十八侯，其中淮人佔據三十一席，淮西幫權勢浩大。相形之下，即便是那位常被朱元璋譽為「吾之子房」的劉伯溫也不過爵封「誠意伯」而已。

明朝建立初始，朝廷承襲元朝舊制，設中書省綜理機務，由左右丞相負責，又以左為尊，位列百官之首。在胡惟庸之前，李善長小心謹慎，為相四年後退休；徐達常年征戰在外，僅掛名而已；汪廣洋喜好飲酒作詩，只圖自保，唯唯諾諾看胡惟庸臉色行事，卻依舊被淮西幫排擠出朝，遭陷致死。唯有胡惟庸，做為李善長之後的淮西幫領袖，居相位達七年之久。然而，位極人臣的胡惟庸開始得意忘形，犯了為官大忌：身為奴才卻獨攬大權，囂張跋扈不知檢點，搶了主子的風頭。這令權欲頗重、猜忌好殺的領袖朱元璋十分忌恨。

相權的膨脹引起了皇帝的狂躁不安，遂指使檢校（特務）羅織罪名，以「擅權植黨」的罪名除掉了胡惟庸，同時將與胡惟庸來往密切的官員都抄家滅族，之後屢興大獄，使得「胡案」不斷牽連擴大，一直殺到洪武二十三年，將早已退休返家養老的李善長以謀反罪名被滅族之後才告一段落。

此次大清洗，開國元勳被誅殺大半，共有三萬餘人身首異處，流放充軍者不計其數。不難看出，綽號「百官之首」的丞相在皇帝的面前是如何不堪一擊，相權對皇權的所謂制約作用實在是浪得虛名。朱元璋趁此機會撤銷中書省，廢除丞相制度，總攬大小事務，並於洪武二十八年（西元一三九五年）昭告天下，將該決議寫入《皇明祖訓》（雖為家法，但如同憲法大綱），永為定制，後世臣子若有妄言恢復者，殺無赦。此舉將朱元璋殺戮功臣的終極目的暴露無遺。

殺人如麻的父親，使得主張以寬治國的太子朱標無法容忍，斗膽向父親勸諫說：「陛下殺人過濫，恐傷和氣。」朱元璋慍怒，默不吭聲。第二天，朱標入宮請安，朱元璋命他將事前放在地上的一根長滿利刺的棘杖撿起來，朱標面有難色。朱元璋開始訓誡：「你怕有刺而不敢拿，朕將這些刺統統去除之後再交給你，豈不更好？朕所誅殺的全是天下的惡人，屋裡收拾乾淨了，你才好當這個家，朕這是為你好，明白了嗎？」

朱標不以為然地嘀咕道：「上有堯舜之君，下有堯舜之民。」這句話的本意是說上有仁君，下有良民。放到這裡顯然是譏諷暴虐的皇帝只會生出暴虐的臣民。朱元璋勃然大怒，拎起椅子就朝朱標砸去。誰知，朱標一閃而過，致使朱元璋一擊未中，他撿起椅子繼續追打。情急之下，朱標只好使出了自己的保命符，奔跑途中，刻意將藏在袖中的母親畫像掉在了地上。朱元璋一看見糟糠之妻之妻的遺像，頓時呆住。想起了往日夫妻之間的點點滴滴，也想起了妻子當初勸他善待兒子的話語，於是站在原地一動不動，眼淚簌簌地流了下來。朱標因此逃過一劫。

俗話說「妻以夫貴」，但朱元璋的早年卻是絕對的「夫以妻貴」。投奔紅軍頭目郭子興時，他不僅一貧如洗，且相貌極其醜陋。後仗著作戰勇猛和腦筋轉得快，逐漸受到了首領的青睞，郭子興竟將義女馬氏許配與他。自此，重八（朱元璋本名）地位上升，眾人不再稱其綽號「朱老八」而改稱其為「朱公子」。後來，郭子興因病而逝，餘部逐漸由「朱公子」掌控，成為日後稱霸東南，問鼎中原的基幹力量。馬氏雖和丈夫一樣，知識水準不高，但卻是位頗識大體的賢妻良母。她不僅輔助丈夫，艱苦創業，且關愛子女，體諒臣下，經常充當君臣父子矛盾的潤滑劑，挽救過多人性命。

洪武十五年（西元一三八三年）八月，馬皇后病逝，朱元璋悲痛不已，感念夫妻情深，遂不再立后。然而，朱標深感與父親矛盾日深，常常內不自安，愈加思念母親。為防不測，他就把母親的畫像隨身攜帶。危急時刻，果真派上了用場。

洪武二十四年（一三九一）八月，朱標奉命巡視陝西。此次出行，他肩負著兩項使命，一是核實二弟朱樉的諸多不法行為是否屬實；二是考察關中地區是否適宜建都。年初，秦王朱樉在封國內的種種劣跡遭人舉發，大致如下：「母喪期間，毫無一絲的憂傷之色；偏信側妃鄧氏（寧河王鄧愈之女）之言，虐待並囚禁正妻王氏（元朝河南王王保保之妹）；公然強搶民婦，縱欲無度；發明種種酷刑，虐殺宮人。」朱元璋震怒，感慨道：「古所未有，罪不容誅！」

另外一個就是建都問題。此前，朱元璋已經欽定應天府為南京，開封府為北京，領袖故鄉濠州為中都。然而，他似乎對於以上三地都不太滿意，仍然在考慮著更好的立都之處。臣子上書闡述了關中地區最為適宜建都的幾條理由。朱元璋覺得很有道理，於是派朱標赴關中考察山川地貌和風土人情，轉達皇帝慰問三秦百姓的聖意。

此趟關中之行還算順利，可死神卻已悄悄向朱標招手。回京不久，朱標得知父皇要將罪名屬實的二弟朱樉處以極刑，遂奔赴宮中求情。尚未步入大殿，朱標就高聲喊道：「且慢啊父皇，求您放了二弟。」

朱元璋鄭重地說道：「今天朕要替天行道！」

朱標跪求：「父皇手下留情啊！試問這世上人誰無過，他總算是我的弟弟，弟弟有錯，做兄長的也有責任，求父皇放他一條生路吧！」

朱元璋聲色俱厲：「朕不除掉他，無法向全國人民交代。」

朱標嗚咽：「兒臣不會使您為難的，請父皇跟全國人民說一聲，兒臣願意一命抵一命。」

朱元璋大驚失色！

朱標哭泣道：「正所謂吾不入地獄，誰入地獄，求父皇體諒。兒臣這麼做，無非是想感化二弟，以彰顯吾皇慈悲為懷的心腸啊！」

朱元璋斂容：「善哉，善哉，朱樉，希望你有一天能夠領悟到你大哥這種捨身取義的精神！」

經過朱標的苦苦哀求，朱元璋終於大發人性，放過了次子，准許其返回藩國。二弟得救了，朱標卻病倒了。由於他長期生活在魔鬼父親為他營造的壓抑而恐懼的環境當中，身心健康受到極大的摧殘。從西安回來後，旅途的勞頓，外加精神的刺激，更由於長期的情緒高度緊張、驚恐和鬱悶得不到排解，終於導致了此次的疾病爆發。

養病期間，心憂社稷的朱標還將考察團繪製的陝西地圖呈上，並多次彙報出行期間的見聞，以及對於定都的看法。可無情的病魔終究吞噬了他的生命。次年，在與病魔頑強抗爭了多日之後，朱標的病情突然惡化，最終醫治無效，逝世於南京。滿朝文武和全國人民無不為失去這位好太子而感到深切悲痛。朱標的英年早逝，對於皇帝朱元璋，對於朝野上下，對於大明朝未竟的各項建設事業都是巨大的損失。他尚未嘗到做皇帝的滋味，便匆匆走完了他尊貴而鬱悶的一生，享年三十七歲。實是悲哀！

二十多年的悉心培養付之東流，白髮人送了黑髮人，怎能不令老年喪子的朱元璋悲痛欲絕。朱標死去多日後，思子心切的老皇帝依舊穿著喪衣，遲遲不忍脫去。八月，朱標被葬於孝陵東側，謚號「懿文」。這便是開頭部分提到的那座陵墓，主人就是這位可憐的懿文太子，朱標。

接班太難 之六

只因師傅不給力 奕訢錯失金鑾座

清道光帝愛新覺羅旻寧第六子

據清末太監信修明遺著《老太監的回憶》記載：道光皇帝曾在年近半百的時候因為發怒，一腳踢中了長子奕緯的命根子，結束了兒子年輕的生命，而次子和三子已在此前全部夭折了。九五之尊的龐大家業沒了繼承人，這可如何是好！幸好上天沒有那麼殘忍，道光皇帝也沒有灰心喪氣。他再接再厲，之後又生下了六個兒子，最小的兒子出生時他已經六十三歲了。眾多的皇子當中，排行第六的奕訢最為出色，才思敏捷，文武雙全，皇帝也曾屬意於他，但卻最終選擇了排行第四的奕詝（咸豐皇帝），這是為什麼呢？

道光十一年（西元一八三一年）六月，奕緯去世不到兩個月，皇四子奕詝便出生了，六天後，皇五子奕誴也降臨人世。不過宮裡卻傳聞，原本應是奕誴先出生，因為他的受孕日期比較前面，可是因為奕詝的生母全貴妃為了搶先生下長子（前面三個皇子皆亡，第四子遂成為長子），而讓御醫暗用催生藥，這才使得奕詝早生。不管上述秘聞是真是假，全貴妃的努力總算沒有白費。奕詝出生不久，皇后佟佳氏病死，她則順利接班，成為六宮之首。

奕詝出生後的第二年，皇六子也降生了，道光皇帝十分高興，當即給他取名為奕訢，「訢」就是快樂欣喜的意思。奕訢自幼聰明伶俐，很受父親的疼愛，他的母親靜妃也深受寵幸，地位不斷上升，先升貴妃，後升皇貴妃，成為後宮第二大的勢力。

依清代祖制，皇子到六歲時就要上書房讀書學習，教師由皇帝指派，均由德才兼備的臣子擔任。皇子們不但得起早貪黑，苦讀四書五經之類的傳統經典，還需跟隨那些從八旗子弟中挑選出來的武士學習騎馬射箭等滿族傳統武藝。奕詝的師傅名叫杜受田，山東濱州人，出身書香官宦之家，號稱是「一門七進士，父子五翰林」，確實了不得。

道光十五年（西元一八三五年），正在山西任職的杜受田接到調令，回京入職上書房，教授皇四子奕詝。杜老師是位愛崗敬業的好園丁，為學生奕詝的成長付出了大量心血。在學業上，他使出了渾身解數，一心想把學生培養成為一位明君聖主，所引用的教材是三代以前的黃帝伏羲、唐堯虞舜等傳說中的聖王。在生活上，杜老師也對這位較早失去母愛，父親亦很古板嚴肅的學生傾注了許多關懷。師徒之間建立了深厚的情誼。在杜老師等人的教導下，奕詝熟讀經史，弓馬嫻熟，在皇子當中已經十分出色，但若是比起六弟奕訢，不論文武，卻總是差那麼一小截。

道光皇帝為奕訢挑選的老師是著名學者翁心存，可他沒教多長時間就回家侍奉老母親了，接替他的是位才俊之士，即道光六年（西元一八二六年）科考的榜眼郎賈楨。賈老師才高八斗，學富五車，對奕訢傾囊相授，並且因材施教，尊重學生活潑好動的性格特徵，而不是像很多老師那樣板著一副判官的面孔，扼殺了孩子的創造力和想像力。但後來賈老師的官越做越大，已無暇抽出時間來教導奕訢，皇帝就改讓卓秉恬來輔導奕訢學習。

卓老師常年在基層任職，深知民間疾苦，有很強的行政能力，與朝中諸公不同。而且他還十分正直，有澄清吏治的雄心抱負。史書上說他在召開政治會議之時「時有辯論，不為用事者所喜」。卓老師這種耿直的性格也在言傳身教中影響了學生。從教學內容看，兩位老師除了教授傳統的經義闡釋之外，也非常重視對詩詞歌賦能力的培養，這比較有利於啟發學生的創造性思維。奕訢也確實能寫一首好詩文，這從其作品集《樂道堂文鈔》中可以看出。此外，奕訢在武藝方面也是出類拔萃，刀劍騎射，無一不精，是皇族當中的佼佼者。總之，聰明好學的奕訢逐漸成長為一位文武雙全的英才少年了。

道光二十年（西元一八四〇年）是一個多事之秋。這年正月，奕詝的生母孝全成皇后病逝，到了五月底，英國軍艦封鎖了珠江口，鴉片戰爭爆發。閉目塞聽，熱衷自我安慰的大清帝國被西方新興工業強國轟開了國門，歷史將道光皇帝推向了時代抉擇的最前沿。是反省，走向改革，爭取早日富國強兵？還是繼續安慰自己，只求苟且偷生，直至虛脫而死？結果無疑是令人失望的。

道光皇帝，這個生長於陳舊的皇權體制內的平庸君主，既沒有改革的意識，也沒有改革的魄力，更沒有改革的能力。他和大多數的末代帝王一樣，不是去正視暴露出來的病症，而是奉行鴕鳥政策，極盡所能的去逃避、堵塞、掩蓋和拖延，只圖能夠熬完自己剩下的歲月，卻將難題留給後人去應對。鴉片戰爭當中，道光皇帝舉棋不定，多次貽誤戰機，所用非人，一敗再敗，直到最後戰敗仍然不思反省，雨過忘雷，裝出一副雍容大度的「天朝氣魄」簽訂了喪權辱國的城下之盟。

讓我們回過頭來再說宮裡的事。

孝全成皇后去世的時候，奕詝才九歲，道光皇帝就將他交給了奕訢生母靜貴妃來撫養。如此一來，奕詝和奕訢關係拉近了，他們有了同一個母親，從史書記載來看兩兄弟兒時的關係還是蠻不錯的。某日，二人在書房外的空地上切磋武藝，琢磨來琢磨去，竟然共同創製出了槍法二十八勢和刀法十八勢。皇帝很高興，為兒子的成果賜名，槍法稱「棣華協力」，刀法叫「寶鍔宣威」。當時，想必是奕訢的表現更為出色，因而皇帝特意賞了他一把白虹刀，奕詝則什麼也沒有得到。

「寶鍔宣威」中的「寶鍔」即寶劍之意；「棣華」一詞出自《詩經》中的〈常棣〉篇，即：「常棣之華，鄂不韡韡。凡今之人，莫如兄弟。」後世便以「棣華」來比喻兄弟情深。「棣華協力」自然是說父親希望兩個兒子能夠同心協力，重振大清雄威了。據說白虹刀乃是當年大清開國功臣豫親王多鐸斬殺明將史可法時所用，當屬傳國之寶，足見道光皇帝對奕訢的厚愛了。看著兩個兒子親密無間的樣子，道光皇帝陷入了苦惱之中。自己年事已高，傳位之事迫在眉睫，兩個兒子各有千秋，著實令他難以取捨，這可如何是好。

道光二十六年（西元一八四六年），皇帝旻寧已經是位六十五歲的老人了，身體羸弱，每況愈下，他不得不考慮接班人的問題了。皇五子奕誴，因為行事急躁，個性魯莽而不討父親喜歡，生母祥妃也是行事張狂，不成體統，遭到丈夫嫌棄。於是，皇帝乾脆將奕誴過繼給了自己早已亡故但卻沒有子嗣的三弟綿愷，宣告了奕誴的出局。七、八、九三位皇子則因年紀尚小，暫不考慮。進入候選名單的就是老四奕詝和老六奕訢了，到底選哪個呢？老皇帝陷入了思索當中。

比較起來，兄弟二人的特點很是明顯。先說外形。從傳世的照片和畫像來看，奕訢雖然算不上英俊非凡，但也絕對是五官端正，四體健全。奕詝則不然，不但長的尖嘴猴腮，而且還是個跛子（據說是在一起打獵的時候摔傷的），形象、氣質都與人們理想中的一國之君相距甚遠。後來的咸豐年間，京城曾流傳著「跛龍病鳳掌朝堂」的歌謠，「跛龍」自然就是咸豐皇帝奕詝了，「病鳳」是說體弱多病的皇后鈕祜祿氏，也就是後來的慈安太后。

說了外表，再看內在。在道光皇帝眼中，奕詝才氣稍遜，但老成持重，辦事穩健；奕訢則是才思敏捷，資質出眾，但卻略顯浮躁，不夠穩重。說白了就是前者是個平常人，雖幹不出驚天動地的偉業，卻也捅不了大簍子，後者則是大起大落，雖然有可能做出一番驚天偉業，但也有可能給祖宗基業帶來危險。

從上可以看出，奕詝很像那位平庸的父親，穩重有餘，開拓不足。因而，從情感上說，皇帝應該更傾向於奕詝，但奕訢的優秀畢竟是明擺著的，也令他很難放下。於是道光皇帝相繼舉行了兩場比試，以期能夠儘早確定合適的人選。

滿人自馬上得天下，奪取政權之後，歷代帝王始終將騎馬射箭視為一項不可荒廢的必備技能，每年都要到獵場舉辦幾次大型圍獵，作為一種重申傳統、耀武揚威的政治手段。雖然到了清朝後期，西方列強早就改玩洋槍洋炮了，但中國皇帝依舊死守著所謂的立國之本，彷彿做不好騎馬射箭就會亡國滅種一樣。

某年秋天，道光皇帝帶著幾個兒子到南苑打獵，順便測試一下他們的武藝高下。狩獵結束之後，侍從們清點戰果，自然是武藝精湛的奕訢所獲最多。野雞、兔子、鹿，應有盡有。奕訢很得意，父親也不停地誇獎他，隨行的官員也都對他豎起了大拇指。這時，皇帝卻發現奕詝兩手空空，有些失落的站在一旁，像個丟了玩具的孩子。他很納悶，因為奕詝的騎射水準雖算不上一流但也是不錯的。皇帝問道：「眾人皆有斬獲，為何你卻一無所獲啊？」奕詝頓了頓，回答道：「啟稟父皇，此刻正是春暖花開，鳥獸孕育之時，兒臣不忍殺生，違背自然和氣。而且，兒臣也不想僅憑弓馬一技之長與諸位兄弟爭高下。」

瞧這話說得多漂亮，既顯示了自己的仁者之心，又顯示了自己多才多藝，並非只是長於弓馬之術，還諷刺了獲得獵物最多的奕訢是個沒有好生之德，愛逞匹夫之勇的莽夫，這計謀可謂是一箭多鵰。怪不得老皇帝驚喜地誇獎道：「吾兒真是有君子的氣度啊！」但事實上，智商平凡的奕詝根本想不出如此高超的手腕和漂亮的措辭，這些全都是他的杜老師在打獵之前偷偷教給他的。

此事過後，道光皇帝心中的天平漸漸傾向奕詝了，但他仍然拿不定主意。其實他這個裁判也很不好當，因為對於此事他不能和任何人商量，而只能憑自己的觀察和判斷。而這就要說說當時的皇位繼承制度。

為避免康熙末年，諸皇子為爭奪皇位而殺得頭破血流、你死我活的血腥場面再度上演，雍正皇帝搞了項發明，即秘密建儲制度，簡單說就是皇帝生前不宣佈繼承人，而是當眾將事先寫有太子名字的詔書放入一個匣子內，封好後放在乾清宮「正大光明」匾額之後。除皇帝外，誰也不知曉此人是誰，待到皇帝駕崩，王公大臣才可打開匣子，宣佈詔書。可這麼大的事卻不能找人商量，確實是一件很痛苦的事情，於是道光皇帝準備再來一個測驗。

某日，道光皇帝病重，召奕詝和奕訢前來侍奉，藉機觀察哪個人可以託付大任。兩位選手都知道此次考驗的重要性，於是來之前都專門請教了自己的老師。卓老師對奕訢說：「做人應該誠懇，不管皇上問什麼，阿哥（清代對未成年皇子的稱呼）都應當知無不言，言無不盡。」；杜老師則對奕詝說：「如果是條陳時政，您是絕對比不過六阿哥的。但是老師教你一招：只要皇上說到年老體衰，將要不久於人世之類的話，您就趴在地上使勁的哭，用力的哭，什麼話也別說。」

於是兩位皇帝候選接班人分別按照老師的計策去做了。最後的結果是，道光皇帝判定奕詝勝出，因為他在面對病重的父親之時，表現出了至誠至孝的良好品德。奕詝勝出了，不是因為他的優秀，而是因為杜老師精確掌握皇帝的心理，對症下藥，立竿見影。奕訢失敗了，不是敗給了與其對陣的奕詝，而是因為卓老師的策略有誤，沒能參透皇帝的心思。因為道光皇帝只是個普通人，他更欣賞與自己相像的奕詝，而不是天賦異稟，顯得有些突兀的奕訢。

從後人的角度來看，這個選擇無疑是錯誤的。常言道，非常時期當用非常之人，身處危機的清帝國需要的不是拖殘守缺，蒙混度日的守成之君，而是銳意改革，開拓進取的有為明君。當然，我們現在所說的都不過是馬後炮了，當年的道光皇帝又怎麼會知道身後的事情呢？

道光二十六年（西元一八四六年），道光皇帝終於做出了最後決定，在密詔上寫下這麼兩行話：皇六子奕訢封為親王；皇四子奕詝立為皇太子。

歷時多年的一個大難題總算畫上了句號。四年後（西元一八五〇年），六十九歲的道光皇帝走了，留下了一個封閉落後，危機四伏的爛攤子。他選擇的接班人能夠扛起這副重擔嗎？沒能當上皇帝的皇六子會就此消沉嗎？答案都是否定的。

奕詝登基，即咸豐皇帝，他的職業生涯是極其失敗的，也是極其慘痛的。

西元一八五一年，太平天國運動爆發；一八五三年，太平軍攻佔南京，建都立國，與清廷分庭抗禮，同年，聲勢浩大的撚軍運動爆發，清帝國陷入了空前的統治危機。內患未平，外禍再起。一八五六年，第二次鴉片戰爭爆發。英法聯軍打下大沽炮臺，戳到了大清帝國的命脈。清廷被迫與諸列強簽訂《天津條約》。不久，聯軍再度入侵，攻佔首都北京，大清皇帝咸豐，及當年的皇四子奕詝狼狽出逃，跑到承德避暑山莊，一年後死在了那裡，而後又是一系列的割地賠款條約。

十一年的職業生涯，咸豐皇帝一直坐在火山口上，他確實很不容易，但這並不能成為失敗的理由，因為他在面對變局時的所作所為與他的那位父皇無甚大異。無怪乎後人會戲稱其為「四無」皇帝，即無遠見、無膽識、無才能、無作為。

反觀沒能當上皇帝的奕訢卻要比他出色許多。咸豐皇帝期間，奕訢遭到猜忌，無所作為。但在清廷與英法聯軍的議和期間，奕訢的開明與睿智贏得了西方列強的好感，他也看到了大清帝國的種種不足，決心通過向西方學習來謀求國家的自強。於是他與地方上的開明官吏，如曾國藩、李鴻章、左宗棠等人聯手，開啟了近代歷史上有名的洋務運動。雖然改革的領域很有局限，但畢竟邁出了向西方學習的第一步，實屬難能可貴。

後來，奕訢不斷遭到專橫戀權的嫂子，即慈禧太后的打壓，最終被趕出了朝廷，但他始終保持著難得的獨立性，而不是苟同附和，因此得以保全晚節。光緒二十四年（西元一八九八年），奕訢在絕望中病故，終年六十六歲，諡號為「忠」。有清一代，宗室當中唯有他和之前的睿親王多爾袞享受到了「忠」字的評價。想必這是清廷對奕訢的肯定吧！

Section 02

同室操戈

同室操戈　之一

千古悲歌起秦廷　胡亥逞淫威喪命

——秦始皇趙政第十八子

秦始皇曾有一個邪惡而狂妄的想法，那就是將血腥的帝國家業傳至二世、三世、千萬世。幸好這個願望早早就落空了，帝國龍頭的位子僅僅傳到第二代便戛然而止。當然，這不能完全歸因於秦始皇的殘暴，因為後世還有很多皇帝比他兇殘多倍，但卻未必短命。這緣於制度上的缺陷，還有諸多偶然因素，也有歷史的反覆，二世皇帝胡亥的許多致命性失誤更是導致大秦帝國迅速崩潰的直接原因。

胡亥，嬴姓，趙氏，是始皇帝的第十八個兒子。依據當時的貴族禮制，男子稱氏不稱姓，所以應該稱作趙胡亥，而非嬴胡亥，這也是正史當中稱秦始皇為趙政而不是嬴政的原因。客觀來講，胡亥並不是一個不學無術的紈絝子弟，從他即位之後和臣子的對話可以看出，此人對於法家學說的理解和運用還是很有一套的。這要得益於他有個好老師，即臭名昭彰的趙高。

趙高，是秦國王室的遠支。據推測，他的父親應該是一位低級文吏。趙高不僅長得強壯威猛，而且很聰明，在父親的言傳身教下成為一名出色的法律專家和書法家。當時的秦王政聽說了之後，就提拔他做了中車府令（主管皇帝車馬）。趙高很有投資眼光，經常私下將自己所知的法律知識和判案技巧教授給那個深受主子寵幸的小兒子胡亥。這樣他不僅討好了主子，也和胡亥建立好關係，這是一項有利無害的投資。

有一次，趙高犯了重罪，秦王政讓大臣蒙毅依法懲辦，蒙毅不敢枉法，依律要判處趙高死刑，秦王政又後悔了，他以趙高工作勤奮為由，不僅予以赦免，還讓他官復原職。此舉不僅為將來的秦帝國留下了一個大禍害，也埋下了趙高報復蒙氏的禍根。始皇帝有二十多個兒子，胡亥最得寵，長子扶蘇最有賢名。較之於剛愎自用，果於殺戮的父親，扶蘇顯得較為冷靜和仁慈。

始皇帝三十四年（西元前二一三年），僕射周青臣借郡縣制歌頌皇帝，博士淳于越則藉分封制反唇相譏，從而引發始皇帝和丞相李斯對於加強意識形態控制的重視。於是，一道摧殘文化，壓制異見，毀滅人性的「焚書令」下達了。該命令不僅要將除秦國史書之外的所有史書全部焚燒，而且要求將民間所藏有的《詩》、《書》等百家著作全部上繳，集中銷毀，凡私下議論這些學說者，殺無赦。此後，民眾求學必須跟隨政府指定的老師，使用政府指定的教材，學習政府指定的內容。始皇帝藉此建立起了專制集權的官方意識形態體系。

「焚書令」的實行，使得整個社會的知識與學識遭到幾乎滅絕性的摧殘，但緊接著又發生一件更加血腥的事情，即「坑儒」。面對舉世無雙的功業，始皇帝已經不滿足於僅僅做一個有生有死的凡夫俗子，而想要做遇水不濕，入火不燒，能夠騰雲駕霧，與天地共長久的「真人」。他接連派出大量術士前去尋訪能夠長生不老的靈丹妙藥。

受皇帝委託，負責尋訪仙藥的侯生和盧生卻私下對當今天子的脾氣性格和為政風格，做了一番有理有據，全盤否定式的批判和譴責，最後得出的結論是，不能為他尋求仙藥。曾經多次遭術士忽悠的始皇帝這次又被放了鴿子，終於忍無可忍，惱羞成怒了。始皇帝有著很深的反知識情結，在他看來，知識越多越反動，雖然侯、盧的「狂言妄語」更像是一次突發性事件，但他卻將此事與上一年的焚書扯到了一起，認為這是咸陽儒生長期在街談巷議中妖言惑眾，誹謗主上的結果。

他命令禦史對咸陽的儒生進行全面審查，最後將揪出的四百六十多個涉案人員全部坑殺，徹底消滅。自古至今，世人對於始皇帝焚書坑儒的野蠻行徑進行了嚴厲的批判，但這種空頭議論根本擋不住獨裁者對他的頂禮膜拜和瘋狂效仿，如此悲劇從未間斷。

面對父親這種近乎歇斯底里般的殺戮，扶蘇深感憂慮，他上書規勸道：「天下初定，遠方的百姓還未歸附我朝，儒生們都是誦讀經書的孔子信徒。如今，陛下卻用嚴刑峻法來處置異見分子，臣擔心此舉會招致人心不安，望陛下明察。」扶蘇有德，卻未能領悟到父親此舉的目的正是在於震懾人心，以達到天下安定的特殊效果。盛怒之下的始皇帝對於大兒子的這種婦人之仁很是不滿，立馬將他打發到上郡（治所位於今陝西榆林市）陪大將蒙恬防備匈奴去了。

始皇帝三十七年（西元前二一〇年）十月，始皇帝開始第五次出巡，也是最後一次出巡。左丞相李斯，愛子胡亥和近侍趙高跟隨出行。出巡隊伍行進到平原津（位於今山東平原縣）的時候，始皇帝發病，本應加緊治療或是考慮傳位的事情，但他諱疾忌醫，十分厭惡談論死亡，群臣因此無敢言者。走到沙丘（位於今河北邢臺廣宗縣）時，他已經病入膏肓，自知難逃一死，便給長子扶蘇寫了一封詔書，其中說：
把軍隊交給蒙恬，回來參加喪事，並主持下葬儀式。
始皇帝一直沒有確立儲君，雖然扶蘇貴為長子，但卻因為惹怒他而被下放到軍營體驗生活，這可以說是懲罰，也可以說是有意的培植。詔書僅僅說是讓扶蘇趕回主持葬禮，但並沒有明確指定他為接班人。可除此之外，皇帝再沒有給其他兒子發佈指示，這似乎是在暗示：扶蘇就是他心中的第一人選。

這些不夠明確的漏洞無疑讓野心家注意到了。

不久，始皇帝駕崩，享年五十歲。李斯考慮到皇帝在宮外逝世，又未指定接班人，倘若公開了死訊，難保不會引發大的動亂，遂決定暫不發喪，並將死訊隱瞞了起來。他將皇帝屍體安排在了能夠調節溫度的轀輬車當中，然後讓幾個知情的宦官躲在車內，應付百官奏事和進獻食物等事情。雖然李斯的顧慮不無道理，但是此地距離秦都咸陽尚有大段距離，如此大事長期處於地下狀態，難保途中出了差錯。

果然，當始皇帝的遺詔被拿到掌管印璽的趙高那裡時被扣了下來，此人開始盤算一場驚天大陰謀。趙高首先對公子胡亥說：「陛下駕崩，未封諸位皇子為王，卻單單賜給長子扶蘇一封詔書。長子一到，就會被立為皇帝，而您卻無尺寸之地，為之奈何？」胡亥有些無奈的說：「我有什麼可說的？」

趙高說：「不然！當今天下大權，全在你我與丞相之間，望您三思。況且臣服別人與被別人臣服，控制別人與被別人控制，豈可同日而語！」

胡亥卻說：「廢兄立弟，這是不義；不奉父命，這是不孝；德薄才疏，勉強靠別人支撐，這是無能啊！這三者全都違背道德，天下不服，只恐殃及自身，社稷不保啊！」

趙高繼續忽悠：「臣聽說，商湯和周武王除掉他們的君主，天下沒人說他們不忠，反而稱讚這是正義行為。大行不顧細謹，大禮不辭小讓。顧小忘大的人必定遭災，狐疑顧慮的人必定後悔，果敢行事，鬼神都會避讓，大事方能辦成！您就隨了我吧！」

胡亥長歎一聲：「如今父皇剛剛駕崩，喪事還未舉行，怎麼好去拿這件事煩勞丞相呢？」

趙高趁熱打鐵：「機不可失，失不再來，如今情況緊急，來不及細想了，望您速速定奪。」

胡亥略顯無奈的點了點頭。

趙高拿下胡亥之後，又馬不停蹄地向李斯發起了進攻。經過一番口水大戰，趙高憑藉三寸不爛之舌，成功降服事關此次政變成敗與否的丞相李斯，所使用的策略無非就是計算一番成本和收益，利害分析，威逼利誘而已。最後，在三人的一手操辦下，胡亥成為秦國第二代領導人；李斯繼續當丞相，趙高成為郎中令（掌管宮廷禁衛），二人一內一外，用事擅權；然後偽造始皇帝詔書，賜扶蘇和蒙恬自盡。

胡亥剛當上皇帝的時候，有些迷惘，不知道皇帝該怎麼當，就向趙高請教：「人生在世，有如白駒過隙，稍縱即逝。如今朕已富有天下，只希望能在有生之年縱情享樂的同時能讓百姓安居樂業，永保祖宗基業，你看怎麼才能達到呢？」

趙高說：「諸位公子都是陛下的兄長，朝中大臣也都是先帝所任命的。現在陛下剛剛即位，人心不服，難保不會發生變故。況且，雖蒙恬已死，其弟蒙毅卻還統兵在外，臣對此十分擔憂。若是不除掉這些隱患，陛下怎麼能夠安逸享樂呢？」

胡亥急切地問道：「那該怎麼辦啊？」

趙高答：「首先，陛下應當修訂法律，實行嚴刑酷法，讓那些罪臣互相株連，直至將他們滿門抄斬。其次，陛下應當擴大自身的統治基礎，將先朝舊臣統統消滅，然後安排親信之人，使貧窮的富裕起來，卑賤的顯貴起來。如此一來，他們必定會對陛下感激涕零，竭盡犬馬之勞。此外，陛下還應當疏遠親情骨肉，將潛在威脅消滅於無形之中。若如此，陛下即可高枕無憂，放心享樂了！」

胡亥高興地說：「所言甚是，此事交你全權處理。」

於是，一場血腥大屠殺拉開了帷幕。

蒙毅等大臣被陷以各種罪名殺害，胡亥的十個兄弟被集體屠殺於咸陽集市，另有六個兄弟和十個姐妹在杜縣（在今陝西西安市雁塔區）被碎屍萬段。胡亥在公子將閭兄弟三人的判決書上指責他們不能恪守臣道，罪當致死。將閭大呼冤枉：「宮廷禮節，不敢有違；廟堂祭祀，亦未有過；奉命答對，更是未曾有失，怎會落下不盡臣道的罪名？」

前來行刑的使者說：「我無權與你們理論，不過奉命行事而已！」

兄弟三人淚流滿面，仰天長歎，大呼三聲：「冤枉啊！我無罪！」隨即拔劍自刎而亡。胡亥大開殺戒，咸陽城中呼聲震天，宗室成員無不戰戰兢兢，滿朝文武亦是噤若寒蟬，苟且偷生，平頭草民就更是驚恐不安，道路以目了。

秦國的廣大臣民除了要忍受極端的高壓統治，還要在無窮無盡的兵役，永不休止的勞役，日漸高漲的賦稅，森嚴酷烈的刑律之下苟延殘喘。殘暴的統治壓得民眾難以呼吸，但只要蓋子一被解開，炙熱的岩漿便會噴湧而出，火山終究是要爆發的。

秦二世元年（西元前二〇九年）七月，起於隴畝的農民陳勝高喊一聲：「王侯將相寧有種乎？」遂率領一幫貧苦農民在大澤鄉（今安徽宿州市西寺坡鄉）揭竿而起，打響了武裝反抗秦二世殘暴統治的第一槍。這是對命運的不屈，更是對暴君的不服。

陳勝定都陳縣（今河南淮陽市），建立張楚政權，隨即派出多支部隊北上佔地。原六國貴族和地方豪強雲集響應，紛紛殺掉當地官員，自稱王侯。一時間，關東地區（函谷關以東）風起雲湧，已成燎原之勢。告急文書鋪天蓋地的飛向咸陽宮，帝國的主人胡亥卻根本不願相信事情會糟到如此地步，還認為地方官誇大其詞，謊報軍情，打擾了他的美好生活，然後遷怒於報信的官員，將其全都打入大獄。結果，當胡亥再次問起關東局勢之時，官員們為保小命就開始撒謊了：「不過是一群盜賊而已，地方官員已經將其全都捉拿歸案，陛下不必擔心。」

胡亥高興了，接著回去享樂。但真正的情況卻是，武臣與田儋先後自立為趙王和齊王，魏咎被立為魏王，未來的秦國終結者劉邦在沛縣正式起兵，項羽也跟隨叔父項梁起於會稽郡。秦始皇苦心打造的統一局面僅僅維持了十三年便被打成一盤散沙。

陳勝在派兵北上的同時，還派二當家吳廣率領主力大軍西進，直取關中。吳廣卻頓兵滎陽城（今河南滎陽市）下，久攻不克。陳勝藉吳廣牽制敵軍之機，另派周章率兵繞過滎陽，直撲函谷關。周章大軍斬關奪隘，勢如破竹，一口氣打到了距離秦都咸陽僅百餘里的戲水（今西安市臨潼區東）。胡亥聞聽敵軍逼近都城，大驚失色。在都城兵力空虛，調兵不及的情況下，他只好依少府（皇帝金庫大總管）章邯之謀，赦免在驪山陵服役的幾十萬刑徒，封章邯為將軍，臨時組編敢死隊阻擊來敵。

章邯率領這支由亡命之徒組成的生力軍一下就把周章軍隊打的落荒而逃。不久，周章戰敗自殺。此時的胡亥已經回過神來，接連派出了司馬欣、董翳等率兵前去平叛。面對政府軍的瘋狂反撲，農民軍自亂陣腳，先是吳廣被部將田臧除掉，接著陳勝又被車夫莊賈刺殺而死，起義兩大領袖先後殞命，使得造反大業遇到嚴重挫折。章邯也沒有辜負胡亥的一番厚愛，先於定陶擊殺項梁，後又攻滅魏咎，秦軍聲勢大振。

打退了農民軍的第一波攻勢之後，胡亥顯得有些得意忘形，覺得自己是真命天子，有上天護佑，皇位穩固，於是重新回到了醉生夢死的享樂當中。趙高弄權以來，挾私報復，打擊迫害了許多正直之人，他也因此惴惴不安，深恐遭人參劾。為了將這些人與皇帝隔絕起來，他生出了一個歹毒的計策。

一日，趙高對胡亥說：「先帝治國日久，經驗豐富，威望崇高，陛下卻年紀尚輕，又是剛剛即位，經驗與威望不足，怎麼能夠同這些老謀深算的官員在朝堂之上商討國事呢？一旦弄錯了，不就露了陛下的馬腳嘛！先帝在世之時，不准許身邊的人透露他的行蹤，陛下也應當如此行事，深居宮中，少見外人，保持自己的神秘性，神龍見首不見尾，方是帝王之道。」

胡亥深表贊同，自此開始深居簡出，窩在後宮裡不出來，很少接見群臣，而將政事全都推給趙高處理，趙高因此竊取到朝政大權。

關東局勢日漸惡化，章邯孤掌難鳴，已露出敗象，關中的軍隊也被不斷地抽調至前線，但卻有去無回，不是陣亡就是倒戈，竟無意間給造反者補充了大量兵源。面對這種局勢，大臣們坐不住了。右丞相馮去疾、左丞相李斯和將軍馮劫冒死向皇帝進言：「關東群盜並起，政府不斷派出軍隊前往鎮壓，雖然殺傷不少，卻仍舊難以抵擋。盜賊過多，都是因為兵役過於頻繁，軍糧運輸過於辛苦，賦稅過於沉重，刑罰過於苛嚴。臣等懇請陛下，暫時停止阿房宮的浩大工程，減省不必要的兵役、運輸和苛稅。」

胡亥不以為然，振振有詞的反駁說：「朕從韓非那裡聽說，唐堯和虞舜修建宮殿所使用的木頭都是未經砍削的原木，茅草屋頂也不加修剪。冬天穿獸皮，夏天穿麻布，吃著糙米飯，喝著野菜湯，餐具淨是些土盆瓦罐，就是那看門的待遇也沒這麼糟糕啊！大禹治水的時候，赤膊上陣，手裡拿著杵和鍬，幹活不要命，弄得面色黝黑，滿手老繭，滿腿的汗毛也都給磨光了，最後活活累死在建築工地上，就是戰俘和奴隸也沒這麼慘啊！

難道說貴為天子，富有四海的皇帝就該過那種日子嗎？只有將普天萬物都用來滿足私欲才是佔有天下的目的所在。當然，作為一個賢明的君主，應該致力於安邦治國，可如今，君主自己還不能稱心如意，怎麼能夠治理好天下呢！所以，朕只想著能夠在有生之年，縱情享樂。如今朕才剛剛做了兩年皇帝，就出現了盜賊蜂起的情況，你們身為大臣，非但不能平定禍亂，反而讓朕把先帝時期的工程也給停了，汝等上不能報答先帝，下不能為朕盡忠，真是尸位素餐。」

於是，胡亥將三人下獄論罪。馮去疾和馮劫兄弟二人認為「將相不受辱」，自我了斷。胡亥將李斯案件交予趙高處理。趙高誣告李斯父子圖謀造反，李斯不服，趙高動用酷刑，打了他一千多板子，直至血肉模糊，多次昏死，才認罪招供。於是，李斯被處於五刑，屠滅三族（父族、母族和妻族）。他的受刑過程極為血腥，先是黥面（面部刺字而後塗墨）、割鼻和跺腳，而後是閹割，最後腰斬於咸陽鬧市，實是慘不忍睹。當初，身為帝國丞相的李斯，為了一己之私利，不惜棄君臣大義於不顧，助紂為虐，狼狽為奸，終落得如此下場，豈非自作自受哉！

李斯死後，趙高成了丞相，大權獨攬。他的弟弟趙成接替了郎中令一職。二世三年（西元前二〇七年）冬，秦軍主力在巨鹿（今河北平鄉縣）一戰中被項羽擊敗，胡亥多次派人責問章邯，章邯內不自安，派司馬欣赴京請趙高疏通。可趙高卻避而不見，也不給消息，嚇得司馬欣連夜逃回，對章邯說：「朝中趙高弄權，將軍有功會被殺掉，無功更會被殺，總之是難逃一死，倒不如趁著手中尚有二十萬兵馬，投降項羽，亦不失封王封侯。」

章邯陷入兩難境地，向前打不過項羽，後退難逃一死，於是率部投降。不久，殘忍的項羽擔心降軍生變，便在新安城南（位於今河南義馬市）將二十萬降兵全部坑殺。項羽大失人心，但秦軍主力也就此消亡。這年八月，趙高意圖謀反，恐怕群臣當中有人不服，就提前設下計謀進行測試。一天，趙高牽來一隻鹿獻給胡亥，說道：「臣特將一批好馬進獻給陛下。」

胡亥笑著說：「丞相真會說笑，這明明是鹿，你怎麼說是馬呢！」

趙高說：「這的確是馬！」

胡亥肯定地說：「不可能，這就是鹿，你看，還長著犄角呢，是隻雄的。」

趙高又說：「陛下不信可以問問諸位大臣，看到底誰說錯了。」

於是胡亥讓其他大臣發言表態。他們先是支支吾吾，不肯說話，後又開始私下商量。

有人說：「我眼花，看不清楚，你們看著辦吧！」

有人說：「陛下對了，丞相錯了！」

有人說：「是陛下錯了，丞相怎麼會錯呢！」

這些人偷偷地瞅了趙高一眼，只見他神態自若，一副信心十足的架勢，於是全都一閉眼，一狠心，說道：「是馬！」

胡亥愣了：「咦！怪哉！朕難道眼花了，連鹿和馬都很不清了？」

事後，說馬者，安然無恙，說鹿及未表態者都下獄致死。這就是成語「指鹿為馬」的典故，指混淆是非、黑白顛倒之義。

這並非胡亥無能，而是謊言實在太恐怖了。當身邊所有的人全都滿嘴謊話之時，能有幾人堅持自己原本正確的見解呢！在一個道德淪喪，黑白顛倒，全民說謊的環境之下，邪惡會披上正義的外套，謬論會登上真理的殿堂，靠殺人起家的屠夫也會成為救民於水火的大英雄。

趙高指鹿為馬，讓胡亥以為自己犯癡犯傻，就讓太卜（掌陰陽卜筮）前來占卦，太卜說：「陛下在春秋郊祀和宗廟祭祀期間，齋戒不夠虔誠，才會導致神志不清。」

於是，胡亥就來到上林苑齋戒，其實每天都是遊玩打獵。一天，有個路人誤闖上林苑，胡亥就把他當做靶子一樣射殺了。趙高指使他的女婿咸陽令閻樂裝模作樣的上奏說：「不知哪個歹人殺人之後竟然將屍體拖入了上林苑，應該嚴查。」

這時，趙高就勸胡亥：「天子無端殺害無辜之人，這可是天帝所禁止的，鬼神也不會來享用祭品了，上天還會降臨災禍的，陛下應當遠離這裡，到望夷宮（故址在今陝西涇陽縣）祈禱消災。」胡亥不問政事，只知享樂，能力和秉性早已被趙高摸得一清二楚，經這麼一唬弄，果然乖乖地去了望夷宮，這也成了他的葬身之所。

這時，關東地區已經大致淪陷，落入反秦陣營手中，劉邦也已經趁著項羽與秦軍主力鏖戰巨鹿之時，率部趁虛而入，攻破關中南部要塞——武關（位於今陝西丹鳳縣），兵鋒直指咸陽，並且派人和趙高搭上了線。當初，趙高竭力向胡亥隱瞞真相，說是盜賊成不了氣候，如今卻打到了家門口，眼看著就要露餡，萬一胡亥知道了實情，找他算賬怎麼辦！嚴峻的局勢使得趙高也不禁慌張了起來，遂稱病不朝，躲了起來。

一日，胡亥做了個噩夢，就讓人在宮裡設壇祈福避禍，又突然想起了關東盜賊的事情，就派人去詢問趙高。這下倒好，趙高狗急跳牆，召集女婿閻樂和弟弟趙成啟動了謀反計畫。先是郎中令趙成作為內應，謊稱有盜賊進入瞭望夷宮，製造混亂局面。然後閻樂以追捕盜賊為名，率領一千士兵殺入宮中，逢人便砍，見人就射，殺得宮中血肉橫飛，屍橫四處。胡亥又驚又怒，急召左右護駕，侍衛早已嚇破了膽，紛紛繳械投降，只有一個宦官尚在身邊。他揪住宦官的衣衫，大聲嚷道：「你怎麼不早告訴朕，現在弄成這樣，讓朕如何是好！」

宦官鼓足了勇氣說道：「正因為奴才平時不敢說話，才能活到今日。否則早就被陛下給弄死了。」

胡亥就像一個洩了氣的皮球癱軟在地，眼看昔日不可一世的皇帝崩潰了，閻樂來勁了，竟上前數落起了胡亥：「陛下驕橫放縱，濫殺無辜，才有今日眾叛親離的下場，你自己看著辦吧！」

胡亥急切地問：「能見見丞相嗎？」

閻樂說：「不能！」

胡亥又說：「吾願意當一個郡王。」

閻樂厲聲說：「不能！」

胡亥哀求道：「吾願只作一個萬戶侯。」

閻樂不答。

胡亥哭泣著說：「吾甘願和妻小作平頭老百姓，您看行嗎？」

閻樂道：「臣奉丞相之命，特為天下人來取汝性命，陛下說得再多，臣也不敢上報。」說著，招呼士兵上前逼迫。

胡亥徹底絕望了，被人砍死還不如自我了斷，他便拿刀自刎。

趙高廢除了秦君「皇帝」名號，立胡亥的侄子子嬰為秦王。

子嬰將趙高刺殺，屠滅三族，暴屍示眾。

四十六天後，沛公劉邦進駐霸上，子嬰出降，立國僅十五年的大秦帝國滅亡。

同室操戈　之二

縱容犯罪欲何為　淮南王愣頭愣腦

漢高祖劉邦第八子

劉長是漢高祖劉邦的第八子，也是最小的兒子，他的一生充滿了悲劇性色彩。

話說高祖八年（西元前一九九年）冬十月，劉邦親自去找叛逃匈奴的原韓王信（此韓信與「漢初三傑」之一的大將韓信同名，漢初曾被封為韓王）算賬，回軍途中在趙國東垣（在今河北正定縣）的行宮下榻。

趙王張敖是劉邦的乖女婿，娶得是劉邦與呂后的獨生女魯元公主。期間，趙王為了討老丈人歡喜，於是投其所好，將自己的一個小老婆（史稱趙姬）進獻給岳父大人，劉邦開心地笑納了。據說此後趙姬就懷孕了，趙王不敢再和與岳父共枕過的女子同居，便給趙姬新蓋了一座豪宅，讓她獨住。

第二年的十二月，趙姬和丈夫都因部下貫高等人的謀反案而被牽連入獄。驚慌之下，趙姬向獄吏爆料，說是去年她被皇帝寵幸過後有身孕了，即懷了劉邦的龍種。此時距離「寵幸日」已經十四個月了，胎兒看來非同凡響，孕期竟要比常人長上四個月。

獄吏聽到如此驚人的內幕要聞後，不敢耽擱，趕緊上報，可劉邦正在氣頭上，什麼也聽不進去，連呂后在為趙王求情的時候也碰了一鼻子灰，於是趙姬又趕忙讓弟弟去哀求呂后的姘夫辟陽侯審食其（他本是劉邦家中侍從，楚漢之際，劉邦征戰在外，與呂后聚少離多，而審食其卻和呂后朝夕相處，日久生情，呂后是一個有著正常生理和情感需求的女人，於是倆人就合夥給劉邦戴了一頂綠帽子），讓他再去請呂后說情，而呂后此刻正與戚夫人爭鬥得你死我活，一個女人已令她煩惱，哪還想再引來一個潛在情敵，要是呂后肯為趙姬求情的話，那她一定是哪根筋出了錯。

呂后不願意搭理，審食其也沒有再多說什麼，畢竟事不關己，何必為此得罪了自己的老相好和那個戴綠帽的皇帝呢！無人搭救，趙姬生下孩子後就自殺了，所生者即劉長。經過一番審查，趙王張敖與此案無關，首犯貫高自殺，張敖被剝奪王位，降為宣平侯，劉邦將最喜歡的兒子，戚夫人所生之子劉如意改封趙王。

劉邦以劉姓子弟取代異性諸王的目的已經達到，氣也就消了，突然想起自己剛添了個兒子。可惜孩子母親已屈死在獄中，心想倒是挺可憐的，自己與這個兒媳婦雖無夫妻之名，卻有夫妻之實，她確實死得冤枉。劉邦心裡生出了一絲愧疚之心，於是把劉長接入宮中，委託呂后做監護人，想多少做些彌補。呂后雖然出手毒辣，但那是對待敵人。此時孩子的母親已死，對自己不存在什麼威脅，自己的一雙兒女也早已成人，這個時候呂后作為一位母親的情懷顯現了出來，不但將劉長撫養長大，並疼愛有加。劉邦在消滅了起兵反漢的淮南王英布之後加封劉長為淮南王，可見夫婦二人待劉長還是不錯的！

但畢竟紙包不住火，劉長逐漸知道了一些上代人的恩恩怨怨，仇恨的種子便在心中生根發芽，茁壯成長。照理說，劉長怨恨的應該是劉邦和呂后，因為畢竟是劉邦的視若無睹導致了他母親的直接死亡，牽強一些可以算上呂后，因為她沒有向劉邦求情，但事情並沒有這麼簡單。對劉邦，劉長不敢怨，因為那是他的皇帝老子；對呂后，他不能恨，那是撫養他長大的養母，於是他將滿腔的怨恨瞄準了當年沒有拚死為他母親求情的審食其，必欲除之而後快，說起來審食其也算是冤枉！呂后沒死的時候，劉長縱然心中怨恨，但也不敢亂來，因為呂后是審食其的老相好。

西元前一八〇年，呂后駕鶴西去，三年後，劉章、劉興居、周勃和陳平等人聯手將呂氏餘黨剷除，迎立劉邦的第四子代王劉恒為帝，是為文帝。審食其的靠山徹底倒了，他的死期也就不遠了。

這時的劉長已經長大成人，長得虎背熊腰，力能扛鼎，頗有當年楚霸王「力拔山兮氣蓋世」的氣勢。文帝對劉長很不錯，常常慣著這個僅存的弟弟，劉長也有些得意忘形，覺得當今天下，再沒有比他和皇帝更親的人了，做起事來很是放肆，常常做一些違法亂紀的事情，而文帝卻不怪罪，處處護著他。結果劉長愈加驕縱，天不怕，地不怕，一步步走向了毀滅的深淵！

首先、沒大沒小，與皇帝稱兄道弟

文帝三年（西元前一七七年），淮南王入朝覲見，期間表現的非常蠻橫，史書上說他「甚橫」，目無法紀，不知禮數，整個人霸氣外露，得罪了不少人。文帝邀劉長一同去皇家獵場圍獵，二人共乘一輛車子，劉長感覺很是威風，非常得意，於是更加得意忘形了，興致一來竟然喊文帝「大哥」。

本來，弟弟喊哥哥是沒什麼大不了的。並且，呂后當政期間，對劉姓皇族大肆屠戮，殺的殺，嚇得嚇，劉邦的八個兒子就只剩下這麼兩個了，顯得親切無可厚非，但這種觀念放在皇帝身上卻是絕不適用，更是極度危險的！劉長與文帝劉恒的兄弟關係可以分為兩個階段，以劉恒做了皇帝為界限，在此之前，二人是同為諸侯王的兄弟關係，在此之後，二人關係首先是君臣，其次才是兄弟，劉長必須絕對服從於劉恒，搞混了長幼順序的結局只能是被除掉。因為皇帝不僅是萬民主宰，更是天下臣民的君父，君在父前的順序說明了以君臣關係為代表的政治秩序籠罩於父子關係為代表的人倫關係，兄弟關係自然要讓位於君臣關係！

劉長到底能不能叫文帝大哥呢？答案是能，但那也只能是文帝先恩准特許，他才能叫，而不是他自己先叫。劉長不知天高地厚，給點染料就以為自己開了間染坊，忘了自己的臣子身份，其將來的下場可想而知。

其次、為洩私憤，擅自誅大臣，目無法紀

劉長一直在預謀除掉辟陽侯審食其，為母報仇。這次入朝，文帝對他一再縱容，大哥都叫上了還有什麼好怕的，這個仇此時不報更待何時。於是，就在這一年的某一天，劉長啟動了復仇計畫，他來到了辟陽侯的豪宅，說是有事與其相商，審食其一聽說當今聖上唯一的弟弟來了，趕忙外出迎接，誰知劉長二話沒說，刷的一聲從袖子裡拔出了鐵錐，上去就是一招弓步直刺，將審食其刺翻在地，立即一命嗚呼！他叫跟班把審食其腦袋削了下來，然後揚長而去！這一年，

劉長才二十二歲。

雖然報得大仇，但劉長深知自己闖下了大禍。審食其雖然靠山倒了，但畢竟是當朝侯爺，呂后當政期間還曾當過左丞相，劉長為洩私憤，無視朝廷法度，擅自誅殺當朝大臣，這可不是一般的小罪，因此，他就光著上身，跑到宮裡先向皇帝哥哥負荊請罪。

文帝訊問劉長的殺人動機，劉長振振有辭地說道：「我母親在當年趙國的那樁謀反案中是冤枉的，那時辟陽侯和呂后的關係最親近，但他卻不努力求情，結果導致我母親自殺身亡，這是辟陽侯的第一件罪行；趙王如意和母親戚夫人本沒有過錯，可呂后想殺他們，辟陽侯沒有盡力勸阻，結果如意哥哥被毒死，戚夫人也被做成了人彘（由呂后開始的殘忍酷刑，將人四肢切除，耳朵和鼻子削掉，眼睛挖掉，舌頭割掉，裝入酒甕。後來武則天曾經模仿。），生不如死，這是辟陽侯的第二件罪行；呂后當權的時候不斷給呂家人加官進爵，而對劉家子弟大肆屠戮，威脅到了劉姓江山，辟陽侯作為大臣，也沒有進諫勸阻，這是他的第三條罪行。正所謂，殺母之仇，不共戴天，再說這廝死有餘辜，除掉他也是為天下人除害！如今大仇得報，特來向大哥請罪，您就看著辦吧！」

文帝對此事的處理很是讓人吃驚，他對劉長的魯莽舉動表現出了極大的同情，竟然不予追究。按說對臣子進行生殺予奪的大權本是皇帝得以維持權威的利器，怎可讓他人掌握？劉長擅自誅殺大臣，這不僅僅是觸犯法律的問題，更要不得的是觸犯皇帝權威的大罪，可文帝眼見自己的弟弟闖下了如此大禍，卻未表現出一絲的不悅，更未進行勸阻和訓斥，反倒是縱容犯罪，文帝心中究竟想些什麼？

再次、愛玩火，終致引火焚身

劉長在長安城親手刺死了當年的丞相辟陽侯審食其，可謂是一戰成名，名滿京師。而皇帝的不予追究更是令他人氣鼎盛，連皇帝的母親薄太后和太子劉啟都對他忌憚三分，廣大臣民就更是談「長」變色了。劉長在京城出盡了風頭之後，回到了自己的地盤，愈是肆無忌憚，屢犯禁忌。

一宗罪、擅自立法，並阻止朝廷政令在淮南國的推行，這無異於成立獨立王國。

二宗罪、耍皇帝的派頭。出入之時，沿途清道，嚴加警戒，並禁止百姓通行，劉長在他的地盤裡享用著只有皇帝才有資格享有的禮儀待遇，這在古代叫做「僭越」，是殺頭的死罪。

三宗罪、「稱制」。從秦始皇創立皇帝制度的那一天起就規定只有皇帝的命令才能稱作「制」，其他的人絕對不能使用，就像只有皇帝才能自稱為「朕」一樣。「稱制」則意味著稱帝，這可是謀反的大罪。

四宗罪、在上書皇帝的奏章中多次出言不遜，不夠恭敬順從。

以上任何一條罪名都可以至劉長於死地。而他做了這麼多出格的事情卻尚不自知，這無疑是越玩越大。

文帝六年（西元前一七四年），劉長做了一件十分愚蠢的事情。他找了七十個人，四十多輛戰車，竟和棘蒲侯柴武的兒子柴奇謀劃造反，他們還派人去和匈奴、閩粵國溝通，妄圖裡應外合，一起顛覆文帝的統治。讀起來不禁讓人感覺荒唐，兩個年輕人集結了那麼一點微小的兵力就想著造反？柴奇還是名將柴武的兒子，算得上是將門之後，竟也如此愚蠢，跟著劉長胡鬧，簡直就是一場鬧劇。

也許真的是「性格決定命運」，劉長那傻瓜般的性格促成了他的這次愚蠢舉動。不管怎樣，他就這麼走上了謀反之路，雖然可笑但卻不得不信，因為《史記》、《漢書》和《資治通鑒》對此事都是這麼記載的，在沒有其他確鑿資料的情況下我們只能相信。其實，歷史上本就不乏諸如此類的荒唐鬧劇。劉長這次愚蠢的玩火舉動很快就漏餡了，這也是人們意料之中的事情，他被招到長安，等待著皇帝哥哥的裁決。

對於此案的處理意見，文帝照例想聽聽臣子們的意見，朝中大臣的處罰意見很是一致，都說是應該「棄市」，也就是在大庭廣眾之下將犯人斬首，並暴屍示眾，以示懲戒，這是古代處置罪大惡極者常用的刑罰。看來，淮南王在朝中確實不討人歡迎，危急時刻竟不見一人為他求情，除了罪行難以寬恕的原因之外，想必淮南王耍橫鬥狠的行事風格的確不得人心。

對於大臣的意見，文帝擺出了一副於心不忍的姿態，令臣下再議。結果，再議的結果沒啥兩樣，如故！這個時候，文帝說話了，他說：「朕不想按照嚴刑酷法來對待自己的弟弟，還是留他一條小命，剝奪了王位就算了吧！」

大臣們說：「既然陛下不願意殺劉長，那麼就讓他帶上妻小到蜀郡的邛郵（在今四川雅安市，當年是絕對的蠻荒之地，發配犯人的去處）去吧！」

對於這個建議，文帝表示贊同，並補充說是讓沿途的各級政府每天要供給劉長五斤肉，二升酒，又從劉長的老婆中挑選出十人隨他一同流放。在將此案的從犯全部處死之後，主犯劉長踏上了流放之路，這也是一條不歸之路。

劉長在押解途中，不僅被一直關在囚車之中，還遭到了沿途遊街示眾的人格侮辱。朝中一個叫袁盎的大臣對文帝說道：「陛下長期慣著淮南王，也不找個嚴厲的師傅和丞相管教他，結果才造成了今天這樣的結局。淮南王可不是孬種，他是一個很有脾氣的剛烈之人，現如今突然受到這麼大的摧殘和侮辱，我擔心他心裡很鬱悶，早晚會生病猝逝。這樣的話，陛下就會落個殺害自己手足的罵名啊，這可怎麼辦呢？」

文帝不以為然地說道：「哎呀，愛卿多慮了，朕只不過是想讓他吃點苦頭學點教訓，很快就會讓他回來的！」

不久，果不出袁盎所料，劉長死了！

原來，劉長不僅被關在囚車裡面遊街示眾，還一刻都不讓他出來，吃飯和大小便都得在囚籠之中，畢竟他是朝廷欽犯，犯的還是謀反大案，又生得那麼孔武有力，萬一他又殺死人，逃跑了怎麼辦？因此，沿途各級政府部門都不敢擅自開封。

劉長實在非常鬱悶，就對他的一個隨從說：「誰說本王英雄蓋世？我英雄什麼啊！只因自己當初過於驕橫，剛愎自用，才落到如今這步田地，人這一輩子哪能這麼鬱悶地活著啊！」於是他開始絕食。走到雍州（現在陝西省寶雞鳳翔縣）的時候，縣長感覺不對勁，趕緊打開牢籠，但劉長已經死了，他絕食而死，年僅二十五歲！

縣長將劉長的死訊上報，文帝得知後表現得很是悲傷，他對袁盎說：「哎呀，正是因為朕當初沒聽你的勸告，才讓淮南王死了啊！」

袁盎說：「事情依然如此，希望陛下節哀。」

文帝說：「你說這事怎麼辦，朕總不能落個殺弟之名吧！」

袁盎惡狠狠地說：「這個好辦，只要把丞相和御史大夫處死就行。」

袁盎手黑，文帝比他更黑，他雖然沒殺丞相和御史大夫，但卻下令將押解人員、各地政府不讓開封條者、送飯的一干人等，捉拿歸案，全部棄市。然後，他又依照王侯規格給劉長舉辦了一個大型追悼會，將其就地安葬，調派三十戶百姓給他看墳！

兩年以後，文帝封劉長的四個兒子為侯。

文帝十二年（西元前一六八年），此案已過去六年了，卻又出了一件令文帝心裡很不是滋味的事情。原來，劉長絕食而死後，百姓們很是同情他的遭遇，就編了首歌謠來紀念他，並把矛頭對準了和劉長之死脫不了關係的當朝皇帝。

歌曰：一尺布，尚可縫；

一鬥粟，尚可舂。

兄弟二人不能相容。

文帝一聽，當然知道這是在諷刺他容不下自己的弟弟，說道：「當年人家堯舜也曾流放過自己的兒子，周公還曾把自己的弟弟殺了，天下人卻都說他們是聖人，為何？不以私害公啊！難道天下人以為朕貪圖淮南王的那點封地嗎？朕貴為天子，富有四海，才不稀罕呢！」

於是，文帝把原來收歸朝廷的淮南國分給了城陽王劉喜，過了幾年又改封給劉長的三個兒子（本來四個，其中一個夭折）。與此同時，追加劉長的諡號為「厲」。這可不是什麼好的評價，依據古代的諡法，「殺戮無辜曰厲」，看來，文帝此時對於劉長當年殺害辟陽侯一事置始置終都抱持著否定態度。

這就是淮南厲王劉長短暫卻不平凡的悲劇人生。

同室操戈 之三

衣帶漸寬終不悔 劉胥以死祭皇位

——漢武帝劉徹第四子

在中國，最有油水的暴利行業自然非「皇帝」莫屬。誠然，入這行常要付出極其慘重的代價，但獲利率實在太高，令人難以抵擋誘惑。故而自古不乏赴湯蹈火、前赴後繼者。常人尚且如此，何況皇子！西漢廣陵厲王劉胥就是眾多垂涎皇位的追逐者之一，他同樣為自己的遠大理想付出了不菲的代價。

劉胥是漢武帝劉徹的第四子，母親是李姬，胞兄是那位不但愚蠢而且同樣癡迷皇位的燕王劉旦。武帝元狩二年（西元前一二一年），江都王劉建因謀反事洩，畏罪自殺，其封地被改為廣陵郡。四年之後，武帝以廣陵郡部分轄區設置廣陵國，封劉胥為王，都廣陵（今江蘇揚州市）。

武帝在位期間，諸侯王們都還算老實，劉胥也不例外，未見有什麼不軌舉動。在如此兇險的政治環境之下，他們都不敢有什麼作為，然而正因為平時實在沒什麼正事可幹，精力無處揮灑，於是就生出了種種怪癖，消磨時光。長大之後的廣陵王有著眾多業餘愛好，除了聽歌跳舞看雜耍之外，最喜歡的還要數舉重和角鬥。

劉胥生得孔武有力，閒來無事就會運氣舉鼎，鍛練筋骨。他還時常與人比試，每次都要練到汗流浹背方才甘休。此外，為了展示自己的強健體魄和無畏精神，劉胥還迷上了與猛獸搏鬥的運動。廣陵王曾經叫囂：「拳打南山猛虎，腳踢北海蒼龍。」那可真不是吹牛的，每次外出打獵，劉胥既不騎馬，也不拿武器，而是徒步行進，空手搏獸。一遇到野豬、狗熊之類的大型野獸，劉胥毫不退縮，反而是挽起袖子，施展拳腳，竟能生擒猛獸，即便比起後來的武二郎借酒壯膽，拳打山東猛虎，也毫不遜色。

劉胥的上述行徑傳到了武帝的耳中，令他很不以為然，生出厭惡之情。貴為皇子，不知道珍惜生命，修身養性，提高素養，卻成天像個獵戶一樣與野獸為伍，真是太沒氣質了。因此，在武帝的內心當中，劉胥早早就已被踢出了接班人的候選陣容。

武帝征和二年（西元前九一年），長安城發生了一起驚天大案——巫蠱之禍。那位被丞相公孫賀緝捕的陽陵大俠朱安世，反咬一口，揭發公孫賀之子公孫敬聲以巫蠱之術詛咒皇帝、貪污軍費等罪行，公孫賀父子畏罪自殺，諸邑公主與陽石公主、衛青之子長平侯衛伉等全都株連被殺。

武帝命寵臣江充督辦巫蠱一案，江充小人得志，趁機排斥異己。七月，太子劉據遭到陷害卻不能自明，情急之下殺死江充，被迫起兵，兵敗出逃。皇后衛子夫自殺；八月，太子自殺，妻妾子女無一倖免，唯襁褓之中的孫子劉病已被人救下，後為漢宣帝。儲君的位子突然空了出來，皇子們無不蠢蠢欲動，其中又數燕王劉旦最猴急。

太子死了，短命的二哥，即齊王劉閎早在二十年前就猝逝。如今，排行第三的劉旦順次成為皇長子。若是按照「無嫡立長」的繼承制度，他能不興奮嗎！劉旦緊急派遣使者到京城，請求宿衛皇宮，保衛父皇。但這一拍直接拍到了馬蹄子上面。太子剛死，武帝尚處在悲憤之中，劉旦卻在如此敏感的時刻想要進宮護駕，圖謀接班的意思簡直就是司馬昭之心路人皆知。武帝雷霆震怒，直接將燕王的使者打入大牢，昭示了劉旦的出局。

大哥二哥都死了，三哥失寵了，這可樂壞了老四。劉胥暗自高興，尋思著太子的位子怎麼輪也該輪到自己了吧。然而皇帝早就對這個行為舉止不合章法的四兒子不抱什麼希望了，從以前就壓根就沒考慮過讓他上位。而劉胥卻毫無自知之明，依舊在做接班登基的春秋大夢。

征和三年（西元前九〇年），貳師將軍李廣利與丞相劉屈氂謀立皇五子昌邑王劉髆為太子的陰謀被武帝識破，劉屈氂被處死，當時在外征戰的李廣利直接投降於匈奴。由於劉髆並不知情，雖然未被株連，但卻在兩年後憂懼而死。如此一來，只有六個兒子的武帝別無選擇，只得立年僅五歲的幼子劉弗陵為皇儲。三年後，武帝撒手西去，八歲的弗陵在霍光等佐命大臣的輔佐下登基即位，是為漢昭帝。

弗陵即位後大加賞賜兩位兄長，意圖安撫。然而這兩位兄長都不領情。劉胥一想到乳臭未乾的八歲兒童竟然當上了大漢天子就忍不住的憤憤難平，怒火中燒。廣陵王國領有廣陵、江都、高郵、平安四縣。按照歷史沿革和民俗文化劃分，這些地方均屬於楚地。

楚地素有崇巫尚卜的傳統，約形成於周朝的楚國時期。當時的楚國，巫風盛行，開國之君熊繹就是奉事周天子的大巫。所以楚國的巫師無論大小都有著顯要的地位，春秋後期的大巫觀射父就曾被奉為「國寶」。「信巫鬼、重淫祀」成為楚人的文化特徵之一。這種巫鬼信仰在楚立國的八百年中鑄成了難以移易的文化傳統，甚至時至今日，故楚地域內的民間巫鬼信仰依然濃烈。

漢武帝時期距離楚國滅亡不過百餘年，崇巫尚卜之風在廣陵國內自然盛行。長期生活於此的廣陵王劉胥不能免俗，對此深信不疑。他接班未成，很不甘心，想起皇宮中的那個小皇帝更是咬牙切齒。國內有一個叫做李女須的巫婆，據說十分靈驗，祈福禳災、降神占卜無所不能，劉胥就派人將其請來，求其請神下界，施降災禍給現任皇帝，保佑自己早日接班，還許諾了大量的金銀珠寶作為酬勞。

見錢眼開的李女須立刻開始作法：

天靈靈，地靈靈，男女妖精快現形。
天兵天將我來請，孤魂野鬼兩邊站。
王母娘娘來顯靈。

砰地一聲，李大師摔倒在地。突然兩眼一瞪，大哭起來，在旁圍觀的劉胥立刻被鎮住了。大師邊哭邊嘟囔：「孝武帝（劉徹諡號孝武）已降附我體，汝等還不行禮？」

劉胥見此，嚇得趕緊下跪磕頭。

大師又說：「朕定要劉胥為天子。」

劉胥又驚又喜，頭磕得地板作響。突然，大師再次暈眩倒地，好一會兒才清醒過來。

事後，滿心歡喜的劉胥兌現諾言，賞賜給李大師很多財寶。他又擔心此次作法威力不足，便請她再往巫山跑一趟，求神禱告。

元平元年（西元前七四年）四月，年僅二十一歲的昭帝病逝，未留下一男半女。劉胥對此十分滿意，逢人就誇李大師巫術靈驗，是一位能通神的「良巫」。為了慶祝皇帝的早死並答謝神靈的眷顧，劉胥特令舉行「殺牛賽禱」儀式。「賽禱」有時寫作「塞禱」，是指人們對神靈賜予的庇護給予回報。

昭帝駕崩，舉國哀悼，廣陵王宮內卻在殺牛慶賀，倘若此事被人舉發，「大不敬」的罪名就能辦劉胥個滿門抄斬。然而，此時的宮內也是一團糟，沒空搭理這個東南小國內所發生的不法行徑。

昭帝無子，朝中有大臣主張立武帝四子廣陵王劉胥為帝，霍光認為劉胥為人荒唐，不足為人君。後迎立昌邑王劉賀（武帝之孫，劉髆之子）為帝。劉胥朝思暮想，苦苦等待的皇帝寶座又再次輕易的被人給奪走了。劉胥既失望，又惱恨。可惡的霍光非要與自己過不去，放著武帝的兒子不立，卻要隔輩立孫子，真是太不像話了。他再次請李大師開壇作法，降災禍給新任皇帝，詛咒劉賀多災多難，最好趁早歸西。沒過多少天，京城傳來新皇被廢的喜訊。

原來劉賀這個紈絝子弟，不學無術，成天跟那兩百個隨他入京的跟班鬼混在一起，飲酒作樂，淫戲無度。據說是在位二十七天，就做了一千一百二十七件荒唐事，平均一天四十件，將皇宮鬧得是烏煙瘴氣，雞犬不寧，此舉惹惱了權傾朝野的霍大將軍。霍光藉口劉賀難勝大任，突然發動政變，將其軟禁，又讓自己的外孫女，即年僅十四歲的皇太后（昭帝皇后上官氏）下了個詔書，將劉賀廢黜。

詛咒再次應驗，劉胥對此更加深信，多次賞賜給作法有功的李大師等人。然而，幸運之神仍是與劉胥擦肩而過。同年七月，霍光等人尊奉戾太子劉據唯一的遺孫，年滿十八歲的劉病已為帝，即漢宣帝。

得知此事後，劉胥百思不得其解。他想不明白為什麼武帝的兒子還活得好好的，前太子的孫子反倒被立為皇帝？若要追究，壞就壞在他的身份上。依據當時的繼承制度，劉胥確實具備繼承皇位的資格，至於霍光說他行事荒唐，不是當皇帝的料，不過是藉口而已。霍光作為權臣，必然要考慮新皇即位會給自身權位帶來什麼樣的影響。

昭帝幼年即位，霍光有輔佐之功；劉賀起於地方，霍光有擁戴之功。若是迎立正值壯年的廣陵王為帝，不僅不好擺佈，霍光的擁戴之功也會打個折扣。劉病已曾是罪臣後代，根基不深，名聲不錯，年歲也不大，比起劉胥，無疑更適合擁戴。四肢發達的劉胥無法明白這個道理，他邀請李大師三次出山，照舊對新皇進行詛咒。

雖然劉胥多次與皇位失之交臂，但由於「武帝兒子」的身分，還是有很多人看好他，楚王劉延壽便是其中一位。劉延壽是楚元王劉交（漢高祖弟）五世孫，楚國的第八任國王。劉延壽對廣陵王很有信心，他心想：一旦天下有變，身為武帝之子的劉胥定有機會登上皇位。因此，劉延壽將寶壓在了劉胥身上，經常與他私下進行書信來往，商討天下大事，待機而起。

為了增進兩國君主的感情，楚王特意讓自己的小舅子趙何齊迎娶了廣陵王的愛女為妻。兩家結親之後，來往自然方便許多，延壽經常讓小舅子給劉胥送禮的同時順帶捎話：衷心的祝願您耳聰目明，多多留心皇位，千萬別輸在起跑線上。

地節元年（西元前六九年），趙何齊的父親趙長年將劉延壽暗中與廣陵王溝通謀反的事情告發，司法部門查驗屬實，劉延壽自殺，楚國被廢除，改置為彭城郡。劉胥自然難逃關係。然而宣帝法外開恩，不但未加治罪，反而賜給這位本家爺爺黃金五千斤，以及大量的貴重寶器。想必在宣帝的眼中，這位年邁的爺爺實在不具備什麼殺傷力。

地節三年（西元前六七年）四月，宣帝冊立九歲的嫡長子劉奭為太子。劉胥得知後，傷心不已，哭泣著對自己的寵姬說道：「寡人永遠也當不上皇帝了。」傷心之餘，劉胥對於李大師等人的巫術也喪失了信心。咒來咒去，皇帝仍是好好的，自己不但沒當上皇帝，反而險些丟了老命，便下令停止了對宣帝的詛咒。

此後，劉胥走上了霉運，壞事接踵而至。

第一件、逆子闖禍

劉胥的兒子南利侯劉寶因蓄意殺人罪被廢除爵位。他回到廣陵老家之後，無所事事，竟和父親的小妾左修勾搭成姦。不久姦情暴露，劉寶入獄，不久被斬首示眾。

第二件、封地被削

廣陵國國相勝之奏請朝廷，將劉胥在射陂（今江蘇射陽湖）的大片肥沃草地分給貧苦農民耕種，朝廷准奏。劉胥十分惱恨，為此和宣帝結下了樑子，又開始了詛咒行動。

第三件、凶兆不斷

廣陵王宮之中，接連發生了多起怪異現象。棗樹一夜之間生出了十幾個新的枝幹，枝幹紅似鮮血，葉子卻是雪白色；園中池水變成了血紅色，池中的魚群也都翻了白肚；大白天的時候，老鼠竟然跑到王后的庭院裡肆意妄為。種種怪事嚇得劉胥心驚肉跳，夜不能寐。吃飯的時候，劉胥將心中的恐慌說了出來：「這些天，棗樹、池水、魚和老鼠都出現了異常情況，實在不是什麼好兆頭，寡人的末日估計快到了。」劉胥的第六感確實很準，沒過多久，他設壇詛咒皇帝的罪行遭人揭發，朝廷派遣人員前來徹查此案。

雖然早有預感，但事情真來了的時候，劉胥頓時慌了神。他用毒藥弄死了二十多個為他服務的女巫和知情過多的宮女，妄圖殺人滅口。只可惜，種種罪行還是被朝廷查知。鬚髮皆白的劉胥自知罪行深重，難逃死罪。無奈之下對前來審查的特使們哀求道：「罪臣死有餘辜，告發的事情確實都存在，可事情過去很久了，你們先回去，等寡人想好之後，定會坦白交代。」此時的劉胥年逾古稀，在宗室中的輩分又那麼高，欽差便同意了他的請求，先行回京。

已是深夜，廣陵王卻依舊難以入眠。即將奔赴黃泉，身死國滅的悲慘下場令他痛徹心扉，皇帝夢想就此破滅的殘酷現實更令他死不瞑目。心如死灰的劉胥開始了最後的狂歡。他將同樣心神不寧的妻小全部叫來，大擺筵席，特令寵姬郭昭君和趙左君等鼓瑟吹笙，奏樂起舞。

劉胥自斟自飲，喝到半醉時分，自己填詞，自己譜曲，自己演唱了一首〈人生歎〉。歌詞大意如下：

人之所以想長生，只為享樂無盡頭！既然一生難幸福，何必還要活到頭？不如趁早赴黃泉！

人生在世終一死，何必為此徒傷悲！活在世上何為樂？只為隨心所欲爾！如今快樂非我有，不如痛快的死去！死亡大門已開啟，此事不可雇人替，自力更生人人誇！

聽到廣陵王如此淒美動人的歌聲，左右之人無不落淚。

宴會一直持續到雞鳴時分才告一段落，劉胥對長子劉霸說：「皇帝待我不薄，可我卻對他不起。我死後很有可能被曝屍示眾。如果有幸得以埋葬，挖個坑草草埋掉就算了，千萬不可大操大辦。」

說完，他就用緞帶把自己給勒死了。

同室操戈　之四

衝冠一怒爲紅顏 元宣德揭竿而起

——北魏孝文帝元宏第三子

詩人吳偉業本欲借〈圓圓曲〉痛斥亂臣賊子吳三桂見色忘義，叛國投敵的醜惡罪行，卻無意間成就了三桂兄「一代情聖」的名號。真是「有心栽花花不開，無心插柳柳成蔭」。其實，比起北魏時期的癡情王子元愉甘為愛情獻身的事蹟來，吳三桂的那點小事真是算不了什麼。

北魏京兆王元愉，字宣德，是孝文帝元宏的第三子。元愉九歲的時候，父皇和大哥大打了一架，在其內心深處留下了陰影。太和十七年（西元四九三年），為了進一步推進漢化改革的偉大事業，孝文帝遷都洛陽，並接連推出了易服飾、變語言、改姓氏等深化措施。正在諸項改革日漸深入人心之際，北魏上層卻發生一場反對改革的宮廷政變。

太子拓跋恂因為體態過於豐滿，早就受不了洛陽的高溫酷暑，更受不了父親讓他穿的那些長袍大褂。在一些堅持舊俗，反對改革的保守力量的慫恿之下，他竟然於太和二十年（西元四九六年）八月，皇帝外出巡幸之時，秘密選取宮中御馬三千匹，妄圖出奔舊都平城（今山西大同市）納涼避暑。這場「反革命政變」很快就被鎮壓，憤怒的孝文帝先將拓跋恂打了個皮開肉綻，廢黜其太子之位，再聽信臣子誣告，將他殺害。

次年，孝文帝改立次子元恪為太子，並封三子元愉為京兆王、都督、徐州刺史。考慮到年僅十歲的元愉尚不具備從政能力，孝文帝特命同父異母的弟弟，彭城王元勰的高參盧陽烏兼任徐州長史一職，輔佐元愉處理政務。誰知，元愉對於這些繁瑣的政務工作很不感興趣，全都推給了盧陽烏，自己則癡迷於吟詩作畫，舞文弄墨。

醉心文學的京兆王不僅將四處招攬得來的數十位才子供養起來，大加禮遇，還時常邀請當時的文壇名人宋世景、祖瑩之流到府上做客，飲酒賦詩，唱和酬答，好不熱鬧。京兆王還是位虔誠的佛教信徒，出手十分闊綽，常常將糧食和布匹施捨給寺院或那些需要救助的窮苦百姓。在贏得良好聲譽的同時，也使得自己常常入不敷出，陷入財政危機。

太和二十三年（西元四九九年），著名改革家北魏孝文帝元宏病逝於南征途中，享年三十三歲。太子元恪繼位，是為宣武帝。新皇登基之初，心態尚屬正常，對待宗室成員很有人情味，特別是和五個弟弟非常親近，常常留他們在皇宮之中玩耍過夜。對此，《魏書》和《南史》之中，都用了四個字來形容，即「若家人焉」，意思是說像家人一樣。不禁令人疑惑：都是一個爸爸生下的兒子，本就是一家子，怎麼還是「若」呢？這是因為他們當中有人成了孤家寡人。

「孤家寡人」是古代君主的自稱。這四字的含義可謂深矣！從表層講，古代君主高高在上，萬民敬仰，後世「皇帝」更是空前絕後，集天下大權於一身。由於父死子繼的皇位繼承制度和宮廷權力鬥爭的極端殘酷，所以絕大多數皇帝都是沒了父親的未成年人，自然算是孤兒。

再者，帝王獨佔天下，地位至高無上，大權在握，乾綱獨斷，是否採納臣子意見，全憑個人意志，根本不存在任何制度性的約束。帝制時代兩千年，正牌皇帝近四百位，非昏即暴，僅有的幾位明君聖主，也多為精心包裝過的，經不起考究。皇權專制制度在賦予獨裁者無上權力的同時，也將他們塑造成了一群毫無人性可言的政治動物。家人之間無有親情，君臣之間無有信任，夫妻之間無有愛情。怎能不令獨裁者生出「高處不勝寒」的孤獨寂寞之感。

宣武帝不僅擢升三弟元愉為中書監（從二品，位同宰相），還特將於皇后的妹妹于氏許配與他，兄弟二人成了親家。然而，盛氣凌人的新婦于氏並未討得元愉的歡心，被晾到了一邊。婚後生活不幸的京兆王心中苦悶，只好外出解悶，路經一家酒肆之時，忽然聽到一陣十分優美動聽的歌聲。元愉很是好奇，聞聲尋人，原來是位來自東郡（治所位於今河南濮陽市）的楊姓賣唱女子。元愉見她不但生得一副好嗓音，且楚楚動人，清純美麗，隨將其帶入府中，納為小妾。

楊氏善解人意，賢淑端莊，上得廳堂，下得廚房，為丈夫在親友面前掙足了臉面，怎能不令元愉為之瘋狂。楊氏出身卑賤，實為美中不足。為了抬高她的身價，元愉就托同為東郡人的右中郎將（從四品）李侍顯做楊氏的乾爹，改其姓為李氏，並按照程序，從李府將其迎娶回家。李氏也未辜負丈夫的厚愛，不久生下了一個兒子，取名寶月。

獨守空房的王妃于氏得知丈夫在外面弄回個賣唱的狐狸精，還生下了兒子，心裡哪一個苦字堪言，立刻跑到宮裡向姐姐訴苦。于皇后決心為妹妹出出這口氣，就把李氏召入宮中，押上來就是一頓夾雜著辱罵的拳打腳踢。打完之後仍不解恨，她又強行給李氏剃了光頭，扣在宮內當尼姑。不僅如此，于皇后還生生拆散李氏母子，將寶月轉交妹妹撫養。

元愉聽說之後，又氣又恨，無奈胳膊扭不過大腿，表現出過多的不滿也只能遷怒于氏，乾脆不理她，一冷戰又是一年多。猶如打入冷宮一般的于氏肚子怎麼能有動靜。沒想到的是，于皇后竟然也生不出孩子。姐妹倆的父親于勁覺得很沒面子，就請求皇帝充實後宮，多納嬪妃，並讓皇后將李氏放了回來。經此大難，久別重逢的元愉和李氏抱頭痛哭，互訴相思之苦，感情更加深厚。

廣平王元懷奢侈腐化，喜歡擺闊，這令生性豪奢的元愉很不服氣，就生出和這位五弟鬥富的想法。二人互不相讓，決心一決高下。結果落得個兩敗俱傷的下場。兄弟二人的荒唐行徑惹惱了宣武帝，元懷被軟禁在華林別館，一直到皇帝駕崩才被放出。元愉則因鬥富而陷入經濟困難，動起了貪念，深陷貪污腐敗之中不能自拔。事情暴露，宣武帝大怒，將其痛打五十大棍，外放冀州刺史。皇帝的懲處，非但沒有使元愉認知到自己的錯，反而激起了他心中積累多年的仇恨。

元愉心想：「自己排行老三，地位反不如兩個弟弟（四弟清河王元懌和庶弟元悅）尊貴，顏面何存；朝內的大奸臣高肇（宣武帝的親舅舅）也不是什麼好東西，總是跟自己過不去；最難以容忍的是于氏姐妹仗勢欺人，總是侮辱和欺負愛妻，身為一個大丈夫，連自己最心愛的女人都保護不了，活著還有什麼意義。如今，竟然又把我踢出了朝廷，家事國事沒一件順心，倒不如自己當皇帝來得痛快。」

來到信都（今河北冀州市），元愉經過短暫的準備之後，隨機啟動了叛亂計畫。他首先誅殺了朝廷派駐冀州的兩名官員：長史羊靈引和司馬李遵，接著詐稱自己收到清河王元懌從京城發來的急報：高肇圖謀殺害皇帝。緊接著，元愉築壇祭天，登上皇位，並大赦天下，改年號為建平，立愛妻李氏為皇后。官員崔伯驥拒絕與偽政權合作，元愉殺他祭旗。

為爭取人心，宣武帝如法炮製，也大赦天下，然後下詔平叛，任命文韜武略的度支尚書（相當於財政大臣）李平為持節、都督北討諸軍、行冀州事，率兵討伐元愉。為了鞏固根據地，元愉首先派遣使者去遊說東邊的鄰居，平原（今山東平原縣）太守房亮。房太守忠君愛國，立斬來使。元愉惱羞成怒，派遣張靈和去攻打房亮，結果被擊敗。不久，朝廷大軍進抵信都城下。元愉出城迎敵，險些被擒，然後狼狽逃回城中，李平進軍圍城。定州刺史安樂王元詮聞聽冀州有變，遂率兵南下助戰，再敗元愉於城北。

元愉屢戰屢敗，陷入窮途末路，只得燒掉城門，攜帶著身懷六甲的李氏以及四個兒子，在一百多名騎兵的護送下突圍逃走。李平進入信都，將投靠偽政權的官吏統統處斬，然後派兵追捕元愉，很快將其抓獲，押回信都，並上報朝廷。群臣請求立斬元愉，皇帝不肯，命令李平將元愉押回京城洛陽，要以魏國皇室家法來處置他。當元愉走到野王（今河南沁陽市）之時，高肇秘密派人將其殺害，死時年僅二十一歲。

元愉的妻子李氏在生下遺腹女元明月後被殺。幾個兒子雖未被處死，卻全都被關進了宗正寺（掌管皇族事務）這個特別監獄之中，過了八年暗無天日的鐵窗生活。

元愉的皇帝大業猶如曇花一現般很快歸於破滅，他的後世子孫同樣皇運坎坷：孫子元釗三歲被立為皇帝，不久被亂臣賊子爾朱榮扔到黃河裡餵了魚；三兒子元寶炬後被西魏權臣宇文泰扶上皇位，當了十七年皇帝，卻始終都是個傀儡，期間能做的事情大概就是追尊其父元愉為文景皇帝，其母楊氏為文景皇后了。

同室操戈　之五

爲自保勇抗王師
蕭子響怒髮衝冠

——南齊武帝蕭賾第四子

南齊巴東王蕭子響，齊武帝蕭賾第四子也。怎麼看他，都不像是一位出身高貴的皇子，反而有些梁山好漢的影子。

蕭子響生得孔武有力，臂力過人，自小喜好舞槍弄棍，鍛鍊筋骨，而且練就了一身出眾的馬上功夫，騎馬奔騰，往來如飛，彎弓射箭更是例無虛發；他還喜歡結交江湖中人，十幾歲時就延請了六十名武藝精湛，有膽有識的壯士做自己的貼身保鏢。不僅業餘愛好與「好漢」相像，他的性子也是剛烈暴躁，不能受到半點委屈。

當初，齊武帝的妻小為數眾多，武帝的二弟豫章王蕭嶷卻好久都生不到兒子，成天急得發慌，於是領養了蕭子響。誰知道豫章王留有後勁，後來連生下好幾個兒子。可蕭子響好歹是皇帝的骨肉，怎麼著也比自家的孩子珍貴，謹小慎微的豫章王依舊請立蕭子響為法定第一繼承人。

即便如此，蕭子響好端端的就從皇子降到了王子，也可謂是一落千丈。然而，面對命運的捉弄，自視甚高的蕭子響拒絕買單，見到高他一等的兄弟時，他從不行禮。他心想：大家都一樣，誰怕誰啊！可說是一個頑強的孩子。

自從蕭子響被過繼之後，車駕和服飾也相應的降下了一個大層級。每此入朝，蕭子響眼瞧著其他皇子都是身著高檔禮服，乘坐豪華座駕亮麗出場，而自己的服飾與座駕卻都要比人家的差一大截。這令他忿恨異常，常常在車內拳打腳踢，弄得車子搖搖晃晃。

蕭子響的親生父親齊武帝知道後，生出憐憫之心，特准許蕭子響與皇子們享受同等待遇。永明六年（西元四八八年），武帝聽從臣子的意見，讓蕭子響歸了宗，封為巴東郡王，中護軍（禁軍重要將官）。次年，年僅二十二歲的蕭子響被外放為使持節、都督豫州、司州之汝南、郢州之西陽二郡軍事、鎮軍將軍、荊州刺史，成為威震一方的封疆大吏。

上任之際，蕭子響要求粗壯魯夫直閣將軍（禁軍將領）董蠻與自己同行，卻遭到拒絕。董蠻說：「誰都知道殿下瘋瘋癲癲的，最愛破壞車子，我才不要和您同車呢！」

蕭子響聽後不但不生氣，反而很欣賞他的大膽狂直，「君敢說出這等話，也算是瘋瘋癲癲了。」

武帝覺得董蠻這個名字很俗，就讓他改名為「董仲舒」。並戲耍他：「你這個董仲舒和漢代的董仲舒相比，哪個厲害啊？」

他回答道：「以前那個董仲舒，名字是自家取的；如今的這個董仲舒，名字可是皇帝欽賜的，當然要比古時的那個強多了。」

一代大儒的名字用在這個馬屁精身上，真是有辱了漢代那位董仲舒。

離開京城的巴東王猶如鳥兒回歸大自然，盡情做起了自己喜歡的事情。

首先，結交江湖俠士。蕭子響不僅將當初聘請的六十名貼身保鏢帶著上任，又在荊州走訪了一些素有威名的俠義之士。他常常將他們請至家中，殺牛置酒，設宴款待。酒後再邀高人點撥武藝。

其次，尋訪神兵利刃。自古寶劍配英雄。酷愛武藝的巴東王一直苦於自己沒有一件稱心如意的兵器。聞聽當時南方的一些蠻族善於鍛造兵器，蕭子響十分高興，就命人私下製造了大批的錦繡長袍和紅色短襖，準備用這些物資與他們以物易物。

為了反抗漢族政權的欺淩，南方少數民族實際多處於半獨立狀態，蕭子響的這一行徑，無異於走私軍火。結果交易還未達成，荊州長史劉寅、司馬席恭穆等人便聯名告發了巴東王的不法行為。武帝下令嚴查。劉寅等人卻慌了手腳，悔不該招惹這位好勇鬥狠的小爺，就將台使（朝廷特使）的調查令藏了起來，想要私下進行解決，並約定堅守秘密，消極對抗。

欽差來荊州調查蕭子響，蕭子響卻沒能看到皇帝下發的詔書，遂把劉寅、席恭穆和典簽（朝廷特派監察人員）吳修之、魏景淵等人召集在一起，盤問他們詔書下落。劉寅等人三緘其口，拒絕回答。

吳修之說：「既然皇上已經下了詔令，就應該設法搪塞過去。」

魏景淵卻說：「我們還是應該先做調查。」

蕭子響聽後勃然變色，心想，你們這些特務還和本王玩起了唬弄遊戲。不由分說就把劉寅等八人拉到後堂全給殺了，隨後將這一情況全都報告給了武帝。

武帝大發雷霆，立即罷免蕭子響內外職務，由第八子隨郡王蕭子隆接替其荊州刺史一職。

武帝認定蕭子響犯上作亂，想讓名將戴僧靜帶兵平叛，誰知道這個老戴竟然抗旨不遵。戴僧靜語重心長的說：「巴東王年少，長史劉寅等人逼得太急，所以一時生氣，惹下了事端。可是，天子的兒子一不小心殺幾個人，算什麼大罪啊！哪裡用得著如此興師動眾？如今陛下忽派大軍西上，定會弄得人心惶惶，更加難以收拾。恕微臣不敢奉詔！」

戴僧靜閱歷豐富，這番話可謂說到癥結點：普天萬物皆是皇帝私產，「天子兒過誤殺人」，確實算不得是什麼大事。

武帝聽後默不吭聲，改派衛尉（宮廷衛隊頭目）胡諧之、遊擊將軍（禁軍將領）尹略和中書舍人（負責起草詔令，權勢頗重）茹法亮率領三千精兵奔赴江陵，緝拿蕭子響身邊的隨從，並下詔說，若蕭子響放下武器，主動赴京請罪，還可全其性命，否則嚴懲不貸。

胡諧之的副手、才子張欣泰建言獻策：「巴東王聚集的是一幫兇狠狡詐之徒，他們之所以為其賣命，不過是貪圖賞賜，或者懼怕其權勢罷了。因此，只要我方陳兵夏口，大擺陣勢，然後向其曉以利害，發動強大的政治攻勢，自可不戰而屈人之兵。」急功近利的胡諧之根本不聽，一到江津（在今湖北荊州市），便在燕尾洲築起了城堡。

蕭子響身著便裝登上城樓，看見朝廷大軍竟然築城圍困，不禁有些發愣。已經意識到事態嚴重性的巴東王，多次派使者到胡諧之那裡表明心意：「天底下哪有兒子造老子反的？本王絕不是犯上作亂，只不過是行事魯莽。若非劉寅等人背棄本王，也不會生出這等事情。若要深究，也只是殺人罪罷了。本王現在就可以乘船回京，認罪受罰，你們何必興築城壘，派大軍來抓我？」

尹略輕蔑的回答：「誰要跟你這種背君叛父的逆子講話！」十分委屈的蕭子響只是哭泣流淚，一句話都不說。

蕭子響一心和解，隨即又派人送去肥牛數十頭，美酒二百石，果饌（果品與菜肴）三十車。誰知，尹略根本不買賬，二話不說，便將這些美食和美酒全都倒入江中餵魚。蕭子響約茹法亮對話，茹法亮畏畏縮縮不肯前去。最後，蕭子響又請求會見傳達皇帝詔令的欽差，茹法亮非但不肯派去，反而將蕭子響派來的使者關押了起來。事情鬧到個地步，顯然已經沒得談了。茹、尹二人是鐵了心要與巴東王過招了。

蕭子響忍無可忍，無須再忍，隨即發佈總動員令，將平時所訓練出來的勇士連同州衙和自己府上的二千多名士卒組織起來，從靈溪渡河繞至朝廷軍隊背後準備進行偷襲；蕭子響親率一百精兵，攜帶數張強弓巨弩，駐防江堤，進行遠端攻擊。準備妥當後，蕭子響於次日淩晨，發動攻擊。結果朝廷軍大敗，尹略戰死，胡諧之等人跳上一艘小艇倉皇逃竄。

身為老子加主子的齊武帝怎能堪受此奇恥大辱，迅速派出第二支平叛大軍，由丹陽尹蕭順之（梁武帝蕭衍的父親）掛帥。恰好，蕭子響當天也率領侍從三十人，乘坐快船，順江而下，向建康（今江蘇南京，齊國首都）方向駛來。雙方相會於江中，蕭子響欲向蕭順之申訴，卻被對方給活活勒死了。蕭順之到底是吃了什麼熊心豹子膽，竟敢擅自處死皇帝的兒子？原來，這廝出京之時，得了太子蕭長懋的密令：「趁早弄死巴東王，絕不可令其活著回到京城。」

兄弟二人緣何有此深仇大恨？

蕭子響小的時候一直住在豫章王二叔蕭嶷家中，而且和太子也非一母所生，談不上什麼感情。加之蕭子響武藝高強，性格孤傲，一副天不怕地不怕的架勢，使得心胸狹隘的太子很是忌憚。如今，蕭子響惹怒了皇帝，蕭長懋隨即萌生出落井下石的歹毒伎倆。蕭順之投機心切，皇帝還沒死呢，就急著向未來的主子獻殷勤。殊不知，非但自己不得善終，短命的蕭長懋也沒趕上接班便先逝世。

被冠名亂臣賊子的蕭子響不僅被削除了皇室屬籍，而且還被改姓為「蛸」氏。這個以「蟲」字為偏旁的字，有兩個含義：一是螳螂的卵，二是一種蜘蛛的名字。總之，絕不是什麼好意。這種賜予「惡姓」的行為，是古代帝王懲處敵對勢力的一種卑劣手法，帶有強烈的感情色彩和人身攻擊意味。這是動用政治力量來強制他人及其後世子孫改姓，致其惡名遠揚，永世不得翻身。陰毒程度較之殺戮有過之而無不及。

這種手法不斷地被後世的獨裁者們效仿，最出色的模仿者非武則天莫屬。武則天奪得皇后之位後將上任皇后王氏和寵妃蕭良娣分別改姓為蟒與梟；琅琊王李沖、越王李貞等起兵反對武氏專權，遭到鎮壓。武則天將這些李姓諸王及其子孫、公主通通改姓虺（毒蛇）氏；此人甚至連自己的族人也不放過，汙殺堂兄武惟良等人後，改其姓為蝮（毒蛇）氏；此外，唐玄宗在擊敗太平公主之後，也曾改政敵竇懷貞姓為毒、新興王李晉姓為厲。

言歸正傳。蕭子響遇害之前，將一封寫給父皇的奏章藏在了妻子王氏的裙腰裡，逃過了蕭順之的盤查，最終送到了皇帝手中。信件內容都是表明訴冤的，大意是說：「兒臣罪孽深重，理應受罰。可是，胡諧之等人尚未宣讀聖旨，就大張旗鼓直入要塞地區，與兒臣兵戎相見。兒臣幾次試圖與其和談，都被拒絕。於是導致了雙方的激戰，這些都是兒臣的罪過。兒臣放下武器，赴京請罪，本想著能在家裡住上一月，然後自行了斷。目的是不想讓史書記載咱們齊國有反父之子，父皇落下殺子之名。可還是沒能遂心如願。今天，兒臣馬上就要離您而去。臨死前寫信給您，哭泣哽咽，為之話塞，不知再說些什麼了！」

武帝讀罷，早已泣不成聲，悔不聽戴僧靜的一番勸告，心中泛起惱恨，遂遷怒於執行任務的官員。先是痛斥茹法亮，後又多次暗諷蕭順之，嚇得這個蕭順之沒多久便兩腿一蹬歸西了。

一日，武帝遊覽景陽山，看見一隻猿猴跌跌撞撞，不住地悲號哀鳴，就詢問左右侍從這是怎麼回事，侍從說，小猿前日墮崖而死，母猿尋他不見，所以如此悲傷。武帝一下子就想起了蕭子響，忍不住嗚咽起來，淚流滿面，悲不自勝。

事後，朝廷上下開始研討蕭子響叛亂緣由，大部分臣子紛紛譴責蕭子響的叛逆行為，唯獨兗州刺史垣榮祖說：「不應該說這樣的話，倒應該說劉寅等人辜負了聖上對他的恩典，逼迫巴東王，致使他走上了這條路。」

武帝仔細想想，覺得垣榮祖很有真知灼見。可是，當豫章王蕭嶷上書請求收殮安葬昔日養子的屍體的時候，武帝卻死要面子，不願意當著眾臣之面承認自己的錯誤，因此不予批准，反而追貶蕭子響為魚復侯。真是帝王心不可測，難怪自古以來常有伴君如伴虎之說。

同室操戈　之六

士可殺而不可辱　李重俊功敗垂成

——唐中宗李顯第三子

神龍元年（西元七〇五年）正月，宰相張柬之、侍郎崔玄暐、左羽林將軍敬仲曄、右羽林將軍桓彥範、司刑少卿袁恕己等五人等人聯合禁軍將領李多祚乘武則天病重之時，突率羽林軍五百餘人，衝入玄武門，迫使武后讓位與中宗李顯，復大唐國號，史稱「神龍政變」，也是唐代的第二次「玄武門之變」。

兩年之後，中宗太子李重俊發動了第三次「玄武門之變」，但卻以失敗而告終。

李重俊是中宗李顯的第三子，母親是名宮女，出身低微，未能留下姓名。他的童年是十分不幸的。弘道元年（西元六八三年）十二月，高宗李治終於走完了他窩囊透頂的後半生。他讓武后的第三子李顯接了班，即中宗，開啟了另一段更加窩囊的人生歷程。早在高宗當政的後期，武后就已經控制了朝政，到如今自己兒子當了皇帝，那就更是政事皆決於母后了。

李顯不甘受制於人，就提拔妻子韋皇后的娘家人，試圖向母后挑戰。他想任命老丈人韋玄貞為侍中（宰相），但卻遭到宰相裴炎的堅決反對。李顯一氣之下，竟然說：「朕即便將天下讓給韋玄貞，有何不可！難道會吝嗇一個小小的『侍中』嗎？」

結果，裴炎將此事報告了武后，武則天大為惱火，隨即將繼位才兩個月的中宗皇帝廢為廬陵王，踢出了長安。武后於當月改立第四子李旦為帝，即睿宗。父親成了罪人，兒子們也都跟著遭了殃。年幼的重俊與兩個哥哥（重潤和重福）一個弟弟（重茂）全都成了獄中人。兄弟四人被狠心的奶奶關進了監獄，離開父母，不但失去了親情和自由，失去了受教育的權利，也失去了童年應有的樂趣。每日只能面對鐵窗，遙望星空，哼唱著〈鐵窗淚〉以淚洗面。

鐵門啊鐵窗啊鐵鎖鏈

手扶著鐵窗我想爸爸

有爸的生活是多麼美好啊

何日重見我的爸爸

此時此刻，千里之外的李顯夫婦也過著惶惶不可終日的苦日子。他先是被軟禁在京城，不久即被發配至均州（今湖北丹江口市）和房州（今湖北省房縣）地區達十四年之久，服刑期間只有妻子韋氏和女兒陪伴，三人顛沛流離，相依為命，嘗盡了人世的辛酸。每當聽說母后派的使臣到了，李顯就嚇得魂不附體，想要撞牆自殺。這時，韋氏總是安慰他說：「親愛的，禍福無常，也不一定就是賜死，何必如此驚恐呢。」韋氏的鼓勵、幫助和勸慰，才使李顯在逆境中堅持下來。因此，二人作為患難夫妻，感情十分深厚。李顯曾對韋氏發誓說：「有朝一日，我若能重登皇位，一定滿足妳的任何願望。」

載初元年（西元六九〇年），武后將睿宗李旦廢黜，自稱聖神皇帝，改國號為周，定洛陽為神都，史稱「武周」。她以六十七歲的高齡君臨天下，成為中國歷史上唯一的女皇帝。女皇帝登臺之後遇到的頭號麻煩就是選擇接班人的問題。皇權時代，歷來只有男性皇帝的家天下政權，如劉漢、曹魏與李唐。武則天改唐為周，照例應由武姓後人接班，可她不是男性，而是從李唐的皇后、皇太后變成周朝皇帝的，她的兒子姓李不姓武，姓武的最親的也不過是她的內侄。一個史無前例的新問題擺在了女皇的面前，是讓姓武的內侄接班建立武氏政權，還是讓姓李的兒子恢復李唐政權？

經過長時間的思想鬥爭和政治博弈，武則天不得不屈從於男權本位，採取了一個折衷辦法，即將皇位還給李家，但卻由武家掌實權。於是，聖曆元年（西元六九八年）的時候，她將李顯召回京城，重新立為皇太子，同時重用侄子武三思，任其為宰相。

之後，武則天繼續安排武、李兩家聯姻。讓武三思之子武崇訓娶中宗李顯女安樂公主李裹兒，武后同父異母的兄長武承嗣之子延基娶中宗李顯女永泰公主，武延暉娶李顯女新都公主，試圖藉此把武、李兩家融合成一體。她擔心李顯、李旦兄弟和武三思等人不合，就又搞了個隆重的儀式，叫他們對天發誓永遠合作下去。李顯回京之後，四個兒子終於重見天日，結束了漫長的牢獄生活，可等待他們的新生活依舊充滿坎坷。

長子重潤是李顯與韋氏唯一的兒子，出獄後被封為邵王，但卻於大足元年（西元七〇一年）時，遭人陷害，說他與妹妹永泰公主李仙蕙、妹夫武延基私下議論張易之、張昌宗和武則天奶奶的不正當男女關係，結果惹得老太太龍顏大怒，將其杖殺，死時年僅十九歲。重潤的早逝使得韋氏大受刺激，竟然遷怒於非己所出的次子重福，誣陷他是當年重潤被殺一案的元兇，結果將其貶至外地。如此一來，排行第三的重俊地位上升。

李顯成為太子之後，封重俊為義興郡王。神龍政變後，中宗李顯復位，重俊先封衛王、洛州牧，享受食邑一千戶，不久升任左衛大將軍，遙領揚州大都督，後終被立為皇太子。帝國確立儲君，本應隆重慶賀，可李重俊卻很倒楣，正趕上武則天奶奶的喪期還未結束，不得不取消了冊立儀式。不僅如此，中宗還下詔說：「新太子仍舊享用藩王時期的食邑待遇。」盧粲認為此舉大為不妥，上書反對。中宗這才給予李重俊太子所應享有的待遇標準。看來，中宗對於這個接班人並不十分在意。

同時，中宗給李重俊挑選的東宮屬官也大都很不稱職，特別是楊璬和武崇訓。這二人都是不學無術，只知玩樂的紈絝子弟，成天帶著太子養狗玩馬，踢球喝酒，荒廢人生。幸好李重俊身邊還有兩位正直人士，左庶子姚珽多次規勸他應以節儉為德，不應浮華奢侈；右庶子平貞甚獻上《孝經議》和《養德傳》對其進行勸諫。李重俊全都虛心接納，德行也得到了提升。

中宗上臺以後，政局發生巨大變動。韋氏成了皇后，並獲准參預朝政；原武則天女秘書上官婉兒成了中宗的老婆，被封為昭容（妃嬪封號），負責起草詔令。謀劃政變，扶立中宗上臺的張柬之等大臣反而未得信用。宰相敬暉等人暗中策劃剷除武氏餘孽，武三思驚恐萬分，求助於老情人上官婉兒，婉兒將武三思引薦給韋后使用，兩人很快勾搭成姦。

武三思得此靠山，戰鬥指數暴增，沒過多久便得以重登相位。張柬之、敬暉等人一看形勢不妙，遂多次勸中宗殺掉武三思，中宗拒絕，又請求將其降職，中宗亦不聽。張柬之等心知大勢已去，除了憤慨悔恨，已無可奈何！武三思掌權以後，大肆網羅親信，迫害異己。他將矛頭首先對準了試圖除掉自己的宰相張柬之、敬暉等五位大臣。

武三思讓情婦韋后、上官婉兒，兒媳安樂公主進讒於內，爪牙御史鄭愔構誣於外，很快就將張柬之等人貶官、流放，直至殘忍地殺害。於是大權盡歸武三思，中宗成了傀儡。武三思得意忘形，常對人講：「我不曉得什麼是善人，什麼是惡人，只知道對我善的就是善人，對我惡的就是惡人。」可以想像他講這句大話時那一副順昌逆亡的邪惡嘴臉。

這時，安樂公主倚仗著中宗的寵愛，驕橫放縱，賣官鬻爵，貪贓枉法，惑亂朝政，甚至自己起草制書敕令，遮住內容讓中宗在上面簽字，中宗則嘻嘻哈哈的不假思索就照準了。如此局面之下，最難熬的不是吃飽肚子不發愁的中宗皇帝，而是血氣方剛的皇太子李重俊。韋后一看到他就十分不爽，因為她覺得若不是自己的兒子重潤早死，太子之位怎麼能夠輪得到生母卑賤，排行老三的李重俊？

武三思就更加忌恨李重俊了。當初，武承嗣和武三思都爭先想當接班人，結果姑姑武則天還是把皇位傳給了兒子李顯。武承嗣一時想不開，活活給氣死了，而武三思也是竹籃打水一場空。因而，武三思一直在為此事耿耿於懷，看見如今的太子，怎能不令他怒火中燒。上官婉兒作為武三思的姘婦，自然沆瀣一氣，在她所擬定的制書敕令中，常常推崇武氏集團，貶抑李唐皇室。而安樂公主與老公武崇訓則壓根不把李重俊當人看，經常對他冷嘲熱諷，甚至拳腳相加，竟還動不動罵其為「奴才」。此外，武崇訓不斷唆使安樂公主向中宗建議廢掉太子李重俊，而立她自己為皇太女。中宗雖未點頭，但也並未對其責罰。生性剛烈的李重俊怎堪受此奇恥大辱，但苦於對方手握大權，也只能隱忍待發。

較之無奈的李重俊，身為一國之君的中宗皇帝簡直就是一個沒心沒肺的草包。某日，在野學者韋月將上書朝廷，控告武三思與韋后通姦，日後必將謀亂叛逆。中宗勃然大怒，下令將舉報人斬首。宋璟請求依法審訊，中宗越發憤怒，顧不上儀容，穿著拖鞋就跑出來大聲嚷道：「朕還以為早就把韋月將斬首了呢，難道現在還沒有執行嗎？」接著下令趕緊行刑。宋璟說，「有人上書揭發皇后與武三思有私情，陛下問都不問就要殺掉舉報之人，臣擔心天下臣民一定會對此事竊竊私議。臣請求先對其進行審問再定罪不遲。」中宗死活不答應，宋璟無奈，只得以死相逼，後經多位大臣求情，中宗改將韋月將處以杖刑，流放嶺南。不久之後，韋月將還是被流放所在地官員處死。

當初，武氏稱帝，廣大臣民甚至許多國外領導人無不企盼李姓皇族能夠奪回皇位，重振大唐雄風。可中宗的所作所為，實在是讓國內民眾和國際社會大失所望。於是，部分朝中大臣對於日益黑暗的朝政心懷不滿，一場變亂開始醞釀。

李唐江山竟然操控於武氏、韋氏和上官氏等外姓之手，這令身為帝國儲君的李重俊十分憂慮，深恐當年武氏篡唐的一幕再次上演，遂暗中結交朝中有志於匡扶皇室的忠臣義士，控訴武氏和韋氏等人的罪行，等待時機，剷除奸佞，澄清天下。神龍三年（西元七〇七年），李重俊會同禁軍將領李多祚、李思沖、李承況等人，假傳皇帝詔令，調集羽林兵三百餘人，闖至武三思家中，將武三思、武崇訓父子及其親屬十餘人全部殺死；又讓成王李千里和其子李禧帶兵把守宮城各門，李重俊和李多祚帶兵直奔肅章門，破門而入後，四處搜捕韋后、安樂公主和上官婉兒。這三個女人立刻將中宗挾持，騎馬馳往玄武門城樓。那麼，為何在此危急時刻，韋后等人首先想到的就是據守玄武門呢？

這裡需要對唐代皇宮規制進行介紹。

唐代前期，都城長安共有兩座皇宮即太極宮和大明宮。兩座宮殿都是沿南北向中軸線對稱排列，分為外朝和內廷兩部分。外朝位於皇宮南部，為辦公區，作為生活區的內廷則位於皇宮北部。因此宮城北面諸門就成為守衛內廷安全的關鍵，其中，作為北面正門的玄武門，更是舉足輕重。

唐代禁衛軍有南衙、北衙之分。南衙由宰相管轄，北衙由皇帝直轄。因宰相辦公處設在皇宮南面，故稱南衙，北衙駐軍司令部即設在玄武門外。據此，政變發生時首先控制玄武門的意義就不言而喻了：即控制了玄武門便可控制內廷，而控制了內廷也就可以控制皇帝，從而控制朝政大權。

中宗等人來到玄武門後，立即召見駐紮在此的右羽林大將軍劉景仁，命其率僅剩的一百多名羽林飛騎在門樓之下護駕。宰相楊再思、李嶠與兵部尚書宗楚客、等人率領二千餘名南衙兵趕到，在太極殿前閉門堅守。不久，李重俊與李多祚率兵來到玄武門樓下嘗試進攻，卻被擊退，雙方陷入僵持局面。李重俊等人起兵，非為奪權篡位，實乃被逼所致，因而，當他們得知中宗就在玄武門城樓之時，便希望中宗能夠詢問他們起兵理由，趁機表明心意。

這時，站在中宗身邊的宦官楊思勖主動請纓，請求帶兵出擊，挫敗敵人銳氣。中宗批准。楊思勖提刀上馬，呼嘯而來，對方前鋒總管野呼利（李多祚女婿）正要詢問來者姓名，楊思勖馬快先至，手起刀落，將野呼利斬於馬下，太子所部將士無不驚嚇！

中宗手扶欄杆，俯身對樓下參加兵變的士兵發表重要演說：「士兵們！你們都是朕的精兵，為什麼要跟著李多祚謀反呢！如果你們棄暗投明，不必擔心沒有榮華富貴。」

士兵吃糧當差，多半沒什麼大的追求，追隨長官起兵也不過是為了功名利祿。如今天子當面允諾，比起未來天子的空口白話，自然誘惑多多。而且對方的楊思勖勇猛異常，實難對付，於是士兵紛紛倒戈，將李多祚等將領全都斬首，李重俊趁亂帶著一百多名騎兵奔出肅章門，逃往長安城南的終南山中，宗楚客派輕騎前往追擊，未能追上。

終南山山高林密，李重俊等人艱難跋涉，很多士卒眼看兵敗遂紛紛逃散，沒過多久就只剩下幾個人追隨而已。這些人之所以仍舊追隨李重俊，並非為了效忠，而是在等待時機將功贖罪。到了夜間，他們趁著李重俊在樹林歇息，防備鬆懈之時，一擁而上，將其殺死，然後帶上屍首回去邀功了。

中宗將「亂臣賊子」李重俊的首級吊在在朝堂之上以示儆戒，後將其獻到太廟，最後又用它祭奠武三思和武崇訓的靈柩。李重俊遇害之後，東宮僚屬無人敢靠近他的屍首，只有永和縣丞（縣令佐官）寧嘉勖脫下衣服裹住他的頭顱放聲痛哭，圍觀之人無不贊其忠肝義膽。宗楚客惱羞成怒，將寧嘉勖拘捕入獄，嚴刑拷打之後再行貶官，寧氏身受重傷，不久死去。

李重俊的被殺，亦敲響了韋后集團的喪鐘。

韋后心想，此次兵變不僅除掉一個勁敵，武三思這個潛在對手也死於非命，真是一石二鳥。母女二人野心膨脹，更加肆無忌憚，竟然想要效法當年的武則天，弄個女皇帝當當。她大肆任用韋姓家人，豢養面首，淫亂宮廷；安樂公主也與新任丈夫武延秀（武承嗣子，前夫武崇訓之堂弟）、宗楚客等人結為朋黨，把持朝政。此時，占著位子的中宗皇帝已經成了韋后母女的絆腳石。

景龍元年（西元七一〇年），燕欽融上書揭露韋后與安樂公主、宗楚客等人的陰謀勾當。韋后大怒，未及中宗發話就命人將燕氏裝入麻袋當中活活打死。韋后的過激反應和跋扈態度使得在場的中宗有些不爽。事後，韋后擔心中宗對自己產生疑慮，遂決定先發制人。

六月初二，韋后和兩位「姦夫」，即精通醫術的馬秦客、善於烹飪的楊均，連同安樂公主和宗楚客等人，在食物中投入劇毒，毒殺中宗李顯。韋后秘不發喪，先將中宗小兒子，年僅十六歲的溫王李重茂立為太子，然後徵召五萬士兵，控制京城局勢，後才發佈中宗死訊，扶重茂即位，改元唐隆，是為殤帝。韋后以太后身份臨朝聽政，命數位韋氏宗親及武延秀等人分掌諸軍。一時間，長安城內殺氣騰騰，人心惶惶，民眾私下傳言，又要改朝換代了。

執掌「萬騎」軍（由騎兵組成的禁軍）的韋氏宗親們韋播、韋璿，素無威望，就想借鞭打士兵樹立權威，結果遭到士兵的怨恨。面對韋氏圖謀篡奪李姓江山的危險局面，李旦第三子臨淄王李隆基聯合姑姑太平公主，又爭取到「萬騎」軍將領葛福順、陳玄禮等人的支持，確定發動軍事政變，即第四次玄武門之變。

葛福順等人首先取得駐守玄武門的羽林軍的支持，而後斬關直入，捕殺韋氏黨人。韋后為亂兵所殺，正在照鏡畫眉的安樂公主被斬首，武延秀跑到肅章門外，亦被殺。不久，李旦再次登臺，即睿宗，改元景雲，立李隆基為太子。

政變獲勝的一方開始處置敵人。

睿宗首先命人割下韋后和安樂公主的頭顱掛在長安東市示眾，接著追貶韋后為庶人，安樂公主為悖逆庶人；然後對反抗韋氏專政、力圖匡扶大唐的李重俊進行了高度的評價，為其平反昭雪，追諡為「節愍太子」。

同室操戈　之七

多行不義必自斃
朱友珪難逃報應

——五代後梁太祖朱溫第二子

五代十國時期流行大規模收養義子，上至皇帝、國王，下至文武官員，富商大賈，莫不以此為一種流行。收養義子本為傳宗接代，繼承家業，此時卻成為各路莽夫擴充實力，爭奪地盤和權位的重要手段。然而，利弊向來多相連，乾兒子氾濫的情況也給接班交權帶來了不小的隱患，成為家族內耗的一大誘因。後梁皇室便因此發生了父子兄弟相殘的人間慘劇。

後梁郢王朱友珪，小名遙喜，是後梁太祖朱溫所生的第二個兒子。朱友珪小名的背後，是一個十分浪漫的愛情故事。話說，唐僖宗光啟年間（西元八八五年—八八八年），宣武節度使朱溫與割據稱帝的殘暴軍閥秦宗權在亳州（今安徽亳州市）一帶展開了慘烈的拉鋸戰。

一日，朱溫作戰失利，精神和肉體感到強烈的雙重空虛，就讓人送上一個營妓（隨軍妓女）前來侍寢。這個女子不僅生得貌美如花，而且還頗為溫柔體貼，一番甜言蜜語之後，二人共赴巫山雲雨，朱溫的所有煩惱也都被拋到了九霄雲外。白天，朱溫在外鏖戰，夜晚，二人纏綿不休。一個多月之後，戰事出現重大轉機。秦宗權被部將擒拿，送到朱溫大營。

朱溫準備凱旋而歸，那位被他臨幸過的軍妓卻跑來向他哭訴，說是已有身孕。朱溫先喜後憂，本欲讓她脫離苦海，帶回老巢汴州（今河南開封市），可又懾於正宮張氏的威嚴，實在是不敢將這個出身卑賤的情婦帶回。無奈之下，朱溫只能忍痛分別，將她暫時安頓在了新近佔領的亳州。懷胎月滿，女子生下一個男嬰，派人快馬加鞭將喜訊告訴了朱溫。朱溫此前剛被封為東平王，如今又得貴子，自然十分高興，特地給這個兒子取小名為「遙喜」。不久，朱溫在徵得大老婆的同意之後，便將遙喜母子接到了汴州。遙喜長大之後，朱溫為其取名為友珪。

天復元年（西元九〇一年），試圖有所作為的唐昭宗李曄被宦官韓全誨囚禁，宰相崔胤召朱溫救駕，韓全誨挾持昭宗，轉而投靠鳳翔節度使李茂貞。朱溫圍攻鳳翔（今陝西鳳翔縣），李茂貞糧草用盡，又連遭雨雪紛飛的嚴酷天氣，昭宗也只能自磨豆漿，聊以充饑。至於百姓，更是饑寒交迫，竟然易子而食，易妻而食，人肉售價只及狗肉的五分之一，著實一幅人間地獄的慘象。

直到兩年以後，陷入絕境的李茂貞才殺掉韓全誨等七十餘人，交出皇帝，與朱溫和解。崔胤指責宦官危害朝政，朱溫盡殺宦官數百人，廢神策軍（宦官掌握的武裝禁軍），徹底解決了困擾唐朝後期政局的宦官弄權問題，但也象徵皇帝完全淪為軍閥的掌中之物，真是才出虎穴又進狼窩。

朱溫大權獨攬，封梁王。後來，他為了方便控制朝政，就逼迫昭宗遷都洛陽，而後又指使義子朱友恭、部將氏叔琮等人將昭宗殺害，另立皇子李柷為帝，是為唐哀宗。為了防備其他軍閥藉弒君之名討伐自己，朱溫翻臉不認人，扭頭就把奉命行事的朱友恭等人全都殺害。

開平元年（西元九〇七年），朱溫將哀帝趕下了台，自己在洛陽稱帝建國，升汴州為開封府，作為東都，定國號為「梁」，史稱「後梁」。唐朝兩百八十九年的統治宣告結束，中國進入五代十國的紛亂時期。

朱友珪被皇帝父親封為郢王。

朱溫共生下七個兒子，但卻沒有一個令他滿意的，最鍾愛的竟然是沒有血緣關係的乾兒子朱友文。朱友文，字德明，本名康勤。由於他從小就長得漂亮，而且聰明好學，談吐不凡，擅長寫詩，所以朱溫就收他做了乾兒子，後來封為博王。此外，朱友文還是乾爹的好幫手。唐末五代時期，山頭林立，混戰不休，爭奪地盤的直接目的就是為了兵員和錢糧，朱友文憑藉一手搜刮錢財的本事自然贏得乾爹的青睞。

相比之下，朱友珪就差遠了，這傢伙從小不學無術，滿肚子壞水，雖然點子不少，但卻都是一些搬不上檯面的餿主意。曾有一次，朱友珪闖下大禍，氣得朱溫拿起皮鞭就將他狂揍了一頓，這小子非但不知悔改，反而從此記恨上了他的父親。

當初，朱溫稱帝，但卻沒有冊立皇后，為的是紀念那位最摯愛最敬畏的正房太太張氏。朱溫荒淫殘暴，除了張氏時常對其規勸，再無第二人有如此膽量。張氏去世之前，語重心長的對丈夫叮囑道：「君人中英傑，妾無他慮，惟『戒殺遠色』四字，請君留意。」然而，沒了張氏的勸誡，朱溫頓時原形畢露了。他喜怒無常，殺人如同草芥，至於荒淫，更是令人瞠目結舌，不僅多次姦淫大臣的妻女，而且還玩起了「公媳通姦」的亂倫勾當，將自己的幾個兒媳統統召至宮中侍寢，宛若夫妻一般。

朱溫的兒子們非但毫不生氣，反而鼓勵自己的老婆要好好服侍公公。原來他們想利用女人去討好皇帝，為其接班上位爭奪籌碼，並及時要妻子提供宮中的最新情報，以便早做應對。在這方面做的最到位的要數朱友文的老婆王氏。這個女人憑藉自己妖豔的容貌和高超的房中技巧哄得公公暈頭轉向。朱溫原本就對朱友文印象頗好，又經王氏的枕邊風這麼一吹，竟然將自己的七個親生兒子忘得一乾二淨，一心要將皇位傳給乾兒子朱友文了。

朱友珪的老婆張氏也在服侍公公，就將獲知的情報告訴了丈夫。朱友珪一聽說老爹想要傳位給一個義子，直氣得眼冒金星，又想起自己曾經得罪老爹，就更加惴惴不安了。

乾化二年（西元九一二年），朱溫在蓨縣（今河北景縣）被晉王李存勖擊敗。回到洛陽之後，朱溫到魏王張全義的會節園避暑。他在逗留期間，淫性大發，竟將張全義的妻女全部姦污。張全義之子憤恨至極，想要手刃強姦犯，卻被父親苦苦勸止。不久，作惡多端的朱溫病倒了。

朱溫病情嚴重，命王氏到開封召朱友文來洛陽託付後事。此事被朱友珪的妻子張氏得知，她立即潛回家中，哭著對丈夫說：「皇上把傳國寶璽交給王氏帶往東都了，你我的死期也就到了。」夫婦二人抱頭痛哭。這時，身邊的侍從勸解道：「事急生計，何不另做打算，機不可失，失不再來！」這無疑是在暗示朱友珪夫婦，非常之時要行非常之事。

朱溫開始為朱友文接班掃除障礙，將朱友珪調出京城，赴萊州（今山東萊州市）任職，不得拖延。朱友珪深知父親有個不良嗜好，那就是要將被貶斥的官員追命賜死。如今自己被貶，莫不是死期將至？恐慌之下，朱友珪決心孤注一擲，誓死一搏。次日，他喬裝打扮，潛至左龍虎軍（禁軍之一），將自己的處境告訴了該部長官韓勍。韓勍眼見功臣宿將多因小錯而被朱溫誅殺，一直擔心禍及自己，於是決定與朱友珪幹上一番大事。

當晚，韓勍率領五百精銳親兵隨朱友珪混雜在控鶴軍士（宮廷禁衛軍）中進入皇宮，然後潛伏下來。待到半夜，朱友珪等人砍斷門閂，殺奔寢殿，宦官宮女四處逃散，只剩下奄奄一息的朱溫躺在床上。朱溫聞聽有人帶兵進來，昏暗之中看不清楚，就問道：「何人謀反？」

朱友珪得意的說道：「你猜！」

朱溫一聽竟是這小子，怒斥道：「朕原來就懷疑你這賊子有不臣之心，只恨沒有早把你除掉。如今，你膽敢行此叛逆之事，天地豈能容你！」

朱友珪厲聲說：「速速將老賊碎屍萬段！」

他的馬夫馮廷諤，使出蠻勁，一刀刺向朱溫的肚子，刀尖從後背穿出，鮮血直噴，腸子都流了出來。朱友珪用毛毯把父親的屍體裹起來埋在寢殿，然後封鎖消息，派人火速馳往東都大樑，假傳朱溫詔令，命均王朱友貞（朱溫唯一的嫡子，張氏所生）將朱友文殺死。

次日，朱友珪對外發佈偽詔，將謀反的罪名扣到了朱友文的頭上，卻將自己說成力挽狂瀾，匡扶正義的大英雄。兩天之後，使者帶回了朱友文的死訊。朱友珪這才放心的舉辦喪事，登上皇位。朱友珪德薄才疏，素無威望，竟膽敢弒父殺君，稱孤道寡。而且他登基之後，肆意淫樂，絲毫不加檢點，弄得文武百官心裡跟進了蒼蠅似的，十分不爽。至於那些手握重兵的地方將帥就更是不把他當一回事，沒多久就製造了多起兵變。

匡國節度使韓建被部將張厚殺死，朱友珪非但不敢追究，反而提升張厚為陳州刺史。這種姑息養奸，破壞遊戲規則的處置方式自然令新皇帝的威信大打折扣。河中節度使朱友謙是朱溫的養子，當他得知乾爹的死訊之後，痛哭流涕的說道：「先帝戎馬半生，費勁千辛萬苦創下的基業竟然毀於一場宮廷政變，我鎮守一方，卻沒能挽救危難，真是愧對先帝。」

不久，朱友珪加封朱友謙為侍中、中書令，召他入京供職，試圖解除他的兵權。朱友謙豈能上當，恨恨的說：「新登基的是個什麼東西？先帝駕崩，他不抓緊料理喪事，就知道玩女人，我正要興師問罪，要他徵召幹什麼！」

使者走後，朱友謙又對親信說：「朱友珪的老媽是個妓女，誰知他是不是先帝的骨肉，我身為一方將帥，與先帝的恩情勝過父子。論功勳，論德行，都要勝他百倍，怎可辜負先帝付託，屈身於這個無恥小人之下！」

朱友珪得知朱友謙不買他的賬，惱羞成怒，立刻派出五萬大軍前往征討。

朱友謙自知實力不足，轉身就投靠了梁國世仇晉王李存勖。李存勖得此良機，遂親率大軍，馳援河中（今山西永濟市）。晉軍與梁軍相遇於解縣（今山西）。李存勖一馬當先，率先突入敵營，橫衝直撞，殺的敵軍丟盔卸甲，落荒而逃。然後朱友謙與李存勖定下盟約。

朱友珪剛一登基，梁國便已陷入了分崩離析的境地。天雄軍節度使楊師厚乃是梁國名將，威名赫赫，屢破強敵，長期鎮守在軍事前線魏州（今河北大名縣），手握重兵，其中的「銀槍效節軍」更是五代時期戰鬥力最強的一支部隊。楊師厚向來驕悍，行事張狂，壓根就沒被朱友珪放在眼裡。朱友珪倒也不傻，深恐楊師厚發難，就搶先一步，藉商討軍機大事為名，召楊入京，試圖藉機剷除。

楊師厚將要起程，心腹親信都勸他不要前往，以防不測。楊笑道，「朱友珪的為人，我是再清楚不過了，色厲內荏，無知鼠輩，即便前去，他又能耐我何！」於是楊師厚親率精兵萬餘，浩浩蕩蕩，直奔洛陽。朱友珪聞聽老楊帶兵而來，不禁大驚失色，以為對方要來找他算賬。楊師厚抵達洛陽城後，把軍隊留在城外，只帶了十幾個衛士入城進見，威風凜凜，以此表示自己對新皇帝的極大藐視。

朱友珪一看對方來的人少，心裡的石頭總算落了地，立刻堆滿了笑容，滿口阿諛奉承之詞，一心討對方歡喜。面對楊師厚的逼人氣勢，他當初的暗殺陰謀也不得不被拋到了腦後。楊臨走之時，他不但賞賜財物巨萬，還親自出城恭送，天子威嚴徹底掃地！

當初，均王朱友貞因為實力不足，不得已遵從朱友珪的命令，殺死了博王朱友文。為了安撫朱友貞，朱友珪一登基就升其為開封尹、東都留守。可朱友貞打心眼裡對這個草包皇帝很是不服，而且自己出身高貴，母親張氏雖無皇后之名，但卻威望甚高，自然不是出身娼門的朱友珪母子所能相比。朱友珪接班後，根基不穩，四方多有反對聲音，這使得朱友貞更加躍躍欲試。

一次，朱溫的女婿趙岩到大梁，朱友貞秘密地與這位大舅子謀劃殺死朱友珪的事情。趙岩說：「此事成敗，全看楊師厚的意向，若能得他首肯，必可成功。」

於是，朱友貞派遣心腹馬慎交到魏州勸導楊師厚說：「郢王朱友珪殺父篡位，大逆不道，人人得而誅之。如今，均王朱友貞實乃眾望所歸之人，將軍若能相助一臂之力，定可名垂青史啊！事成之後，均王願犒賞軍餉五十萬，以作答謝。」

楊師厚遲疑不決，便與部下商議此事，楊說：「當初，郢王殺父叛逆，我沒能立即討伐，現在君臣名份已定，若是無故改變主意，不太好吧？」有人說：「郢王弒父殺君，逆賊也！均王發兵復仇，正義也！尊奉正義，討伐逆賊，有何君臣名分？如果均王得手，您卻無所作為，處境豈不尷尬？」

楊師厚茅塞頓開，深感自己險些打錯算盤，隨即派遣親信到洛陽，暗中與袁象先（朱溫的外甥）、趙岩等人密商對策。朱友貞在得到實力派人物楊師厚的支持之後，膽子大了起來，但是沒有自己的武裝力量怎麼能行呢，這時，一個機會送上門來了。

龍驤軍將領劉重遇在懷州（今河南沁陽市）作亂，朱友珪派兵將其鎮壓，然後大規模的搜捕其他涉案人員，弄得懷州的軍官士兵極為恐慌，深怕自己被牽連入案。朱友貞得知這種情況之後，覺得可以利用，就派人到懷州煽風點火，說是皇帝決心徹查懷州事件，要將所有將士調至洛陽，然後統統活埋，斬草除根。第二天，他還派人向那些將士出示了偽造的調離命令。這些人信以為真，更加惶恐不安，趕忙派代表向朱友貞請教避禍之策。朱友貞首先恐嚇說：「先帝征戰沙場三十餘年，何等英勇，你們也都曾經追隨過他。今日，先帝尚且遭人暗算，你們又怎麼能夠逃脫得了呢！」

軍官代表們驚恐不安，跪求朱友貞指條活路。他眼看恐嚇奏效，於是改打感情牌，隆重請出朱溫畫像，並裝出十分悲傷的樣子，嗚咽著說：「郢王朱友珪弒父殺君，罪大惡極，天地不容，現在又想屠殺親軍（指龍驤軍），你們若能殺奔洛陽，擒獲逆首，以告先帝在天之靈，定可轉禍為福。」軍官代表們相互交換一下眼色，隨即叩首大聲說道：「大王所言甚是，恭請大王繼承先帝基業，率領吾等討伐逆賊。」隨後，眾人高呼萬歲！

朱友貞大喜過望，但政變尚未成功，怎可草率稱帝，有道是出頭的椽子先爛。於是推辭一番之後，開始進行具體行動。朱友貞派人將招納龍驤軍得手的事情通報趙岩、袁象先等人，命他們可以啟動政變計畫。某日清晨，袁象先等率領數千軍士衝入皇宮。朱友珪聽說兵變，與妻子張氏及車夫馮廷諤拔腿就跑，來到北城牆下，想要翻牆逃走，可是城牆實在太高，三人連蹦帶跳，折騰了半天也沒摸上去。絕望之下，朱友珪命令馮廷諤先把張氏殺死，然後殺死自己，最後馮氏自我了斷。

宮中驚變，洛陽城的十幾萬駐軍也跟脫了韁的野馬似的在城中大肆燒殺搶掠。官員和富商成為搶劫的重點對象，許多高官非死即傷。混亂局面一直持續到太陽下山才逐漸平定。袁象先和趙岩抱著傳國玉璽前去迎接朱友貞赴洛陽登基。他卻說道：「大梁乃國家創立基業的地方，何必到洛陽去！」

於是，朱友貞在大梁即帝位，追廢朱友珪為庶民，同時恢復朱友文的官爵。

同室操戈　之八

皇位面前無父子 胤礽乾等四十年

——清康熙帝愛新覺羅玄燁第二子

愛新覺羅・胤礽創下了多項紀錄。首先，他是中國歷史上在位時間最長的太子，前後達三十八年之久；其次，他是清代唯一一位被公開冊立的皇太子。再次，他那兩立兩廢的悲情下場，無疑也是前無古人，後無來者了。

胤礽是清聖祖玄燁，即康熙皇帝的嫡次子。他的出生蒙上了悲劇性色彩。康熙十一年（西元一六七二年），四歲的嫡長子承祜因病暴卒。兩年後，皇后赫舍里氏再次誕育皇子，即胤礽。可是，人們還未來得及慶賀，僅過了兩個時辰，皇后就因難產而死了。再得嫡子與突喪愛妻兩件事的同時發生，在年輕的康熙帝心中留下了揮之不去的陰影。

這時，三藩之亂正在進行當中，民間反清力量再次高漲，不少秘密組織偽託前明「朱三太子」朱慈煥以積聚力量，圖謀起事。此事讓康熙帝看到了「太子」威力之大。為了打擊叛軍的囂張氣焰，斷絕反賊頭目吳三桂的念頭，他先是殺掉吳三桂唯一的兒子、在北京做人質的吳應熊，而後打算自己冊立皇太子，以壯大聲勢、穩定人心、加強皇權、鞏固統治。

當然，此時康熙帝不只有一個兒子，胤礽在眾兄弟中排行第七，他之所以能夠成為接班人主要得益於母親的顯赫身世。皇后赫舍里氏的爺爺是輔政大臣、一等公索尼，父親噶布喇是領侍衛內大臣，叔叔索額圖則官至大學士。她聰慧端莊，十二歲時嫁給康熙帝，二人非常恩愛，卻在二十二歲時不幸辭世。丈夫為緬懷愛妻在天之靈，遂決定立其遺孤為皇太子。

康熙十四年（西元一六七五）年底，襁褓之中的胤礽被正式冊立為皇太子。雖然較早失去母愛，但塞翁失馬，焉知非福，相比歷史上其他皇子，胤礽的童年真的算是幸福的了。鑒於胤礽特殊的身世和地位，父親對他十分的寵愛，甚至是溺愛。即便是公務繁忙，康熙帝也仍會抽空親自撫養這個生而喪母的孩子。胤礽五歲時得了天花，這在當時可是非常要命的傳染病，曾經出過痘的康熙帝體內有了抗體，於是讓宮女奴才們遠離兒子，自己投入全身心的親自看護了十二天，陪伴兒子度過了危險期。

最初，康熙帝親自操起教鞭，教導胤礽讀書、寫字。到了六歲時，他特地任命張英、李光地、熊賜履等為家教，這三位都是名冠一時的著名學者。由此可見康熙帝對其教育之重視。皇太子作為皇儲、國家的根本，地位非比尋常，為將胤礽培養為一個合格的接班人，康熙帝時常對其耳提面命，嚴加督導。天資聰穎的胤礽也很爭氣，勤奮刻苦，毫不懈怠，學業進步很快。就連康熙帝都忍不住誇獎道：「皇太子從來惟知讀書，嬉戲之事一切不曉」。胤礽能熟練運用滿、漢、蒙三種文字，「騎射、言詞、文學，無不及人之處。」

這年六月，胤礽隨父親去景山練習騎射，連發五箭，射中一鹿、四兔。十二月，他參加南苑圍獵，竟又射中二虎、三獐。六歲幼童便有如此勇力，不得不令人讚嘆。

胤礽十四歲時，搬到了暢春園無逸齋讀書，輔導老師有湯斌、徐潮、耿介、達哈塔、尹泰等。康熙帝對他的教育更加嚴格，不論寒暑，常會來到教室詢問和檢查其學習狀況。胤礽勤學好問，認真嚴肅，嚴格遵照父皇所說書必背足一百二十遍的要求，苦讀歷代經典，學習安邦治國之道。史書這樣描寫他讀書時的樣子：「自初讀至終篇，為時甚久，目不傍視，身不斜倚，無惰容，無倦志，正襟端坐，口誦手披。」可謂評價甚高。優異的成績，使得胤礽獲得了朝野上下的一致好評，父親也以他為榮，非常欣慰。

胤礽年長之後，康熙帝開始鍛煉他的從政能力，每次離京都讓他鎮守京師，處理一切要務。胤礽恪盡職守，於是「舉朝皆稱皇太子之善」。康熙帝也曾對此對其進行褒獎。然而，隨著年歲的增長，胤礽卻越來越分心了，他遇到了一連串的危機，首先就是與父皇的矛盾日漸激化。康熙帝多次讓胤礽代理國政，本在培養鍛煉，卻在無形之間助長了他的權力欲望，朝中不少臣子也見風使舵，預先將寶壓在了未來皇帝身上，胤礽野心膨脹。於是朝中儼然形成兩個政治中心。太子黨勢力的日漸壯大，對皇權構成嚴重威脅，這無疑是乾綱獨斷的皇帝無法忍受的。

康熙四十二年（西元一七〇三年），康熙帝首先拿太子黨頭目，即權傾朝野的索額圖，胤礽叔公開刀。以「議論國事，結黨妄行」的罪名將其下獄治罪，索額圖不久死在獄中。同時，康熙帝窮治其黨，將與其稍有牽連者全部重治。太子黨遭遇重創，這不僅給胤礽敲響了警鐘，也令其他圖謀上位者興奮異常。此外，其他兄弟對胤礽的疏遠與敵視，使他陷入孤立，甚至成為眾矢之的。

皇太子身為儲君，一人之下萬人之上。皇帝面前，他是臣子，他人面前則是主子，即便是其他的皇子見到太子之後也得行君臣之禮。同為一父所生的兄弟，卻有嚴格的君臣之別，長此以往難免不會產生隔閡。加上父親的誇耀與縱容，使得胤礽日漸驕橫，得意忘形。他驕奢淫逸，目中無人，乖戾暴躁，動輒打罵身邊僕人，甚至王公貝勒也常會遭其淩辱。當年的君子風範蕩然無存。

對於兒子的教育問題，康熙帝可謂是煞費苦心，這從當時幾位元傳教士的筆記當中可以得到印證。當然，兒子也大都成長為文武全才。但這也產生了新的問題，即諸位皇子個個自視甚高，野心勃勃，對太子之位，明裡暗裡都有那麼一點想法。特別是眼見胤礽日漸墮落之後，那些本就對其不大服氣的皇子們就更加蠢蠢欲動了。他們紛紛暗中運作，交結朝臣以為黨羽，搜羅太子罪狀，揣摩皇帝心思，一場激烈的政治鬥爭上演在即。

康熙帝晚年的境況與昔日的唐太宗頗為相似，二人都被皇太子的廢立問題搞得焦頭爛額，身心疲憊，甚至在動怒之時嚴重失態，完全喪失平日的帝王威儀。康熙四十七年（西元一七〇八年），皇帝巡行塞外，命胤礽與其他幾位皇子隨駕。期間發生的幾件大事，激出了本已生出嫌隙的父子矛盾。

第一：巡行途中，剛滿七歲的皇十八子胤祄暴卒，康熙帝十分悲痛，其他皇子也都很是難過，唯獨胤礽面無哀色，「絕無友愛之意」。康熙帝對其嚴厲指責，胤礽則是「忿然發怒」，很不恭敬。

這事還勾起了老皇帝的一段心事。

話說康熙二十九年（西元一六九〇年），皇帝親征噶爾丹，行軍途中身染重疾，令胤礽與皇三子胤祉前往探視。胤礽看到面色憔悴的父親之後，既無憂戚之意，也無寬慰之辭。此事讓康熙帝頗為傷心，當時就把胤礽攆回了京城。現已過去將近二十年了，他仍舊念念不忘，足見對其傷害之深。

第二：返京途中，康熙帝發覺胤礽常常在夜晚時靠近他的帳篷，從縫隙向裡面窺探。於是，早已十分敏感的皇帝斷定胤礽有謀逆的打算，感到自身安全受到嚴重威脅。

經過反覆的掙扎，康熙帝終於下定決心，在木蘭圍場的布林哈蘇台行宮，召集諸位王公大臣，當眾宣佈胤礽為「不法祖德，不遵朕訓，肆惡虐眾，暴戾淫亂，」、「不仁不孝」、圖謀弒君的逆子，隨即將其太子之位廢黜。

長期肆意妄為的胤礽哪能受得了如此突如其來的打擊，立刻就精神失常了。他「忽起忽坐，言行失常，時見鬼魅，不安寢處，屢遷其居，啖飯七八碗尚不知飽，飲酒二三十斛亦不見醉」、「晝多沉睡，夜半方醒」、「每對越神明則驚懼不能成禮，遇陰雨雷電則畏沮不知所措」。見此情形，身為父親的康熙帝心痛不已。

老皇帝在廢黜胤礽之後，心中久久不能平靜，連續多日難以入睡，在召見臣子之時，忍不住的痛哭流涕，嗚咽不止。他更沒想到的是，胤礽剛剛被廢，其他皇子就開始爭奪太子之位了。

其中尤以皇長子胤禔和皇八子胤禩的表現最為搶眼。

胤禔在皇子中是比較聰明能幹的一位。據法國傳教士白晉說：「皇上特別寵愛這個皇子，這個皇子確實很可愛。他是個美男子，才華橫溢，並具有其他種種美德。」由於他是長子而替父親做最多事。多次隨君出征、巡視，且都有所作為。但胤禔自以為年齡居長，又蒙父皇寵愛，而且有權臣納蘭明珠的鼎力支持，遂野心極度膨脹，急於上位。胤礽遭廢之後，他最先跳了出來，當然也最先被除掉。

可以說，胤禔完全被權欲衝昏了頭腦，錯誤地估計形勢，竟然異想天開的認為皇帝立嫡不成，勢必立長。實際上，康熙帝對他的野心已早有察覺。於是明確宣布：「朕並無欲立胤禔為皇太子之意。胤禔秉性躁急、愚頑，豈可立為皇太子？」已經明白無誤的昭示了他的出局。雖然自己被父皇摒棄，但胤禔賊心不死，又加入到了與己關係密切的皇八子胤禩的陣營。

胤禩的母親衛氏出身辛者庫（戴罪奴僕），地位低下，康熙帝便將他交給胤禔的母親，惠妃來教養，因而這哥倆們一起玩到大，關係不錯。胤禔認為一旦保對人選，有朝一日必可飛黃騰達。可胤禔利令智昏，再次做下蠢事，不但玩死了自己，也差點害死胤禩。

胤礽被廢黜後遭到軟禁，康熙帝特命胤禔和皇四子胤禛對其進行看管。眼看著弟弟變成了一個慌張失措，不知飢飽的精神病患，胤禔不但毫無同情之心，反而請奏父皇，請求斬草除根，他上奏說：「胤礽所行，卑污失人心。術士張明德嘗相允禩必大貴。如誅胤礽，不必出皇父手。」

真不知胤禔說這話是為了幫胤禩，還是想要將其害死。康熙帝一聽此話，簡直是不寒而慄。

他怎麼也沒有想到自己嘔心瀝血培養出的竟是這樣一個殘殺骨肉的衣冠禽獸。他除了一再訓斥胤禔「凶頑愚昧」外，也意識到胤禔與胤禩結黨營私，圖謀儲君之位，殺害胤礽的險惡用心。同時，他派人追查張明德相面之事。不久，胤禩在奉旨查抄原內務府總管、胤礽奶媽之夫凌普家產一案期間，對凌普多有庇護，結果惹惱了皇帝，受到嚴厲喝斥：「凌普貪婪巨富，所籍未盡，胤禩每妄博虛名，凡朕所施恩澤，俱歸功於己，是又一太子矣！如有人譽胤禩，必殺無赦。」

次日，康熙帝召集諸皇子入宮，正式宣佈：「當初廢黜胤礽之時，朕即諭諸皇子，但有鑽營為皇太子者，即國之賊，法所不容。胤禩大忠似奸，妄蓄大志，黨羽相結，謀害胤礽。現今其事皆已敗露，立刻將其捉拿，交議政處審理。」此話一出，胤禩的鐵杆小弟皇九子胤禟和皇十四子胤禵急忙上前勸諫：「八阿哥無此心，臣等願保之」。康熙帝震怒，拔出佩劍就要向胤禵砍去，虧得皇五子胤祺急忙跪下抱住父親，眾皇子叩首懇求，皇帝稍微消氣，才算是化解了一場父子間的流血衝突。

這時，術士張明德相面一案告破，幕後指使為胤禔與胤禩等人，他們圖謀招攬刺客暗殺胤礽。皇帝大怒，革去胤禩的貝勒爵位。同時將張明德凌遲處死，以儆效尤。一波未平一波又起，皇三子胤祉揭發胤禔勾結蒙古喇嘛用巫術詛咒胤礽。康熙帝悲痛欲絕，革去胤禔郡王爵位，幽禁於府邸高牆之內。他的政治生涯也就此告終。

在一連串的打擊之下，年過六旬的康熙帝撐不住了，他的身體日益虛弱，疾病纏身。他心想，人生無常，世事難料，一旦自己歸西，在目前的情形下，政局勢必亂套。因而，他招來滿漢大臣面諭他們，除了皇長子胤禔之外，可從諸阿哥當中推舉一人為皇太子，並還特地叮囑，若在議論之時，「互相瞻顧，別有探聽」，則是萬萬不可的。

「八爺黨」骨幹成員，大臣阿靈阿、鄂倫岱、納蘭揆敘、王鴻緒等人暗中議定，一同書寫「八阿哥」三字於紙上，其他臣子紛紛效仿。康熙帝萬萬沒有想到，群臣鼎力推薦的竟然是剛剛被自己訓斥和除位的胤禩，一種權威受損，群臣相逼的感覺油然而生。此事令他對皇八子更加提防，於是不顧天子顏面而出爾反爾，以「八阿哥未嘗更事，近又罹罪，且其母家亦甚微賤」為由，而將群臣意見否決。

那麼，此時的康熙皇帝到底屬意於誰呢？

胤礽與康熙帝感情之深厚，非其他皇子可比。自他被廢之後，父親對其時常思念，而胤禔詛咒一事更讓康熙帝為胤礽的惡劣表現找到了說辭，認為這都是「為鬼魅所憑蔽」。從而對胤礽生出了憐憫之情。他天真的以為胤礽的斑斑劣跡，全都是因為索額圖父子蠱惑教唆所致，絕非其本性。況且，胤礽的罪行確實有不少是胤禔誣告的不實之詞。他在獲罪之後，也多次做出了洗心革面，痛改前非的姿態，從而再次搏得了父親的信任。

在這樣的形勢之下，胤礽二度被康熙帝冊立為皇太子，距離廢黜僅僅半年光景。然而，令人失望的是胤礽很快原形畢露了。他為人暴虐，驕縱不法，暗結朋黨，陰謀早日接班。行事之狂悖，較之先前有過之而無不及。幾近不惑之年的他，兇殘頑劣的性情早已養成，難以根除。況且隨著康熙帝的日漸老去，這位老大不小的儲君更加耐不住等待了，於是父子矛盾再次尖銳起來。

皇帝與儲君不和，夾在其間的臣子顯得無所適從。效忠今日之天子，則意味著得罪未來之天子，以後的日子肯定難熬。效忠未來之天子，則必將招致現任皇帝的惱恨，那可不是日子不好過的問題了，八成會落得腦袋搬家的下場。如此關係前途命運之大事怎能不令臣子們內心糾結，戰戰兢兢呢。滿朝文武為此背負了巨大的精神壓力，哪裡還能全神貫注的專注於本職工作，這是一個必須及早解決的問題。康熙五十一年（西元一七一二年）十月，皇帝痛下決心，再次將胤礽廢黜，囚禁起來。

之後，皇八子胤禩多次發起攻擊，使得老皇帝痛心疾首，直至與其斷絕父子關係。無奈之下，心灰意冷的康熙帝只得明確表態，有生之年將不再預立太子，而會採取暗中考察的方式，尋覓可托之人。較之胤禔與胤禩等人的鋒芒畢露，有一個人卻是韜光隱晦，暗中積蓄力量，並最終成就大事，即皇四子胤禛。

他深知，天下事務皆決於皇帝，太子之位更不例外，說白了就是康熙帝一個人說了算。因此，胤禛細心揣摩父親的心意，針對性的從三個方面來努力。首先就是恭孝仁義。胤禛侍奉父親定會盡心盡力，十分孝順，對待失勢的兄弟，也絕不會落井下石，他曾多次為胤礽和胤禩求情，也由此獲得了父親的好感。其次，胤禛懂得為臣大忌，那就是絕不能讓皇帝感覺到威脅。他精心的將自己包裝起來，行事謹小慎微，從不暴露對於太子之位的覬覦之心。胤禛還寫了不少田園詩，其中充滿了佛道的出世情懷，以表現自己淡泊名利，無心權位。再次，胤禛深知，父親乃百年一遇之奇才，不但深諳統治之術，而且文武雙全，通曉西學，這樣的人只會喜歡人才而不是庸才，胤禛在謹慎的同時，也將父親交代的每一件任務都幹得漂漂漂亮，充分展現了自己的非凡能力。

經過多年的苦心經營，胤禛逐漸贏得了父親的信賴。

康熙六十一年（西元一七二二年）十二月，六十九歲的玄燁結束了漫長的皇帝生涯，病逝於暢春園。臨終之前，他傳諭諸子和大臣：「皇四子胤禛人品貴重，深肖朕躬，必能克承大統，著繼朕登基，即皇帝位。」

諸皇子爭來爭去，最終卻是平日較為低調的皇四子胤禛笑到了最後，不知此時的胤礽作何感想呢？

胤禛登基，改年號為雍正，在對胤禩等政敵進行殘酷打壓的同時，卻對廢太子胤礽一貫實行優待，即位伊始就封胤礽長子弘皙為理郡王（雍正六年晉升為親王）。兩年後，心如死灰的胤礽病死於禁錮之所，即紫禁城中的咸安宮，終年五十一歲。後來，雍正帝依照親王規格為其舉辦了隆重葬禮，追封為和碩理親王，諡號「密」，葬於黃花山（位於今天津市薊縣）理親王園寢。

Section 03

出逃國外

出逃國外　之一

流亡元首高紹義
寄人籬下遭人嫌

——北齊文宣帝高洋第三子

講到北齊的最後一位領導人，世人多想到「無愁天子」高緯。其實，嚴格來說他還不夠格。高紹義作為北齊的流亡元首，無疑更有資格獲得「亡國之君」的殊榮。

高紹義是北齊開國君主文宣帝高洋的三公子，初封廣陽王，後改封為范陽王。幼年時期的三少爺與大多數皇子沒什麼兩樣，自恃老爸是皇帝，驕縱不法，劣跡斑斑。他不思進取，擅自設置宦官，常常和一幫喜好拍馬屁的奴才喝酒，喝飽了就四處尋釁滋事，竟還打死了朝中的博士（古代學官）任方榮。

高洋在位十年，早期雷厲風行，頗有作為，後期荒淫殘暴，整日喝得酩酊大醉，最終酗酒而死。高洋死後，十六歲的太子高殷即位，北齊開始上演奪位之爭。先是高洋的六弟高演廢殺侄子高殷，自己登臺，史稱孝昭帝。兩年後，高演病亡，死前沒敢再傳給兒子，而是傳位於九弟長廣王高湛，即武成帝。

高湛登基之後，首先將哥哥留下的幾位貌美的寡嫂納入懷中，以李祖娥（高洋的皇后）為首的後宮佳麗全都落入魔爪。而後，高湛又開始大肆迫害宗室諸王，幾個較具威脅性的侄子都沒能倖免，高紹義也藉故被打了兩百棍子。誰知高湛仍不解恨，又把他扔給了剛剛霸佔的兄嫂李祖娥，想必李女士長期遭受禽獸弟弟的凌辱而無處發洩，竟又打了高紹義一百下的大棍。可憐的高紹義在此期間數次昏死，不省人事，硬是憑藉以意志力死扛了下來。

北齊武平六年（西元五七五年），北周武帝宇文邕下詔伐齊，正式拉開了統一北方的序幕。范陽王高紹義大顯身手的時候快要來到了。

經過宇文氏兩代人數十年的積極改革，北周的綜合國力得到了明顯提升，而東邊的強鄰北齊卻由於領導人的昏聵無能而政局混亂，國勢日衰。東強西弱的國際局面出現逆轉的跡象。趁此有利時機，宇文邕發兵十餘萬，兵分六路入侵齊國。

為爭取民心，周軍在戰爭伊始就發佈安民告示，強調「三大紀律，八項注意」，從而進軍較為順利，一路勢如破竹，攻克齊國西部要塞河陰城（今河南孟津縣，黃河重要渡口），直逼洛陽。然百足之蟲死而不僵。北齊守軍進行了頑強的抵抗，給侵略者沉重打擊。特別是洛陽城週邊的兩個重要據點中灘城（今孟津縣西南黃河郭家灘）和金鏞城（遺址位於今孟津縣平樂鎮），在傅伏和獨孤永業的堅守下，成為阻撓侵略者前行的堅強堡壘。

九月，北齊右丞相高阿那肱自晉陽（今山西太原市）率軍南援洛陽，兵臨河陽（今河南孟縣）。此刻，宇文邕陣中患病，無奈之下只得放棄剛剛攻下的三十餘座城池，撤兵西返。戰敗回國的宇文邕認真總結了河陰之役的經驗教訓，將侵略重心轉移至北齊重鎮晉州（今山西臨汾市）。

北齊承自東魏，實行兩都制，晉陽為僅次於首都鄴城的政治軍事中心，地位十分重要，而平陽正是晉陽南部屏障。因此，平陽若失，晉陽危矣！宇文邕再次親征，調集大軍，很快進抵平陽城下，將城池圍了個水洩不通。

此時，齊國領袖高緯正懷抱美人馮小憐在天池（今山西寧武縣西南管涔山上）圍獵。晉州的告急文書絡繹不絕，右丞相高阿那肱揚手把文書扔到一邊，異常淡定地說：「皇上玩的正開心，邊境摩擦乃是日常小事，何必大驚小怪！」黃昏，探子來報：「晉州陷落！」高緯有點發毛，想馬上回宮，小憐卻嬌滴滴地要丈夫陪她再玩一會兒，高緯欣然應允，遂將國難拋至腦後。對此，唐代詩人李商隱在〈北齊二首〉中諷刺道：「晉陽已陷休回顧，更請君王獵一回。」

幾天之後高緯才派遣大將安吐根率軍回攻晉州。

然而，混賬的高緯再次視軍國大事如兒戲，兩軍對壘之時不忘帶著馮小憐在陣前戲耍，結果可想而知。齊軍大敗，周軍乘勝北進。敗退至晉陽的高緯嚇得驚慌失措，無心應戰，初戰失利就想要北投突厥，只因無人響應才不得不打消此念頭，命安德王高延宗固守晉陽，自己一溜煙跑回了鄴城。回到鄴城後，高緯封高紹義為尚書令，定州刺史。

留守晉陽的高延宗率領全城軍民戰鬥到最後一刻，最終力竭被俘，晉陽陷落，北齊西部國土大致上已皆淪喪。宇文邕任命北齊降將封輔相為北朔州（今山西朔州市）總管，防備北方的突厥。

封輔相降敵了，但其副手長史趙穆和司馬王當萬卻都不甘做亡國奴，遂密謀將其囚禁，然後差人赴瀛州（今河北河間市）迎立素有威望的任城王高湝（高歡第十子，高紹義的叔叔），領導軍民繼續抗周。結果，使者沒有將高湝迎到，回來的時候順道把高紹義請了去。他雖沒有任城王那麼高的人氣指數，但好歹也是正牌皇室，具備一定號召力。因而，當高紹義馬不停蹄的趕到馬邑（今山西朔州市）時，昔日的齊國軍民重新燃起了復興故國的希望。自肆（今山西忻州市）以北的二百八十餘城紛紛表示效忠范陽王高紹義。

高紹義一看自己深受百姓愛戴，信心頓時暴增，在尚無任何準備的情況下，拉上靈州刺史袁洪猛就向晉陽進發了，妄圖藉此大好形勢，一舉收復失地。

然而，戰局卻並非如高紹義所期望的那樣樂觀。他們剛走到新興郡（在今山西忻州市北），肆州就已被周軍攻佔，齊軍前鋒部隊中的兩個將領臨陣脫逃，率部投降了敵軍。周軍乘勝推進，接連攻下大量城池。此時的高紹義終於清醒過來，認識到了復國大業的無比艱鉅，只得回兵北朔州。但敵軍絲毫不給他喘息之機，很快撲來。雙方交戰，齊軍再敗。在此危急時刻，高紹義大義凜然的說道：「人固有一死，或重於泰山，或輕於鴻毛。本王立志絕不投降宇文老賊，必將為光復大齊而奮戰到底。」

說罷，北投突厥。途中，高紹義思緒萬千，惆悵不已：遙想當年，神武帝高歡爺爺起於草莽，不畏艱險，以氣吞山河之勢，創下北齊基業；父親高洋也曾北破柔然，大敗契丹，南略陳國，飲馬長江。祖父兩代是何等的英雄蓋世，如今剛到第三代，便落得國破家亡的下場，真是愧對先人。

此次流亡，前途未卜，不知突厥是何態度，更不知何日才能重返家園，眼看著追隨自己逃亡的部眾饑寒交迫，狼狽不堪，高紹義心生愧疚，停馬說道，突厥與我華夏風俗迥異，且北地苦寒，若是誰想回家，本王絕不強留。此話一出，一多半人紛紛向他揮淚話別，僅剩千餘人追隨。

西元六世紀中期，原本只是柔然國打鐵匠的突厥部落迅速崛起，稱雄大漠。當時，高氏和宇文氏也正打得不可開交。憑藉自身強大的軍事實力，突厥汗國成了雙方爭相拉攏討好的對象。齊周爭鬥，突厥坐收漁翁之利，突厥第四任掌門人他鉢可汗常常得意的說道，南邊有兩個好兒子時常孝順於我，哪裡用得著擔心貧困問題。

突厥周旋於齊周之間，在獲得豐厚物質利益的同時也在三國之中取得了有利的政治地位，「兩個兒子」爭相向突厥求好，為此常常爭得頭破血流。然而，北周的崛起打破了這種均勢，對突厥的利益造成了直接威脅。但這一時期的突厥卻也是有心無力，正忙於與中亞強國嚈噠和西亞波斯帝國進行爭霸戰爭，無暇東顧，北齊也實在不給力，滅亡如此之迅速，還未等突厥出兵干預就垮臺了。

一心想搞平衡外交的他鉢可汗正在為兩兒爭鬥的事情犯愁，高紹義的從天而降，無疑令大汗重新看到了扶齊抑周的希望。不僅如此，他鉢可汗還是文宣帝高洋的忠實粉絲，非常欽佩老高當年的光輝事蹟，尊稱其為「英雄天子」。如今，遠道而來的高紹義不僅外貌酷似其父，就連腳踝都長得和高洋相像——踝骨外側各有兩個突骨。可汗愛屋及烏，對落難來投的小高格外器重，支持其成立大齊國流亡政府，並將逃至突厥境內的齊國難民統統劃歸高紹義統領。可汗的慷慨相助令高紹義十分感激，復國信心大增。

此時，北齊國土已大致淪陷，後主高緯也在南逃陳國的途中被周軍俘獲，唯有偏處東北的營州（今遼寧朝陽市）地區尚在刺史高寶寧的控制之下，儼然不動。高寶寧是代州（今山西代縣）人，驍勇善戰，長期鎮守遼東重鎮營州，在邊境各族當中享有很高的威望。北周攻打鄴城之時，高寶寧曾出兵援助，不久即傳來了首都淪陷的噩耗，他隨即收兵，固守龍城。北周武帝曾經多次招降高寶寧，均被嚴詞拒絕。

北周建德六年（西元五七七年），被俘至長安的齊國君臣遭誣陷致死。年底，故主死難的消息傳到營州，高寶寧悲慟萬分，舉哀治喪。後來得知范陽王高紹義在突厥籌建流亡政府的消息後，他十分興奮，連夜起草表書，擁立高紹義繼任帝位，承襲大統，領導北齊殘存力量堅持抵抗，早日光復故土。高紹義收到高寶寧的擁戴信後，欣喜不已，在徵得他鉢可汗的支持之後粉墨登場，稱帝建元，年號武平，竟然與齊後主高緯的年號相同，真是十分晦氣。

登臺之後，高紹義論功行賞，加封自北朔州一直追隨於他的趙穆為天水王，封高寶寧為丞相。為了表示對高紹義政權的支持，他鉢可汗召集麾下諸部南下，入侵幽州。剛剛掃滅強齊，大破南陳的北周軍隊士氣正旺，如今，草原狼自己送上門來，早就受夠了突厥欺侮的宇文邕躊躇滿志，心中盤算何不趁此機會，徹底消滅北齊殘餘力量，狠狠打擊一下突厥的囂張氣焰，遂於宣政元年（西元五七八年）五月，下令實施全國總動員，徵調關中地區的公私馬驢全部從征，五路並進，討伐突厥。誰會料想到，天不遂人願，宇文邕突然病重，沒幾天就一命嗚呼了，年僅三十六歲，真是壯志未酬。他的北伐大業就此夭折。

大仇人的英年早逝，使得高紹義樂開了懷。恰在此時，幽州人盧昌期、祖英伯等舉兵反周，佔據范陽城（今河北涿州市），上表迎候高紹義。接連的好事，令他欣喜若狂，深感蒼天開眼，欲助其復興大齊，他立刻招呼高寶寧南下，會師范陽。

范陽事變發生不久，北周名將宇文神舉便以迅雷不及掩耳之勢將生事之人擒拿。尚不知情的高紹義此時已經走到幽州，探聽到守將出兵在外的消息後，高紹義開懷大笑，心想：真乃天意也！隨即擺開天子儀仗，登上燕昭王墓（在今天津薊縣府君山下），排兵佈陣，試圖一舉攻克幽州城。宇文神舉派遣的四千餘援軍也被高紹義殺傷過半，齊軍加緊攻城，幽州旦夕可下，此時，盧昌期兵敗被擒的消息傳來，高紹義登時傻了眼，信心大挫，草草收兵。不但放棄攻城，而且命令全軍素服，為在范陽起義中死難的士兵舉哀，然後撤回突厥，復國大業再次受挫。

已經進發到潞河（在今北京通州區境內）的高寶寧聞聽范陽兵敗，高紹義北歸，也只好率師返回了營州，繼續堅守，直至隋文帝開皇三年（西元五八三年）兵敗，死於部下之手。

高紹義虎頭蛇尾，淺嘗輒止，簡直就是一坨扶不上牆的稀泥。他鉢可汗本欲助其恢復故國，牽制北周，如今倒好，他不但反攻不成，反而拖累突厥，成了燙手的山芋。隨著北周對齊國故土的統治日益穩固，高紹義在故國的號召力不復往昔，完全依賴突厥的庇護苟延殘喘，利用價值逐漸喪失。

大成元年（西元五七九年）二月，他鉢可汗試圖修復兩國邦交，向周提出和親。周以交出高紹義作為條件，同意將趙王宇文招之女封為千金公主，嫁給他缽。可汗一時還捨不得交出籌碼，暫且沒答應，但兩國關係已經改善，這預示著高紹義寄生蟲的日子快要到盡頭了。

次年六月，突厥派遣迎親使團赴長安迎娶千金公主，北周政府命汝南公宇文神慶等護送千金公主入突厥，又派建威候賀若誼厚賂他缽，要求交出高紹義。

在北周女人加金錢的聯合作用下，他缽終於決定出賣盟友了。他以出遊狩獵為名，將高紹義誆騙至南部邊界的馬邑，賀若誼早已在此布下天羅地網，高紹義隨即落網，後被流放蜀地。

淪為戰俘的高紹義常常思考失敗原因，每每想起背信棄義的他缽可汗就恨得咬牙切齒，在與妻子的書信中仍不忘罵上幾句：「這幫不講信譽的蠻夷，把老子送到了這個鬼地方。」

出逃國外 之二

身世不詳蕭世謙 稀裡糊塗做漢奸

——據說是南朝梁武帝蕭衍第二子

南梁豫章王蕭綜，字世謙，據說是梁武帝蕭衍的二兒子。之所以使用「據說」二字，實在是因為世謙兄的身世太撲朔迷離了。

永泰元年（西元四九八年），齊明帝蕭鸞病逝，臭名昭著的東昏侯蕭寶卷繼承皇位。此人行事乖張，荒淫殘暴，濫殺無辜，一登臺就將皇宮內外弄得烏煙瘴氣，致使文官告退，武官造反，人心思變。

永元三年（西元五〇一年），雍州刺史蕭衍等擁戴南康王蕭寶融（蕭寶卷八弟）於江陵稱帝，即齊和帝。之後，蕭衍提兵入京，圍困宮城。關鍵時刻，征虜將軍王珍國響應蕭衍，帶兵夜闖皇宮，殺死尚在行樂的蕭寶卷，蕭衍竊取齊國大權。第二年，蕭衍逼迫和帝禪讓，自己做了皇帝，是為梁武帝。武帝不僅接收了齊國的政權，順帶也把齊皇的老婆們一併笑納，蕭綜的母親吳淑媛便是其中一位。

吳氏本是蕭寶卷的媳婦，據說頗有姿色，受寵愛的程度僅次於潘妃，位列探花。她在被蕭衍臨幸的七個月後就生下了蕭綜。這個不正常的孕期成了開啟蕭綜別樣人生的導火線。常言說：十月懷胎，一朝分娩。正常孕期為兩百八十天左右，也就是九個月零一周。雖然也有早產的可能性，但早產兩個月的機率較小。因而宮裡其他女人都覺得吳氏的孕期事有蹊蹺，說她是帶球嫁，生下的蕭綜不是武帝蕭衍的骨肉，而是蕭寶卷的遺腹子。

蕭衍博學多才，精於帝王之道。為了保持天子的神秘性，就是和自己的兒子也總是若即若離，很少見面。剛剛十三四歲的蕭綜很不理解，埋怨父親不重視他。這時，吳氏也已人近中年，不復當年風韻，後宮佳麗三千的武帝自然對她冷淡下來。吳氏接受不了失寵的殘酷現實，埋怨起如今的丈夫不如前夫對她寵幸了。

一日，驚慌失措的蕭綜對母親說起連日以來所做的一個相同的噩夢，夢中有一個肥壯少年拎著鮮血淋漓的人頭面對自己。蕭綜很是害怕，詢問母親這是怎麼回事。母親問他夢中少年的模樣。蕭綜詳細具體的描述了一番。吳氏嘆息道：「那是東昏侯啊！」

她又說：「你本是母親七個月時就生下來的，怎麼能與其他的皇子相比！然而，你現在貴為太子的大弟弟，希望你好好保住眼前的富貴，千萬不要對外人提及此事啊！」說罷便與蕭綜抱頭痛哭。從此以後，蕭綜就對自己的身世產生了懷疑，陷入了深深的困惑之中。

白天的時候，蕭綜談笑風生，沒有什麼異樣，一到晚上，他則關門閉戶，獨處靜室，披頭散髮，坐在席上暗自落淚。剛聽了母親的那番告白之後，蕭綜覺得自己是南齊皇室後裔，就專門弄了間屋子，用來私下裡祭祀南齊的列代祖先。他還喬裝打扮，換上平民服裝，跑到曲阿（今江蘇丹陽市）去拜祭齊明帝的陵墓。但改宗換祖的嚴肅性，不得不令蕭綜思量再三。

為了徹底弄清楚自己的親爹到底是誰，蕭綜共進行了三次親子鑑定實驗。他私自掘開蕭寶卷的墓穴，將自己的血滴在墓主的屍骨上面，很快滲了進去，這令他感到驚奇；為了進一步確定，他竟殘忍的弄死了自己剛生下不久的二兒子，掩埋了一段時日後刨出來重施故技，結果血也滲了進去。不久，他又親手殺死了一個外姓男子來試驗，但血卻沒有滲入骨頭當中，蕭綜震驚了！

他心想：原來自己真的是蕭寶卷的兒子，而那個一直以來被他喊做父皇的人，其實是他的大仇人。國仇家恨一股腦的全都湧上了心頭。然而，現代科學研究顯示，蕭綜所使用的方式是根本不可靠的。古代「滴血認親」的方法主要分為兩種，即滴骨法與合血法。蕭綜所使用的乃是前者。滴骨法早在三國時期就有實例記載，是指將活人的血滴在死人的骨頭上，觀察是否滲入，如能滲入則表示有血緣關係。合血法，是指將兩個活人刺出的血滴在器皿內，看是否能凝為一體，如能凝結則說明存在父子兄弟關係。

這兩種方式，按照現代醫學理論分析，都缺乏科學依據。因為骨骼在露天環境，或是埋藏在泥土中，經過較長時間之後，軟組織都會經過腐敗完全溶解消失，毛髮、指（趾）甲脫落，最後僅剩下白骨化骨骼。白骨化了的骨骼，表層腐蝕發酥，滴注任何人的血液都會浸入。而如果骨骼未乾枯，結構完整、表面還存有軟組織時，滴注任何人的血液都不會發生浸入的現象。

至於合血法，如果將幾個人的血液共同滴注入同一器皿，不久都會凝合為一，並不能說明存在血緣關係。不難看出，這兩種古老的鑒定方式都是不科學的。迄今為止，最準確的親子鑒定方法當屬 DNA 技術。而蕭綜所生活的年代根本無法享用直到二十世紀才產生的科學技術。但不管怎樣，他已對自己的身世確信不疑，並立志挑起「反梁復齊」，恢復祖宗基業的光榮使命。

為了招攬人心，蕭綜禮賢下士，輕財好客，經常施捨和接濟那些需要幫助的人，甚至有時弄得自己只剩下身上的爛衣裳。招待客人的時候，他也經常身著粗布，毫不講究。曾經有一個姓王的人，窮困潦倒，無以為繼，就來投靠蕭綜。恰好此時，蕭綜也正處在經濟危機期，僅有的一點財產就是睡覺用的棉被、帷帳和幾件舊衣服。但是，面對如此困境，蕭綜沒有畏縮，一咬牙全都施捨了出去。

蕭綜深知，強健的體魄是日後成就一番事業的基礎，因而十分注重體能訓練。他為了練成千里神行功，竟在內室的地面上鋪滿了沙子，沒日沒夜的光著腳丫子在上面跑，磨得腳底板長滿了厚厚的老繭，一天能行三百里。需要說明的是，古代的超級快遞，騎馬飛奔也不過日行三五百里。有了穩固的下盤作支撐，蕭綜又開始鍛煉臂力，堅持每天輪大錘。經過一段時間訓練，他又練成了鐵臂神功，竟能空手制服狂奔中的烈馬，弄死馬駒和牛犢。

長大後的蕭綜很有才華，不僅學識淵博，而且擅作文章（這點倒是很像梁武帝其他的兒子）。為了鍛煉從政能力，武帝讓其出任南徐州（今江蘇鎮江市）刺史。到任之後，蕭綜所做的第一件事就是將南徐州境內的所有練樹統統砍掉，因為梁武帝的小名叫做「練兒」。

他喜怒無常，為政嚴苛，時常在晚上的時候頭戴黑絲布帽，便裝出遊，沒有節制。每當收到武帝的敕書，他就滿臉怒容，大發雷霆，嚇得一幫屬下沒人敢出聲。蕭綜的行為，很多大臣瞧在眼裡，憂在心上，卻因為武帝向來熱衷護短，所以沒人敢於上報。

普通二年（西元五二一年），蕭綜被調入朝廷，任侍中、鎮右將軍。從徐州還朝之後，蕭綜多次上奏朝廷，所陳述的多是有利於國計民生的事情，常常得到武帝的嘉獎。贏得武帝的好感之後，蕭綜說出了自己的真實想法，希望能夠去鎮守邊關，就此還多次向尚書僕射（宰相）徐勉表明心意。結果武帝不答應，徐勉也總是推託，不給他面子。蕭綜很惱火，就給徐勉送了一把白色的團扇，寫上〈伐檀〉（《詩經》中一首嘲罵剝削者不勞而食的詩歌），借此譏諷徐勉收受賄賂，是個十足的「假清廉」。

雖然蕭綜在窮人面前表現得很有愛心，但卻打心眼裡仇視蕭衍，仇視和蕭衍有關的人和事物。一見到太子蕭統和其他的王爺，他就氣不打一處來，掩飾不住內心的憤怒，舉止傲慢，出言不遜。有一年春節，蕭綜到臨川王蕭宏（梁武帝六弟）的府上拜年。話沒說幾句，他就登上蕭宏的羊車，脫褲子拉了大便，屁股不擦就揚長而去。類似的惡作劇在京城經常上演。

普通四年（西元五二三年），蕭綜外放南兗州（治所位於揚州市）刺史。任職期間，他依舊保持自己另類的行事風格。雖然勤於政務，卻拒絕接見賓客；坐堂問案的時候，躲在簾子後面，從不露面；每次外出，都要在車上掛起帷帳，即便盛夏也是裹得嚴嚴實實，說是害怕被惡人認得。不久，蕭綜獲知了一項重大情報，那就是原南齊建安王蕭寶夤尚在人世，且在北魏身居高位，這令他欣喜若狂。

蕭寶夤，字智亮，是南齊明帝蕭鸞的第六個兒子，廢帝蕭寶卷的同母弟。蕭衍篡位之後，大肆屠殺齊國宗室，年僅十六歲的蕭寶夤在僕人的幫助之下，連夜潛逃，躲過層層關卡盤查，徒步行進數百里，終於跑到北魏轄區的壽春（今安徽壽縣）。經過身份核實之後，蕭寶夤不僅獲得了難民居留權，而且深受魏國君臣的尊重，宣武帝元恪更是對他另眼相看，還將自己的姐姐——南陽長公主許配與他。蕭寶夤時刻不忘亡國之恥，多次帶兵南征，試圖恢復齊國，成為南梁大患。

蕭綜透過一位北方來的僧人釋法鸞和遠在魏國的蕭寶夤搭上了線，並且沒等人家認他，就尊稱蕭寶夤為叔父。蕭綜頻繁的與其進行書信往來，加緊了叛逃的步伐。普通五年（西元五二四年），北魏徐州刺史元法僧趁著國內爆發六鎮起義，局勢混亂之際，割據彭城（今江蘇徐州市）造反稱帝。孝明帝元詡（宣武帝次子）派兵征討，元法僧自知無力抵擋，遂派人赴梁國請降。武帝大喜，命蕭綜率兵接收，鎮守彭城。

不久，北魏安豐王元延明、臨淮王元彧率領兩萬兵馬圍攻彭城。梁武帝愛子心切，擔心蕭綜戰敗被擒，就命他帶兵速速回京，還特地叮囑兒子：「撤兵的時候，一定要走在軍前，別跟在後面，以防敵軍追擊。」誰知蕭綜卻另有算盤。他擔心這次回去之後，不但再也沒有機會去北方尋找「叔父」，更別提借兵恢復齊國了。為了祖宗基業，蕭綜一不做二不休，竟在夜深人靜之時，帶上兩個親信，一路小跑，溜向了敵軍大營。

次日清晨，蕭綜住所大門緊閉，眾人納悶之際，忽聽見城外敵軍高喊：「你們的豫章王昨天夜裡已經投誠，現在我們軍中，你們不投降還等什麼呢？」梁軍群龍無首，隨即徹底崩潰。魏軍攻破彭城，乘勝追擊，連下數城，一直殺到宿豫（在今江蘇宿遷市東南）才返回，梁軍損兵大半，只有名將陳慶之率部返回。蕭綜就這樣背棄漢族蕭梁政權，投奔了拓跋族的北魏政權，成了一個「漢奸」。

梁武帝得知此事後，驚詫萬分，怎麼也不敢相信自己的兒子竟然會叛逃敵國。有關部門奏請削奪蕭綜的爵位和封地，將其從皇族名冊中除名，並改他的兒子蕭直姓「悖」，取荒謬、糊塗之意。武帝准奏。可沒過十日，武帝竟然又恢復了蕭綜的家族名籍，封蕭直為永新侯。過了好一陣子，武帝將吳淑媛的名位和俸祿廢除，吳氏陷入絕望，服毒自盡。武帝後悔，又下詔恢復了吳氏原先的待遇，還特賜謚號為「敬」。從以上處理過程可以看出此事對年過六旬的梁武帝打擊之大，這也加深了他對佛教的沉迷程度。兩年後，武帝捨身同泰寺，也象徵著梁國走向衰落。

正在武帝傷心之際，蕭綜卻在魏國的軍營裡大出風頭。來到敵營之後，蕭綜頗為瀟灑，自稱隊主（即主帥），要求魏方按照對等待遇進行接見。於是，元延明出來接見，蕭綜竊喜，見面就拜。元延明問他姓甚名誰，蕭綜卻洋洋得意的說道：「殿下還是找個認識我的人來問吧！」

元延明召集眾將前來辨認，突然有人尖叫：「是豫章王！」

元延明大喜，走下座位還禮，然後緊緊地握住蕭綜的雙手表示歡迎，隨即派人將這個天上掉下來的大寶貝護送至魏都洛陽。蕭綜來到洛陽，先是拜見了孝明皇帝，隨後就回到下榻的地方，為「父親」蕭寶卷舉哀，服斬衰（「五服」中最重的孝服）之孝三年。以胡太后為首的魏國要員全都前往弔唁，場面極為壯觀。

孝明帝對蕭綜的到來十分高興，不僅加封其為：侍中、太尉、高平公、丹陽王，還特賜食邑七千戶、錢七百萬、布絹三千匹、雜彩（雜色絲綢）千匹、駿馬五十匹、肥羊五百口、奴婢一百人。蕭綜為了徹底切斷與武帝的關係，改名蕭贊，字德文，以此表示自己將和過去徹底劃清界限，效忠新主。

蕭綜投魏，本為恢復故國，然而他來的太不是時候了。此時的大魏政權已處在風雨飄搖之中，自顧不暇，哪裡還有閒工夫幫助一個流亡分子入侵他國。自從爆發「六鎮起義」之後，各地豪強紛紛起兵造反，割地稱雄，一時之間，「天子」遍地開花。戰火蔓延至關中地區，北魏政府派蕭寶夤前往平叛，蕭寶夤初戰告捷，後因兵疲師老，終至大敗。唯恐遭受處分的蕭寶夤在幕僚的蠱惑之下，稱帝反魏，建元隆緒，設置百官。

身在洛陽的蕭綜聞聽此事，欣喜若狂，立刻準備投奔「叔父」。他從洛陽向北逃走，準備繞道山西奔赴關中，結果剛走到孟津渡口的河橋，就被守橋官兵給扣押了，原來魏國相關法律禁止騎馬通過河橋。想必是，蕭綜一來心急，二來人生地不熟，就違規了，官兵將其拘送回洛陽。其實，蕭寶夤的登基儀式還未舉行完畢就已經兵敗逃跑了。這時的洛陽城內也是一團糟。

北魏胡太后專權，兒子孝明帝不滿，密招大軍閥爾朱榮進京勤王，不料事洩，胡太后毒殺孝明帝，先是以剛出世的皇女冒充皇子，立為皇帝，後又立三歲幼童元釗繼位。野心勃勃的爾朱榮借為孝明帝復仇之名，率兵殺至洛陽，隨即開始大規模屠殺。

西元五二八年，爾朱榮先將胡太后和元釗投入河中，然後假邀朝中官員到河陰之陶渚（今河南孟津縣東）參加祭天儀式，趁機派數千鐵騎將文武官員兩千餘人團團圍住，飛矢交加，屠戮殆盡，史稱「河陰之變」。事變發生以後，屠夫爾朱榮因殺人過多，民憤極大而不敢入駐洛陽，而是立元子攸（彭城王元勰第三子）為傀儡皇帝，自己則跑回晉陽，遙控朝政。

北魏大亂，梁武帝在剛從魏國流亡到梁國的北海王元顥的慫恿之下，生出趁火打劫的念頭，派遣陳慶之率領七千精兵護送元顥赴洛陽稱帝。誰曾想，陳慶之靠著這點人馬過五關斬六將，殺進了洛陽城且找到蕭綜，向他轉達梁國皇帝的親切問候，並勸他早日回國。蕭綜遲疑不決。

思子心切的梁武帝特派人將蕭綜小時候穿過的衣服送往洛陽，試圖藉親情來喚醒逆子。不想東西還未送到，孤軍深入，寡不敵眾的陳慶之就已經敗給實力強大的爾朱榮了。陳慶之率兵向南撤退，不久兵散，後假扮成和尚，狼狽逃回京城。

沒多久，蕭綜病死在魏國。

後來，有幾個梁國人偷偷將蕭綜的靈柩運回了梁都。年邁的武帝感慨萬千，依舊按照皇子的禮儀將其葬入了皇家陵園。

出逃國外　之三

訪問學者耶律倍 客居他鄉爲避禍

——遼太祖耶律阿保機長子

契丹國著名的藏書家、陰陽學家、醫學家、音樂家、文學家、翻譯家、漢學家和畫家耶律倍先生，不遠千里，浮海來到後唐國，他此次出國所為何事？

耶律倍，小名圖欲，是遼太祖耶律阿保機和淳欽皇后述律平的長子，二弟德光（即遼太宗），三弟李胡。據遼史記載，在耶律三兄弟很小的時候，父親曾經多次對他們的資質進行考核。某日，天氣異常寒冷，阿保機讓三個兒子分頭去撿柴生火取暖。德光不加挑揀，統統抱走，最先回到帳中；耶律倍專挑乾柴，並把它們捆好之後帶回，最後到；小三兒李胡則是拿的少扔的多，回來之後，兩手往袖筒裡一揣，啥也不說。父親對其表現進行點評：老大靈巧，老二誠懇，老么不成器。

可見，在阿保機的心中，耶律倍和德光都是可以成就一番事業的可塑之才。西元九一六年，阿保機經過十年征戰，終於肅清了國內外的反對勢力。為了紀念這一偉大時刻，文武百官為其上尊號為大聖大明天皇帝，同時，尊皇后述律平為應天大明地皇后，定年號為神冊。不久，十七歲的耶律倍被冊立為皇太子。

耶律倍自幼聰明好學，酷愛讀書，不僅是漢族文化的資深粉絲，更是身體力行，在多個領域取得了突出的成就。他通曉陰陽、音律之學，精於醫藥、針砭之術，善用契丹文和漢文的作文章，曾經翻譯道教經典《陰符經》。他還是位丹青高手，擅畫放牧或射獵情景，尤其擅畫鞍馬，取得了很高的成就。對於儒家文化，耶律倍更是推崇備至。

一次，阿保機詢問侍臣：「自古以來，凡受命之君，均應侍奉上天，敬仰神靈。對於那些有大功德者，朕想要祭祀他們，你們覺得誰應該排在最先呢？」大家都說自然應是佛祖為先。阿保機卻說：「佛教非中國本土宗教。就此否定。」

這時，一旁的耶律倍上前回答：「兒臣以為，孔子乃是萬世所尊崇的大聖人，應該首先祭祀。」此言正合阿保機之意，遂立即下詔修建孔廟，並讓耶律倍負責祭祀事宜。該年八月，孔廟造成，阿保機親自前去拜謁，同時命皇后述律平和皇太子耶律倍分別拜謁佛寺和道觀。以示契丹國「三教並舉」的治國方略。

耶律倍不但有著很高的文化素養，而且繼承了草原民族驍勇善戰的作風，是位優秀的指戰員。神冊四年（西元九一九年）十月，烏古部再次起兵，阿保機下令征討，以太子耶律倍為前部先鋒官，率先進擊。耶律倍不負重望，大破敵軍，俘虜敵兵一萬四千二百人，繳獲牛馬、車輛、帳篷和各類器物達二十餘萬份。至此，烏古部被契丹國徹底征服。次年八月，黨項各部起兵反抗。阿保機御駕親征，耶律倍再次擔任先鋒官，立下赫赫戰功。

九月十四，耶律倍率大將耶律汙里軫等進攻雲內州（在今內蒙古托克托縣）和天德軍（在今內蒙古烏喇特旗西北），掠奪土地。天德軍長官宋瑤兵敗投降，耶律倍赦免了他，並賜其弓箭、鞍馬和旗鼓。不久，宋瑤反叛，耶律倍率兵再次征剿。這回，除宋瑤一家老小被俘之外，城中數萬百姓也跟著遭了殃，被強制遷徙到了陰山南麓。

天贊元年（西元九二二年）十一月，阿保機封次子德光為天下兵馬大元帥（契丹國最高軍職），對耶律倍來說，這無疑是個不祥的徵兆。作為一個尚未實現漢化，以劫掠征服為第一要務的草原國家，軍功是保證地位的關鍵因素。然而，阿保機卻將這個最能建功立業的職位給了次子德光，這似乎是在著意培養。雖然耶律倍足夠優秀，但他並不是父母的最愛，特別是他身上那股子漢人般的儒雅氣質，更是被草原女傑述律平很看不慣。據說，阿保機曾經私下對妻子說：「咱家老二比較像我，將來必定可以振興家業。」

天贊三年（西元九二四年）五月，渤海國擊殺契丹國遼州（今遼寧新民市）刺史張秀實，並掠奪該州百姓。六月十八日，阿保機召開最高軍事會議，宣稱御駕西征。眾人驚愕，不明其意，因為渤海國在契丹國的東面，皇帝不急於報仇卻去攻打西面的鄰國，這是何意？

當天，阿保機發佈總動員令，大舉征討吐谷渾、黨項、阻卜等西部強鄰，耶律德光隨軍出征，耶律倍留守京師，代理朝政。眾人詫異之際，只有耶律倍看出父親聲東擊西的真實用意，遂提前獻上攻取渤海國的計策，阿保機十分贊許。果然，阿保機西征還朝不久，立刻發佈了向渤海國復仇的戰爭檄文，傾舉國之兵，浩浩蕩蕩的殺奔東方，皇后述律平、太子耶律倍、天下兵馬大元帥耶律德光全都隨行。

天贊五年（西元九二六年）正月，契丹軍隊一舉攻克渤海國軍事重鎮扶餘城（今吉林農安縣）。阿保機志得意滿，想先清點城中戶口，放緩進攻步伐。耶律倍趕緊進諫道：「如今剛剛得到扶餘城就清點戶籍，百姓必定不會傾心歸附。倒不如乘破竹之勢，直取渤海國首都忽汗城（今黑龍江寧安市），必可一戰而定。」阿保機覺得此話有理，遂命耶律倍會同德光等人連夜進發，將忽汗城圍了個水泄不通。三日後，渤海國王大諲撰出城投降。

正在契丹軍隊大舉征伐之際，南面的後唐國也在發生武鬥。那位被派往魏州（今河北大名縣）平叛的大將李嗣源，在部下的煽動下突然倒戈，回師京城，將「戲子皇帝」李存勖挑落，然後稱帝洛陽，是為後唐明宗。

後唐派遣大使姚坤奔赴契丹大營，將國內發生的政局變動告知了鄰國元首阿保機。阿保機表示尊重後唐主權，暫不出兵干涉。攻滅渤海國，契丹國擁有了廣闊的東部屏障，並徹底解除了南下中原的後顧之憂。

阿保機特地用契丹族的圖騰青牛白馬祭告天地，將渤海國名更改為「東丹」，意為「東契丹國」，改首都忽汗城名為「天福」，冊封皇太子耶律倍為「人皇王」，擔任東丹國的首任元首。此外，阿保機特賜耶律倍天子冠冕服飾，為其建年號為甘露，並依照漢族政權的制度和法令，為其配備了文武官吏，從而使東丹國成為契丹國的附屬國。東丹國每年需向宗主國進貢布匹十五萬端（六丈為端，四丈為匹），良馬千匹。

阿保機在詔書中對耶律倍說：「此地瀕臨大海，非久居之地，之所以留你在此守土治民，是為了體現朕的愛民之心。」不久，阿保機搬師回朝，耶律倍獻上一首送別詩歌，以表達兒子對父親的不捨之情。阿保機安慰道：「有你治理東方，朕還有什麼可憂慮的呢！」遭到父母拋棄的耶律倍忍不住放聲大哭起來。

說起「人皇王」這一頭銜，應是取自《易經》「天、地、人」三才之道，因為阿保機的尊號是「天皇帝」，述律平為「地皇后」。此號確立了耶律倍「一人之下、萬人之上」的崇高榮譽。但，原本的皇位接班人竟然被封在了藩外之國，說明阿保機確實已經不打算讓耶律倍繼承契丹國的皇位了，而把幅員遼闊的渤海故地封給他也實屬補償之舉。而且，阿保機在封耶律倍為「人皇王」的時候，還封德光為「元帥太子」，這更加說明了傳位於德光的意圖。

阿保機途徑扶餘城時突然發病，未及頒佈傳位遺詔就撒手而去了。訃告傳來，耶律倍立即前去奔喪。這時，由誰接班的大問題浮上檯面。耶律倍長期擔任皇太子，德智體群美全面發展，在朝中素有威望，因而推其繼位的呼聲很高。

德光自從擔任天下兵馬大元帥之後，隨同父皇參加了一系列的征服戰爭，尤其是在南征幽州、西征吐谷渾、黨項期間，戰功十分卓著。在攻滅渤海國的一系列戰役中，德光作為前鋒官也有著不俗的戰績。他在建功立業的同時，也積攢了足夠的人氣，更重要的是有母親述律平這個大靠山。為了能夠將德光的扶上臺，述律平在丈夫去世後的第八天正式宣佈：「主少國疑，由自己臨朝稱制，代行皇權。」

而此時的耶律倍和德光都已經是二十好幾的人了。執掌大權的述律平開始不遺餘力地為德光剷除那些可能妨礙其上臺的「異己」勢力。她召集朝中眾臣，問道：「汝等思念先帝嗎？」

眾臣不假思索的回答，「吾等深受先帝恩遇，怎能不思！」

述律平說，「那好，既然如此思念，那你們就去陪他好啦！」

於是，諸位大臣全都被殉葬。

大臣無端被殺，家眷們自然不服，哭鬧著要找述律平給交代。她蠻橫地回覆道，「我都守寡了，妳們如何不該效法我！」

述律平總是對那些可疑的官員說：「麻煩你代我給先帝傳個話。」然後將其殺掉。憑藉此招，她一口氣殺了幾百人，輪到後唐降將趙思溫時，這人立制不服了。

述律平叱問：「你侍奉先帝那麼勤快，為何不去追隨？」

趙思溫反駁：「要說先帝親近之人，自然莫過於皇后，您老先行一步，微臣後腳就到！」

眾臣心中暗喜，心想可算有人出頭了，看這女人如何應付。述律平卻鎮定的答道：「吾非不願從先帝於地下，只因兒女幼弱，國家無主，故而暫不能相從。」

話音未落，她竟然手起刀落，將自己的右手齊腕砍下，然後命人將它送到阿保機的棺內代自己「從殉」。

吃了這一場虧之後，述律平殉葬殺人的把戲收斂了許多，竟連趙思溫也放過了。然而這個女人自斷手腕的狠辣勁頭，徹底震懾了朝中的反對勢力。德光上臺的條件也已經成熟了。一日，述律平召開選舉大會。

她讓耶律倍和德光都騎馬站在帳前，然後對臣子說：「這兩兒子，我都十分喜愛，不知道立哪個為接班人好，你們覺得該立誰，就抓住他的馬轡繩吧！」各位大臣都知道她的心意，也都領教過了她的狠招，遂爭先恐後的去拉德光的馬轡繩。迯律平微微一笑，說道，「大家的願望，我怎敢違背呢？」

於是，德光上臺，即遼太宗。

耶律倍憤懣不已，帶領幾百騎兵南奔後唐，但卻被邊境部隊攔了下來。迯律平自知理虧，也不好責怪，只是命他返回東丹國。回到封國之後，耶律倍無心政務，而是跑到醫巫閭山（今稱閭山，位於遼寧）讀書去了。他在山頂修建了一座望海堂，並將從中原購得的萬卷圖書全都收藏於此，每日只是讀書繪畫，過著隱士般的生活。

然而，這樣的日子也難以長久。

德光自知，得到皇位主要靠母后撐腰，兄長耶律倍心中不滿自不待說，許多契丹貴族也是憤憤不平。因而他一直擔心兄長會爭奪帝位，於是剛一上臺就加緊鞏固自己的地位。耶律倍首當其衝，不僅是因為他的特殊身分，其治下的東丹國，亦是嚴加防範的對象。東丹國所繼承的渤海國，幅員遼闊，物產豐饒，制度完善，文化昌盛，曾被譽為「海東盛國」。

德光當然不想讓這樣的好地盤成為政敵培植勢力的根據地。天顯三年（西元九二八年），德光升靠近契丹的東平郡（今遼寧遼陽市）為南京，作為東丹國的新首都，然後將東丹國臣民強制遷徙至此，導致大量百姓驚慌失措，逃亡朝鮮半島。不久，他又把耶律倍遷到南京居住，並暗中派兵對其進行監視。此舉不僅削弱了東丹國的實力，而且將耶律倍安置到了眼皮子底下，自然便於控制。

耶律倍在南京期間，為了表示自己無心爭奪權位，遂作出投身文化事業的姿態，先是命王繼遠撰寫《建南京碑》碑文，後又在西宮建造藏書樓，閒得無聊之時，寫首〈樂田園詩〉，以抒發自己淡泊名利，追求恬淡隱逸生活的願望。即便如此，德光仍舊對其不放心，先後兩次前往他的住所偵查動態，並私下宴請他的屬官，進行拉攏和訓誡。

天顯五年（西元九三〇年），德光冊封三弟李胡為壽昌皇太弟、天下兵馬大元帥，即第一接班人，此舉雖然出自述律平的意思，但也是對耶律倍的又一次沉重打擊。這也宣告，他已經徹底跟皇帝寶座說拜拜了！

耶律倍飽受猜忌，鬱鬱不得志的悲慘遭遇傳到了後唐明宗李嗣源的耳中，此人對他非常同情，多次秘遣使節渡海，邀其赴後唐進行學術訪問。天顯五年（西元九三〇年）十一月，後唐使節再次來到東丹國盛情邀請，耶律先生在經過深思熟慮之後對侍從說：「我把天下都讓給主上（德光）了，如今反而遭受懷疑，這是什麼世道？且不如投奔他國，以成就當年吳太伯一樣的賢名。」

吳太伯是商朝末年周部落酋長古公亶父（即周太王）的長子。太王欲傳位於小兒子季曆及其子姬昌（即周文王），為了成全父親傳位於賢的美名，太伯乃與二弟仲雍全都跑到了南方的蠻夷之地，後來創建了吳國。臨走時，耶律倍在海邊樹立一塊木牌，上面刻了一首詩：

小山壓大山，大山全無力。
羞見故鄉人，從此投外國。

這是遼代見於歷史記載的最早的五言詩，以物喻人，「大山」比喻自己，「小山」比喻老二德光，寥寥幾筆，勾勒出皇室內部權力鬥爭的殘酷。之後，耶律倍帶著愛妾高美人和四十多個親信，從遼東半島渡海駛向後唐控制下的山東半島，於登州（今山東蓬萊市）上岸。

為了歡迎遠道而來的貴賓，後唐舉行了盛大的歡迎儀式，採用國家元首的儀仗規格對耶律倍進行接待。他坐在豪華的水上渡輪當中，接受迎賓官員的頻頻敬酒和親切問候。耶律倍來到汴州（今河南開封市），見到了在此迎候多時的明宗李嗣源，二人初次見面，相談甚歡。

對於耶律倍的「棄暗投明」，明宗非常高興，賜其姓東丹，名慕華（仰慕中華），封為懷化軍節度使，瑞、慎等州觀察使。至於那些追隨耶律倍前來的部屬，他也全都賜名授官。不久，明宗賜耶律倍後唐國姓「李」，改名贊華，又稱李贊華（讚美中華）。

長興三年（西元九三二年），明宗改封耶律倍為義成節度使，鎮守滑州（今河南滑縣）。正所謂，人在屋簷下，不得不低頭，耶律倍頗有自知之名，來到後唐之後，或飲酒賦詩，或揮毫作畫，或收集古書，過著悠閒自得的寓公生活。他的《騎射圖》（現藏臺北故宮博物院）、《射鹿圖》（現藏紐約大都會博物館）、《番騎圖》（現藏美國波士頓美術館）等傳世作品都是成於此時。至於政治事務，則是概不過問。

明宗見耶律倍如此識趣，逐漸放鬆了警惕，對他在生活上的一些過失也毫不計較，還把上任國家元首即莊宗李存勖的遺孀夏氏賜予他為妻。也許是屢遭重挫的緣故，耶律倍的性情變得越來越殘暴，殘忍刻薄，竟然愛上了喝人血，時常把姬妾的手臂刺破，然後吮吸，活脫像一隻吸血鬼。對待身邊的僕人，他下手更狠，少有過錯，就對他們嚴厲處罰，或是挖目，或用火燙，或用刀割。夏氏哪能忍受得了如此殘忍的丈夫，多次要求解除婚姻關係，出家為尼。

身處異國他鄉的耶律倍，時常思念祖國的親人，曾多次派人前去向母后和德光問安。明宗即位之後，針對前朝弊政，做了一些撥亂反正的工作，取得了不錯的政績。但限於文化水準過低，馭臣乏術，加之用人不明，姑息養奸，權臣安重誨與次子李從榮驕橫跋扈，導致統治後期變亂迭起，政局動盪。

長興四年（西元九三三年），明宗病危，數日不見臣子，李從榮引兵入宮，試圖搶班奪權。大臣朱弘昭、馮贇以討逆為名將其誅殺。李嗣源得知以後，悲痛欲絕，病情加劇，飲恨而死。之後，皇五子宋王李從厚接班，即閔帝。

李從厚立足未穩，就聽信庸臣建議，急於剷除地方實力派，結果逼反了明宗養子潞王李從珂。李從珂提兵出關，直入洛陽，嚇得李從厚倉皇出逃，半道上遇見了河東節度使石敬瑭，先遭軟禁，不久被李從珂派來的使者殺害。

李從珂自立為帝，即後唐末帝。對於末帝的非法上臺，耶律倍十分憤慨，隨即秘密報告太宗德光：李從珂弒君篡位，道義盡失，應該趁此良機，大加討伐。其實，野心勃勃的耶律德光一直在密切注視著鄰國的局勢，不久，機會來了。李從珂與石敬瑭都是明宗手下的大將，二人時常較勁，相互不服。而李從珂登臺之後，立刻將勢力頗大的河東節度使石敬瑭視為眼中釘，肉中刺，急於剷除。

為試探李從珂，石敬瑭以身體羸弱為名，乞求解除兵權，調往他鎮。誰知李從珂立即照準，這下石敬瑭不得不反了。李從珂下詔征討，石敬瑭惟恐實力不濟，遂向契丹求援，不僅稱臣納貢，而且自稱兒皇帝，尊小自己十一歲的耶律德光為父皇帝，創下千古奇聞。而且事成之後，他還要將戰略要地燕雲十六州送與契丹。這等優厚的條件，德光哪有不出兵的道理，很快派遣大軍南下相助。

石敬瑭這回認爹沒認錯，契丹軍隊一出手就將各懷鬼胎的後唐平叛軍打了個丟盔卸甲。石敬瑭揮師南下，直搗洛陽，李從珂眼見大勢已去，無計可施，絕望之下想要自殺，忽然想起了耶律倍，想要讓他和自己一起玩自焚。耶律倍哪裡肯從，李從珂就派宦官秦繼旻、軍士李彥紳將其殺害，時年三十八歲。

耶律倍死後，只有一位僧人為他草草收屍。石敬瑭為了討好契丹主子，竟親自為耶律倍披麻戴孝，在靈前噭噭大哭，並以藩王的禮儀暫時將其安葬。不久，石敬瑭追封耶律倍為燕王，並安排官員將他的靈柩護送回國。德光將其改葬到醫巫閭山，贈謚號文武元皇王。

大同元年（西元九四七年），德光病逝於軍中，宗室大臣趁機擁戴隨行的耶律倍之子兀欲為帝，即世宗。他上臺後，追尊父親為「讓國皇帝」，將墳墓改為只有皇帝才能稱呼的陵寢，號顯陵。自世宗起，除穆宗耶律璟是德光的後代外，其他所有的大遼皇帝全都是耶律倍的嫡系子孫。後來，蒙古國著名的契丹族宰相耶律楚材也是耶律倍的八世孫。

Section 04

附庸風雅

附庸風雅　之一

北國學界領風騷　才高八斗曹子建

——魏武帝曹操第三子

中國詩壇山水派開山祖師謝靈運，在劉宋時期算得上是一位學術達人了，他的詩作深受文人雅士的喜愛，每有新作，人們就競相抄錄，流傳甚廣。宋文帝很賞識他的文才，特地將其從始寧（在今浙江嵊州市）老家召回京城任職，並把他的詩作和書法稱為「二寶」，常常要他陪吃陪喝寫文章。向來自命不凡的謝靈運受到如此禮遇之後，更加得意忘形。

有一次，謝靈運喝酒喝開了，腦子一熱就開始吹牛：「天下的才學共有一石，曹子建獨佔八斗，我得一斗，其他人共分一斗。」成語「才高八斗」就是這麼來的。這位令他自嘆不如的曹子建就是著名的大才子陳思王曹植。

曹植，字子建，魏武帝曹操與卞皇后的第三個兒子，魏文帝曹丕的弟弟。子建天資聰穎，十幾歲時就能夠背誦和講解《詩經》、《論語》和辭賦達數十萬言，還能寫一手漂亮的文章。曾經有一回，曹操看到了子建的作品，很是驚奇，難以相信竟是出自孩童之手，就用懷疑的口吻問他：「你這是請別人寫的吧？」

子建感覺受了委屈，撲通一聲跪在了地上，說道，「孩兒能夠下筆成文，出口成章，父親若是不信，可以當面考我，怎麼能說兒子托人代寫呢？」恰在此時，曹操在鄴城營建的三台，即銅雀台、金虎台和冰井台大功告成。曹操十分高興，在臺上大宴群臣，慷慨陳述自己統治天下的決心和意志，又命文官作文，武將比武，以助酒興。酒到酣時，他命幾個兒子以銅雀台為主題，各自作賦一篇。

銅雀台是三台當中的主台，樓宇連闕，鱗次櫛比，飛閣流丹，金碧輝煌，高聳入雲，氣勢恢宏。曹丕打頭陣，寫下「飛閣崛其特起，層樓儼以承天」的佳句，引來一片叫好。輪到子建，他成竹在胸，援筆立就，一代名篇〈登臺賦〉就此產生。

建高殿之嵯峨兮，浮雙闕乎太清。
立中天之華觀兮，連飛閣乎西城。
臨漳水之長流兮，望園果之滋榮。
仰春風之和穆兮，聽百鳥之悲鳴。

真是沉博豔麗，文采飛揚，僅這摘錄的幾句，便可看出子建的非凡才華。此時的他年僅二十一歲，怪不得那位詩人爸爸也會對其刮目相看了。

建安十三年（西元二〇八年），曹操自任丞相。此後，他就開始考察兒子當中哪個適合做繼承人。曹操多妻多子，十五個老婆，二十五個兒子。長子曹昂戰死於建安二年（西元一九七年）的宛城戰役；之後，他打算選擇素有神童之稱的第七子曹沖（就是用船來測量大象重量的那位小朋友）為嗣，可惜曹沖十三歲的時候就死掉了。

餘下的兒子當中就要數正房卞氏所生的四個兒子最有資格了，即曹丕、曹彰、曹植和曹熊。其中曹熊早夭，曹彰重武輕文，勇猛有餘，智謀不足，並不在曹操的重點考慮範圍之內。曹丕年長，也很有才華，雖然比起三弟曹植總是差那麼一截，但總體來說還是不錯的。

所以，主要候選人就是曹丕和曹植，但從主裁判曹操的情感上來說，最中意的要數後者。曹操是真心喜歡曹植的，因為出色的父親大都希望兒子的性情與自己相像。曹植就很像曹操。

一、父子二人都是真性情，性格灑脫，放蕩不羈，說話做事，率性而為，絲毫不加掩飾。

二、父子二人都愛好文學，手不釋卷，博覽全書，所寫下的文章詩賦各有千秋。

三、父子二人都是比較簡潔的人，車馬服飾，都很隨意，不崇尚奢華。

四、父子二人都是愛才之人，曹操曾經多次下詔求賢，而且唯才是舉，甚至不計品德好壞，曹植也是如此，專好結識有才之士，不避貴賤。

此外，從曹操對待兩個兒子的態度當中也可以看出。

建安十六年（西元二一一年）七月，曹操西征韓遂、馬超，讓曹丕留守鄴城，走前竟然連句體貼勉勵的話也沒講，使得曹丕倍感冷落淒涼，他在〈感離賦〉的序中說：「上西征，余居守，老母諸弟皆從，不勝思慕。」曹植察覺「不勝思慕」四字的含義後特別寫了篇〈離思賦〉來安慰兄長。

對待才高八斗的子建，曹操有著種惺惺相惜的情感。他一見到子建就會有意作難發問，考察其臨場應變能力，子建也不負所望，每次都能夠做出圓滿的答覆，因而深得他的寵愛。

建安十九年（西元二一四年）七月，曹操南征孫權，留曹植駐守鄴城，臨行之前專門寫了篇〈戒子植〉來勉勵曹植，文中說：「我以前任頓丘（今河南清豐縣）令的時候是二十三歲，執法嚴明，不避豪強，回想當年的所作所為，至今無悔。你現在剛好也是二十三歲，能不努力嗎？」曹操以自己青年時代的作為勉勵曹植，在嚴格要求的背後，寄託著殷切的期望。

但經過兩位皇位候選人的多輪激烈較量之後，主裁判最終還是宣告了曹丕的獲勝，而放棄了曹植，這究竟是為什麼呢？

曹植敗給曹丕的三大原因：

一、對手太狡詐

曹丕常常因為自己的才華趕不上曹植而急得跳腳，就派人向老謀深算的賈詡詢問鞏固地位的方法。賈詡說：「希望將軍（曹丕任五官中郎將）能夠發揚德性和氣度，待人謙卑，事必躬親，總之是要低調處事，只需盡到兒子應盡的本分就足夠了。」曹丕很認可這種方略，暗自修煉作秀神功。

一次，曹操帶兵出征，兒子們都去送行。曹植仗著自己才思敏捷，大拍馬屁，不斷稱頌曹操的蓋世功德，文武百官無不交口稱讚，曹老爺子也很高興，覺得這兒子既聰明又孝順。曹丕自知文采不敵，心裡別提有多鬱悶了，傻傻的在一邊楞著不知如何是好。這時，智囊吳質在他耳邊提醒：「待會兒魏王上路時，你啥都不用說，只管放聲大哭就好。」

待到辭別的時候，曹丕依計趴在地上，哭得稀哩嘩啦，拽也拽不起來，十分難過。曹操和其他官員無不為之動容。因此，大家一致認為曹植華而不實，遠不及曹丕至誠至孝。

二、軍師不給力

曹植的智囊團主要有三名成員：丁儀、丁廙和楊修。

據說，當初曹操十分欣賞丁儀的才華，想招他做女婿，曹丕卻嫌棄丁儀是個獨眼龍，形象不佳，就常常在曹操面前說他的壞話，致使丁儀沒能喊上曹操老丈人，深以為憾。丁儀因此跟曹丕槓上，拉攏弟弟丁廙和好友楊修加入到了曹植的陣營。

楊修，字德祖，出身東漢豪門，父親是太尉楊彪。他博學多才，很受曹操賞識，特被任命為丞相府主簿。曹丞相日理萬機，楊修則憑藉出眾的才能，協助丞相處理內外事務，幹得非常出色，就連曹操也常常自嘆不如。由於楊修才華出眾而且不拘小節，曹丕和曹植等公子都願意與他結交，例如楊修曾贈送曹丕一把王髦劍，曹丕常將此劍佩戴在身上，非常珍惜；曹植更是多次給他寫信，請他喝酒。

兩相比較，楊修更加看好才華橫溢的曹植，丁儀來拉攏，他就入了曹植陣營。楊修的加入，使得曹植陣營如虎添翼，實力大增，三個謀士成天在曹操那裡稱讚曹植文才武略，可擔大任，曹操雖未點頭，心裡卻很高興。這可嚇壞了曹丕，他想讓好朋友吳質再給個招，可惜吳老弟此時正在朝歌（今河南淇縣）任職，怎可擅離職守。

情急之下，曹丕竟讓人把吳質藏在竹箱當中，用車拉到府上，然後商量對策。誰知保密措施沒做好，這事竟被楊修偵察到了，他立刻將此上報。曹操因為那天有事，沒有來得及調查。曹丕知道事洩後嚇壞了，膽顫心驚的問吳質：「這可如何是好！」

吳質淡定的說：「沒事，您放心好了！」

第二天，吳質讓人用竹箱裝滿了絹，拉進曹丕的宅邸。楊修又去報告了曹操，下令檢查，結果裡邊卻全是絹，哪裡有人。楊修等人傻眼了，曹操也因此對他們產生了懷疑。

三、曹丕人氣旺

既然曹植做事率性，言行不加掩飾，那麼曹丕則反其道行之，精心包裝，連連作秀，竭力結交和討好內外之人，宮裡人和朝中大臣大多為他說好話。建安二十一年（西元二一六年），曹操進爵為魏王，選立繼承人的事情再次成為焦點。

楊修等人加緊了攻勢，勸曹老爺子早日立曹植為繼承人。雖然他們的話確實說到了老曹的心坎上，但遇到這等大事，處事謹慎的曹操自然要集思廣益，多問上幾個人了。曹操首先以密信的方式徵求諸位謀臣的意見。

尚書崔琰大大方方的用不封口的信答覆說：「按照《春秋》大義，自然應當冊立長子，而且公子曹丕仁厚、忠孝、聰明，完全具備接班人的資格，臣對此事的看法至死不變。」

話說崔琰的哥哥還是曹植的老丈人呢，可他卻站在曹丕的一邊。曹操覺得崔琰光明磊落，十分難得，就升他做了中尉。

尚書僕射毛玠的回答很是巧妙，「前不久，袁紹因為嫡庶不分，弄得諸子紛爭，家破人亡，地盤盡失。但是，廢立接班人這種大事，不是臣子所能預料的。」毛玠既用袁紹的失敗教訓提醒了曹操應該選定長子，卻又表示自己作為臣子不敢參與選定接班人這一敏感事情。

東曹掾邢顒說：「以旁支取代正統作為接班人，那可是先代的戒條，希望魏王詳加考慮。」他的意思很明確，即不希望曹操廢長立幼，無疑是向著曹丕。

聽了臣子們的意見，曹操心裡已經基本明朗，但卻仍是不敢敲定，在一次會議之後，單獨留下了足智多謀的賈詡，詢問他對此事的看法。賈詡卻憋著氣默不吭聲。曹操急了，問他：「本王問你話呢，你怎麼不說話？」

賈詡緩緩的回答：「臣正在思考，所以沒有立即回話。」

曹操說：「你考慮什麼呢？」

賈詡說：「臣是在想袁紹、劉表兩家父子啊！」

曹操哈哈大笑，就此確立曹丕為接班人。

想當初，優柔寡斷的袁紹不冊立能征善戰的長子袁譚，卻選定了小兒子袁尚，結果引發家族內戰，最終被曹操各個擊破；劉表老邁昏花，聽信婦人之言，結果嚇跑了長子劉琦。他死後，暗弱無能的小兒子劉琮接班。曹操南征，劉琮隨即投降，斷送了劉表經營多年的大片地盤。

幾位力挺曹丕的臣子都是用這些活生生的例子來對曹操進行旁敲側擊，達到的效果遠高於丁儀、楊修等人的直抒胸臆。曹操喜好舞文弄墨，但這只能算是業餘愛好，他是位國家領導人，其次才是詩人，因而在選擇接班人的問題上，縱然他非常欣賞曹植的才華，但理智終究戰勝了情感。他深知，曹植是個出色的文人，但做事率性，不計後果，雖然機敏，卻不夠穩重，終究難堪大任，不是當領導的好料。

建安二十二年（西元二一七年），魏王曹操正式冊立曹丕為世子。也許是為了撫慰曹植受傷的心靈，曹操特意增加了他的封邑五千戶，加上以前的共計萬戶，曹植成了當時唯一的萬戶侯。

自從鬥法失敗之後，曹植終日以酒為伴，做事更加放縱，逐漸被父親疏遠。可他卻毫不收斂、自省，依舊不停地主動找楊修玩。楊修呢，也不敢和他斷絕來往，還得處處替他收爛攤子。楊修很擔心曹植又做出什麼不妥的事情，就揣度曹操的意圖，預先為他草擬了十幾條答辭，然後告訴曹植手下的人，「魏王若是有什麼指示，就按照我的條子作出相應的回答。」

因此，曹操的指示剛剛送來，曹植的答辭就已經準備好了。曹操對這樣迅速的回答很是不解，經過追問，才獲知了真相。曹操因此開始討厭楊修，又想起來此人還是死對頭袁術的外甥，就更加厭惡了。為了消除曹植集團對接班人曹丕的威脅，曹操就以洩漏機密，交結諸侯的罪名，殺了楊修。

楊修的死，令曹植更加惶恐不安，竟然自暴自棄，縱情恣欲，毫無節制，終於闖下大禍，惹惱了曹操。

第一件、擅闖司馬門

建安二十三年（西元二一八年），任城王曹彰征討烏桓大勝而歸，曹操特地在許都（今河南許昌市）大擺筵席，以示慶賀。曹植也出席了宴會，但卻倍感壓抑。他心想：去年的時候，自己敗給大哥曹丕，如今二哥曹彰不但立下大功，還在路過鄴城的時候受到曹丕的特別關照，兩人關係更加親密。唯獨自己，不但未有尺寸之功，反而被邊緣化了，真是令人越想越氣。他心中苦悶，只好借酒澆愁，不知不覺就喝醉了，他一看見父親因故離席，便氣呼呼的私自跑了出去。

失去理智的曹植和一個叫做白修的人，一邊嘲笑曹彰，一邊乘車在特供皇帝使用的馳道上飛奔，然後徑直從唯有皇帝才能出入的司馬門出城，闖下彌天大禍。這時，所謂的皇帝當然不是指形同傀儡的漢獻帝，而是實際領導人曹操。

曹操知道後，先是震怒，後又十分失望的說：「以前總是覺得這孩子最能成就大事，如今看來，本王真是看走了眼。」

第二件、醉酒誤軍情

建安二十四年（西元二一九年）七月，駐守荊州的蜀國大將關羽奉命向曹操愛將曹仁鎮守的樊城（在今湖北襄陽市）發動進攻。八月，關羽乘連日暴雨，漢江泛溢之機，大破曹軍，生擒於禁，刀斬龐德，乘勝猛攻樊城。當時，樊城守軍不過數千，加之城池被淹，水面距離城樓只有數尺，形勢萬分危急。

樊城告急，曹操遂任命曹植為南中郎將，代理征虜將軍，率兵救援曹仁。臨行之前，曹操召他前來面授機宜，誰知他竟然喝得爛醉如泥，一醉不醒。曹操只得改派徐晃出征。這次事件，讓曹操徹底傷透了心，也宣告了曹植與接班人的位子徹底說拜拜了。

權力鬥爭，你死我活，對方的勝利也就意味著自己的遭殃。

建安二十五年（西元二二〇年），曹操病逝，世子曹丕繼位為魏王，改元延康。不久，漢獻帝被禪讓，曹丕自稱皇帝，即魏文帝。曹植的苦日子來到了。

曹丕登臺之後首先要辦的就是清除政敵。於是，丁儀、丁廙兩家的男子全部被殺，幸虧楊修死得早，否則估計下場也差不多。命令曹植等諸侯全部回到封地，未經特許，不得進京。

黃初二年（西元二二一），鄢陵侯曹彰等公子全部進爵為公，曹植卻險些喪命。原來，朝廷派駐在曹植身邊的特務灌均，秉承文帝旨意，舉報曹植醉酒之後叛逆傲慢，要脅朝廷使臣。主管官員揣摩聖意，要求嚴懲曹植。曹丕正有此意，只因老母親卞太后不願看到兄弟相殘，多次求情，哥哥才饒弟弟不死。

但是，曹植依舊受到了嚴厲的處分，他被連降兩級，由郡國級別的臨淄侯貶為了鄉鎮級別的安鄉侯。過了段時間，也許曹丕自己也覺得有些過分了，又將曹植升格為縣級的鄄城侯。

次年，曹植和其他兄弟全部進爵為王，但他的封邑卻只有可憐的二千五百戶，較之先前的萬戶，整整少了四分之三。而且，曹植這個諸侯王只是個幽靈司令，下面連一個官吏都沒有，士兵全是些老弱病殘，人數最多不過兩百人，若是沒有皇帝的徵召，絕不准離開封地半步。不僅如此，因為曹植犯有前科，算是罪臣，所以待遇樣樣都得減半，這簡直就是圈養了。

可曹植剛在鄄城待了兩年，就又得搬家了。他被改封為雍丘王，封地從原先的山東鄄城遷到了河南杞縣，間距兩百公里。不久，文帝批准曹植進京朝覲。他激動萬分，徹夜難眠，給文帝寫了篇文情並茂的悔過書，先是深刻檢討了自己當初的罪過，後又對文帝的法外開恩感激涕零，還期望獲得一次將功贖過的機會，摘掉罪臣的帽子。

對此，文帝僅僅對其文采讚賞了一番。

黃初六年（西元二二五年），曹丕東征吳國，回來的時候剛好路過雍丘，就去了趟曹植的住處。兄弟相見，曹丕大吃一驚，只見眼前的曹植，鬍子拉碴，容貌枯槁，萎靡不振，短短六年時間，昔日那個意氣風發，桀驁不馴的臨淄侯竟成了這般模樣。曹丕也動了惻隱之心，給他增加了五百戶食邑。

沒過多久，曹丕病死了，享年四十歲。長子曹叡繼承帝位，即魏明帝。明帝跟他老子一樣，也是個刻薄的主，剛一上臺就想著折騰三叔，先是讓曹植到浚儀（今河南開封市）就封，第二年又讓他打哪來回哪去，依舊封在雍丘。

曹植卻還沒認清明帝的嘴臉，覺得侄子也許會比那個專門難為自己的哥哥好點，就上書明帝，希望賞他個機會，哪怕是當一個小小的兵卒，好歹讓他施展一下壓抑多年的抱負。明帝虛與委蛇一番，絲毫沒有啟用他的意思。

太和六年（西元二三二年），曹植的封地再次更換，這次被調到了陳縣（今河南淮陽市），稱陳王。多年來，曹植數次上書皇帝，希望能夠報效朝廷，但卻都是杳無音訊。一旦進京，他就會再三懇求皇帝，希望受到單獨召見，討論時政，獲得試用機會，卻連皇帝的面都沒見上。回到封地以後，曹植悵然絕望。他非但報國無門，一身本領無處施展，反而不斷遭到皇帝的猜忌。十一年間，曹植的封地和名號不斷變更，猶如喪家之犬，惶惶不可終日。

不久，曹植鬱鬱而終，終年四十一歲，謚號為「思」，追悔前過的意思，故而史稱「陳思王」。

曹植在政治鬥爭方面是個失敗者，人生也充滿了悲情色彩，但這並沒有扼殺他奔放的創作激情。飄零的身世，卻使他成熟起來，文學上的成就更為輝煌。無論是詩歌還是散文、辭賦，他的成就均高於當世文人，被後人譽為建安時代最傑出的文學家。

附庸風雅　之二

南國文壇一枝花
昭明太子編文選
——南梁武帝蕭衍長子

魏晉南朝時期，與政局的動盪不安形成鮮明對比的是文化的空前昌盛。不僅文學形式與理論得到很大發展，作家和作品的數量也是遠超前代。在此背景下，對它們進行點評分類、去蕪存菁，成了當務之急，選錄優秀文學作品的文集隨之應運而生。

據《隋書・經籍志》記載，自晉至隋，文學總集共計兩百四十九部，五千兩百二十四卷。其中著名的有晉代摯虞的《文章流別集》、宋代劉義慶的《集林》等，但均已亡佚。我們今天所能見到的最早的也是影響最大的詩文總集，就是《文選》了，它的作者便是本篇主人公——昭明太子蕭統。

蕭統，字德施，小名摩詰，是梁武帝蕭衍的長子。南齊中興元年（西元五〇一年）九月生於襄陽。蕭統出生之際，正趕上老爸率兵圍攻建康（今江蘇南京），試圖推翻東昏侯蕭寶卷的殘暴統治。不久，軍事重地東府城守將徐元瑜倒戈。接著，蕭衍的主要政敵，荊州刺史蕭穎胄暴卒。

蕭衍年近四十才得到頭一個兒子，事業上又接連取得重大進展，真可謂是三喜臨門，怎能不令他欣喜若狂。第二年四月，大權在握的蕭衍逼迫齊和帝給自己挪了個位子，登上皇位，建立了南梁政權。

到了十一月，群臣奏請冊立蕭統為皇太子。武帝心中竊喜，卻以天下初定，百廢待興為由拒絕了。臣子們知道，皇帝此舉，意在試探他們的誠意，故而不依不饒，堅持請立。凡此再三，武帝覺得火候已到，就依了臣子們的請求。這時的蕭統剛過周歲，武帝便讓他依舊住在皇宮大內，所配備的東宮官員也都在宮內的永福省辦公，一直長到六歲的時候才搬往東宮。

剛開始獨立生活的時候，蕭統很不適應，日夜思念父母，變得鬱鬱寡歡。父親得知以後，就隔三差五的去東宮住上幾日，陪兒子讀書、聊天、做遊戲。父子感情之深厚在冷酷無情的皇家當中堪稱罕見。

梁武帝蕭衍是位大才子，可謂琴棋書畫樣樣精通。不僅如此，他在佛教研究方面也頗多建樹。除了著有《涅萃》、《大品》等數百卷佛學著作外，還創立了著名的「三教同源說」。蕭統在這些方面遺傳了父親的基因。

蕭統天生聰慧，資質出眾，記憶力更是超群拔類，三歲學《孝經》、《論語》，五歲時就已經能通篇背誦《五經》了。九歲時，武帝為了檢驗他的學習成果，特命其在壽安殿講授《孝經》。蕭統侃侃而談，盡通其中大義。武帝深表贊許，滿朝文武更是交口稱讚。

長大以後的蕭統相貌英俊，溫文爾雅，頗富學者氣質，讀書亦是數行並下，過目不忘。每當交遊宴飲或是親友分別之際，蕭統往往乘興賦詩，總能夠出口成章，寫作之時，也是下筆千言，一揮而就。

蕭統禮賢下士，愛才若渴，身邊聚集了一大批優秀的知識分子。他們常常以文化沙龍的形式，在一起討論典籍、商榷古今，並開展文學創作。《南史》本傳中稱：「于時東宮有書幾三萬卷，名才並集，文學之盛，晉、宋以來未之有也。」

梁武帝家中本來世奉道教，所以父母用道家術語給他取小名為「練兒」，意思當是修煉、「練師」（道教中修行高深者的尊稱）。他後來改信佛教，就用佛教術語給兒子們起小名。

蕭統的小名「摩詰」即是出自佛教著名居士維摩詰。人如其名，蕭統也和父母一樣篤信佛教，不僅喜好結交高僧大德，還在宮內專門設了座用來舉行佛事，講經說法的殿堂，取名慧義殿。蕭統遍覽佛經，除了自創「三十二分則」對《金剛經》進行編輯整理之外，還提出了《二諦》、《法身義》等佛教義理。

除了這些愛好，蕭統還非常喜歡暢遊於山水之間。他曾在玄圃開池築山，打造了一座頂級園林，常常邀請朝中大臣和社會名流來此飲酒賦詩，泛舟湖面，放浪與形骸之外。一次，眾人來此遊玩，番禺侯蕭軌不禁感慨道：「如此美麗的風景，若是有美女獻歌助興，真是再好不過了！」

蕭統沒搭理他，只是高聲吟唱左思的〈招隱詩〉：「何必絲與竹，山水有清音。」番禺侯一聽這話，臉一下刷的紅到了肚臍眼，心想太子境界如此之高，相比之下自己卻顯得俗不可耐，遂再不敢言。

天監十四年（西元五一五年）正月，武帝為已經十五歲的蕭統行冠禮。冠禮是我國漢族傳統的男子成人禮儀（女子成人行笄禮，「笄」是一種簪子），標誌著男子成人，到了可以婚配的年齡，准許參加宗族內部的各項活動了。雖然《儀禮》上規定：男子二十而冠，女子十五而笄，但實際上並不十分嚴格。對於帝王而言，冠禮具有特殊的意義，它說明皇帝可以親政了，而對於太子來說，則意味他具備了參與朝政的資格。

冠禮之後，武帝開始讓蕭統實習政務。

各個部門每天前來奏事的官員一波又一波，事務也是各型各色，堆積如山。蕭統卻顯得從容不迫，遊刃有餘。他不僅通曉政務，體察下情，而且明察秋毫，常常能夠當面指出奏章當中所存在的問題，或是瞞報謊報，或是偷奸耍滑，亦或是阿諛奉承。可是，生性寬厚的蕭統僅僅是告訴官員應該如何改正，卻從未舉報彈劾過一人。

處理案件的時候，蕭統也是秉承寬刑緩行的宗旨，保全了許多被判重刑的犯人，梁國百姓無不讚頌太子的厚德仁愛。普通年間（西元五二〇—五二七年），梁武帝曾經多次出兵北伐，攻打魏國，結果是偷雞不著蝕把米，非但沒能夠搶佔多少地盤，還弄得國內民生凋敝，鬧起了經濟危機。

蕭統獲知很多百姓因為物價過高而生活艱辛，甚至有的喝不上一碗玉米糊，心中十分憂慮，遂率先垂範，減少自己平日的膳食供應，並鼓勵王公大臣們開展節衣縮食運動，做出朝廷將與廣大民眾同甘共苦的姿態。然而卻是曲高和寡，「肉食者」怎會在意百姓死活。

每當陰雨連綿或是天降大雪的時候，蕭統就會派遣身邊的親信前去問候窮苦百姓，還免費發放糧食和衣物給那些流落街頭的人，若是遇到無錢收斂下葬死者的，還會為他們提供棺木。

有一回，蕭統看到宮裡的侍衛手裡拿著長長的荊條，他感到很不解，問後才知道這是用來在儀仗出行之時驅逐路人的。他覺得這種做法過於殘忍，就讓他們丟棄荊條，改用木板。

對待身邊的宮人，蕭統也是寬宏大量。

也許是江南潮濕，蚊蟲過多，亦或是東宮廚房的衛生條件不好的原因，蕭統經常在飯菜當中吃出蒼蠅之類的小蟲。然而，為了不因此而牽連廚子，他每次都是不動聲色的將這些東西放在盤子旁邊，從不聲張。

而蕭統也是個至孝之人。

普通七年（西元五二六年）十一月，蕭統的媽媽丁貴嬪患病。他趕緊跑回宮中侍候，衣不解帶，晝夜守護在旁。然而，無情的病魔依舊奪去了丁氏的生命，時年四十二歲。

丁氏心地善良，待人寬厚，深得眾人愛戴，與蕭統更是感情深厚。如今，昔日母子卻成陰陽兩隔，怎不令蕭統悲痛欲絕。出殯期間，蕭統水米不進，多次昏死過去。武帝得知後，非常擔憂，就派了個官員給兒子捎話：「聖人教導我們，身體髮膚，受之父母。即便因為失去至親而悲痛，卻也不能損害自己的身體，否則就是不孝。現如今，你母親死了，可你父親還活著呢，你怎麼能夠這樣折磨自己呢？朕現在命令你，立即進食。」

蕭統不敢抗旨，但也只是喝些稀飯而已。

母親下葬之後，蕭統依舊沉浸在無限的悲痛之中難以自拔，終日以淚洗面，身體日漸消瘦下去。武帝再次下詔：「朕聽說你每天只吃那麼一點，變得羸弱不堪，這怎麼能行。朕本來沒什麼病，如今得知你成天這樣，朕的胸口也堵出病來了。人是鐵，飯是鋼，你應該迫使自己吃些硬飯。這麼大了，不要總是讓朕為你擔心。」

然而，即便武帝多次逼勸，蕭統頂多也就是改喝稠粥（類似今嬰兒食用的糊狀食品），蔬菜水果一概不吃。過了段時間，原本肩膀寬大，腰肢強壯，十分魁梧的蕭統，變身成了大竹竿。每次上朝，凡是看到他的官員和百姓沒有不傷心落淚的。

蕭統在母喪期間的表現雖然贏得了至誠至孝的美名，卻未能贏得皇帝爸爸的心。因為，在皇帝的眼裡，身為帝國預備領導人的太子，怎能如此感情用事？倘若毀了身子，豈不是因小失大？故而，武帝不免對他有些失望。

蕭統為了給母親挑一處風水好的墓地，就派人外出四處選購。

有個投機商人向宦官俞三副行賄，請他幫忙將自己手中的一塊墓地賣與太子，並答應若能頂到三百萬錢，就給他三分之一的回扣。想不到墓地行業在那時就已是一項暴利行業了。

俞氏遇此發財良機，怎可錯失，立即面見武帝道：「陛下，奴才得知一塊絕好的墓地，它依山傍水、勢如寶盆，收氣遮風、趨吉避凶，集天地之靈氣，聚日月之精華，真乃是逝者的天堂，往生的樂土。若是比起太子先前為娘娘所選的那塊墓地，此處的風水對陛下更加有益。」

武帝晚年，愈加迷信，頗多忌諱，經宦官這麼一唬弄，就命人將這塊地買了下來。

丁貴嬪下葬之後，有個善看風水的道士說：「這塊地不利於長子，但如果鎮上一鎮，或許還可改善。」於是就將用於驅災辟邪的物品埋在了丁貴嬪墓側的長子之位。

東宮官員鮑邈之和魏雅失和，兩人都是蕭統親近的官員，但後來蕭統較為親近魏雅而疏遠鮑邈之，鮑邈之記恨在心，於是釋放謠言，說是魏雅為太子行巫術詛咒祈禱。武帝得知以後，派人去墓地檢查，果然挖出了那些原本是用來驅災避邪的物品。武帝大驚，要徹查此事。大臣徐勉深知，此事若是深究，沒準就會釀成西漢戾太子的「巫蠱慘案」，因而竭力勸阻，武帝這才作罷，只是誅殺了那位算人不算己的道士。

蕭統知道此事後，既慚愧不安又委屈憂憤，覺得自己碰上這種倒楣事，真是跳進黃河也洗不清。父子二人也因為此事生出嫌隙，不復當年的信任無間。

中大通三年（西元五三一年），蕭統在蕩舟的時候不慎墜入水中，傷到大腿。患病期間。因為擔心父皇惦念，所以每次使臣前來問安，他都會親自寫信答覆，信中所寫也都是安好勿念之類的話語。

等到病情突然加重，侍從請求上奏皇帝，蕭統仍然不許，他說，哪能讓父親知道我病得如此之重呢！說罷，嗚咽不止。

也許，蕭統仍然在為那起墓地事件自責，深感無顏面對父親，而且，身繫家國天下，年近七旬的老皇帝要比自己的身體重要得多。不久，蕭統病逝，享年三十一歲。

武帝晚年喪子，怎能不悲！他親自到東宮苦吊盡哀，賜諡號「昭明」，特命蕭統往日的屬官王筠寫了篇情真意切，感人至深的禱文，以表哀思。滿朝文武無不為太子的英年早逝而痛惜扼腕，梁國百姓更是為失去一位仁慈的「未來君父」而悲痛萬分。時至今日，在中國南方地區依舊保留著許多關於蕭統的遺跡和傳說。

附庸風雅　之三

大唐學科帶頭人　李泰著書心不正

——唐太宗李世民第四子

秦王李世民之所以能夠在玄武門之變中擊敗太子李建成集團，除了自身的出眾才能之外，其父李淵的長期刻意栽培，更是不可忽視的重要原因。當然，李淵為此付出的代價是極為慘重的，不僅搭上了十多個兒孫的性命，自己的皇帝寶座也被李世民奪去，教訓不可謂不深。

然而，十八年後，向來注重借鑒前代經驗的李世民，竟然在選擇接班人的問題上重蹈其父當年覆轍，致使兄弟相爭的景象再度上演。這一回，扮演當年世民角色的乃是濮王李泰。

李泰，字惠褒，是唐太宗的第四子，其母為長孫皇后，胞兄為太子李承乾，胞弟為晉王李治，即後來的唐高宗。武德三年（西元六二〇年），高祖李淵封李泰為宜都王，次年進封衛王，將其過繼給了叔父衛懷王李玄霸（李淵第三子，早夭）。後來，李世民當上了皇帝，自然不會再將自己的愛子置於他人名下，遂改封李泰為越王，而讓宗室李保定接替了李泰的差事，去當李玄霸的後嗣。

李泰是個才子，聰慧絕倫，很小的時候就展露出了過人的才華，不僅工於書畫，而且善寫文章，因而很受太宗皇帝的喜愛，史稱「寵冠諸王」。較之生性好動、喜好打獵的太子李承乾，李泰比較安靜，不喜歡運動，大部分時間都用來讀書寫字，加之營養過剩，胃口太好，導致他在很小的時候就吃成了鮪魚肚，甚至連走路都不俐落。太宗皇帝考慮到李泰腰粗腹大，行動不便，特許其可以乘坐小車進宮朝見，相比之下，自小患有足疾，走路一瘸一拐的太子李承乾卻都沒能享受到如此待遇。

貞觀十年（西元六三六年），朝中三品以上的大員全被主子狠狠的斥責了一頓，原因竟然是有人散佈謠言，說是他們瞧不起越王李泰。身為李泰父親的太宗皇帝深感威嚴受損，決心替兒子出頭。太宗叱問：「以前的天子是天子，如今的天子就不是天子了嗎？以前天子的兒子是天子的兒子，如今天子的兒子就不是天子的兒子了嗎？朕看隋朝的藩王，連高官都不免受其侮辱。朕不許自己的兒子驕橫霸道，你們覺得日子舒坦了，就一起藐視他們了。倘若朕放縱不管，難道他們不敢欺負你們嗎？」

宰相房玄齡等人嚇得渾身發抖，只知叩頭謝罪，魏徵卻很不服氣的說道，「謠傳，絕對是謠傳。依據禮制，陛下對臣下和皇子應當等同看待。現在三品以上者，全都位列公卿，是天子所尊敬優待的大臣，即便小有過錯，越王怎麼可以隨便欺侮他們呢？更何況，現今天子聖明，天下大治，豈是綱紀崩壞時代所能相比。當初，隋文帝不知禮法，縱容抬高諸王，致使他們行事張狂，最後獲罪被廢，這又有什麼值得稱道的呢？」魏徵這番話，雖然駁回了皇帝，但卻誇讚了當今領袖的偉大，使得太宗轉怒為喜，還賞了他一千匹絹，但其他人依舊被訓斥了一頓。太宗此舉，意在警告大臣打狗尚需看主人，何況皇子，同時也體現出了他對李泰的特別寵愛。

此後不久，太宗改封李泰為魏王。

李泰喜好儒學，樂於結交才學之士，太宗有意讓他發揮專長，特准其可在王府之內設立文學館，自行招攬學士。這一事件，令人想起了武德四年（西元六二一年）十月，高祖特許天策上將軍李世民可於府中開館招士的事情。

當年，已經戰功赫赫的李世民在修編經籍，討論文典的幌子之下，籌畫奪位大計，大量網羅文武人才，組建起了自己的智囊團和奪權班底，主要有房玄齡、杜如晦、于志寧等十八人，號稱「十八學士」。如今，太宗皇帝也給了李泰這樣一個邀名射利、發展勢力的絕好機遇。

貞觀十二年（西元六三八年），蘇勖勸說李泰：「自古以來，那些著名的王子無不招引賓客，著書立說，以為美事，殿下何不奏請修撰一部《括地志》呢？」李泰深表贊許，隨即大開館舍，延請天下俊彥賢才參加修撰，京中的權貴子弟更是聞聲而來，競相依附。一時間，魏王府門庭若市，甚為壯觀。為了表示對兒子工作的大力支持，太宗特別批准著書期間的所有開支全都由政府供給。

李泰為求速成，遂借鑒《漢書・地理志》和南朝顧野王《輿地志》兩書的編撰特點，依照貞觀十道（監察區）排比三百五十八州，再以縣為單位，博采經傳地志，旁求故志舊聞，分述各地的沿革、地望、山川、城池、風俗、掌故等眾多內容。四年之後，大功告成。《括地志》共計五百五十卷，保存了許多前代地理書中的珍貴資料，全面反映了初唐時期的行政區劃和地理情況，其創新型體例更是為後來的《元和郡縣誌》和《太平寰宇記》開了先河。十分遺憾的是南宋後此書散佚。

期間，太宗曾多次親臨魏王府，視察工程進度。當他看到，在李泰的統一協調之下，如此紛繁複雜的工作竟能有條不紊的推進之時，非常高興，大筆一揮就赦免了京城的一大批死囚犯，還免除了魏王府所在的延康坊地區百姓當年的賦稅。

此事過後，太宗更加寵愛李泰了，不僅賞賜無數，而且接連提高其每月的開銷費用，甚至超過了太子李承乾。對於這一明顯不合禮制的做法，褚遂良上奏勸諫：「聖人制定禮儀，是為了尊嫡卑庶。即便是君主喜歡的庶子，卻也不能使其待遇超過嫡子，這是為了堵塞嫌疑，避免禍亂。如果應當親近的人反而被疏遠，應當尊貴的人反而被低賤，那些奸佞之人，必然會乘此時機得勢。從前，西漢竇太后寵倖梁孝王，漢宣帝寵倖淮陽憲王，無不造成惡劣後果。如今魏王剛剛作藩王，應該引導他遵守禮儀制度，學習謙遜節儉，如此才能成為良才。」

太宗表示同意。

關於如何安置皇子，太宗曾與群臣專門進行過一場辯論，最後敲定的方案為：不行分封制，皇子成年後必須去地方任職，不得長駐京畿。可是，太宗卻因為偏愛李泰的緣故，特許其不必到任。即便如此，太宗還是不過癮，竟又讓他從王府搬到了東宮西面的武德殿居住，成了太子的鄰居。

當然，太宗皇帝愛子心切，想和兒子多親近一些的心情應該理解。但是，既然他選擇了做一個明君，那麼就必須約束自己的行為，不能由著性子胡來，打亂秩序。李泰入住武德殿，顯示出太宗萌生了廢長立幼的意圖，也是對群臣態度的試探。結果，搬家令一出，立馬遭到了魏徵等大臣的反對，太宗也感到時機不夠成熟，遂就此作罷。

太宗皇帝之所以如此溺愛李泰，甚至是有意扶植，也是因為太子李承乾自甘墮落，難堪大任，令其倍感失望所致。

李承乾，字高明，因為出生在承乾殿的緣故，爺爺李淵遂以殿名為其取名。承乾小的時候資質還是很不錯的，聰慧機敏，能力出眾，每次太宗出巡，都令其主持國事，辦事很講原則。可一場疾病深深的改變了李承乾，不僅使其落下了跛腳的病根，形象大損，也因此使其產生了強烈的自卑感，竟然自暴自棄。

李承乾長大後，聰明依舊，卻已然全都成了小聰明。他沉迷歌舞美色，親近奸佞小人，浪蕩遊玩沒有節制，但卻唯恐被嚴厲的父親察覺，因此行蹤極其詭秘。

每次入朝面聖，李承乾都會大談特談忠孝仁義之道，做出一副胸懷天下的樣子。退下之後，原形畢露，照舊頑劣。

若是有東宮輔官想要對其進行勸誡，李承乾便事先揣摩對方的來意，然後快步迎上去行禮；接下來，他會正襟危坐，面色凝重的痛心自責，說出一大堆理由掩飾自己的過錯，弄得進諫之人無暇應對，不得不急忙拜辭。對於那些犯言直諫的硬骨頭，李承乾則會使出殺手鐧——暗殺。

于志寧與張玄素就因為多次上書直諫，而遭到李承乾的暗殺。于志寧有幸躲過，張玄素則被打成一級傷殘，險些喪命。李承乾很愛玩，也很會玩，他有五大愛好。

一、李承乾命令數百家奴學習音樂，練習爬杆舞劍等雜技，排練大型歌舞，東宮鼓樂之聲徹夜不絕。

二、招募逃亡奴隸，偷盜民間牛馬，親自烹煮，以此為樂。

三、狂熱追求突厥文化，喜說突厥語，愛穿戴突厥服飾，還經常模擬突厥部落放養牧馬和舉辦喪禮的景象。

四、李承乾與七叔漢王李元昌的關係最為要好，兩人經常像小孩子玩扮家家酒一樣，玩帶兵打仗的遊戲。

五、李承乾還有變童的癖好。有一個叫做稱心的戲子，容貌俊美，擅長歌舞，令他十分著迷，而且發展到了同居的地步。這件事情，李承乾沒包住，後被太宗得知。太宗大怒，先將李承乾大加斥責一番，然後立馬把稱心給殺死，還將牽連入內的人員一併處死。

事後，李承乾不思悔改，日夜思念稱心。他在東宮特築一小屋，樹立稱心的塑像，早晚進行祭奠，痛哭流涕，如喪考妣。後來，他又在苑內弄了個衣冠塚，立上石碑，刻上自己私下贈予戀人的官爵。既然李承乾如此不成器，太宗皇帝的失望也就可想而知了。李承乾知道父親不待見自己，卻不思進取，而是消極應付，處處躲著，動輒幾個月稱病不去朝見。父子隔閡日漸嚴重。

李泰本就恃才傲物，再加上太宗的長期縱容，李承乾的人氣大跌，更加滋長了他奪位的野心。身為太子的李承乾，雖然自慚形穢，十分嫉恨李泰，但也不會坐以待斃，將位子拱手相讓。

於是乎，雙方各自拉攏朝臣，結為朋黨，形成劍拔弩張之勢。

李泰集團的重要成員多達二三十人，其中以他的兩個妹夫柴令武（柴紹次子，其妻為巴陵公主）和房遺愛（房玄齡次子，其妻為高陽公主）以及曾先後擔任魏王府大管家的韋挺和杜楚客為核心成員。這些核心分子，懷揣黃金，賄賂權貴，抬高李泰，貶低李承乾，煽動蠱惑，為李泰奪位製造聲勢。

相比李泰陣營，李承乾一方的實力也不容小覷。當中不僅包括開化公趙節（承乾的表弟）、妹夫杜荷（杜如晦次子，其妻為城陽公主），還包括一個重量級人物，即大將侯君集。

侯君集戰功卓著，曾經征討吐谷渾，攻滅高昌國，後卻因掠奪珍寶，強搶婦女而被下獄，因此心中鬱鬱不平，漸有反叛之心。他的女婿賀蘭楚石為東宮侍衛官，李承乾通過這層關係，多次將侯君集請到家中，詢問自保之策。侯君集覺得李承乾的智商太低，於是想趁機利用，便勸他殺掉皇帝和李泰，早日登基稱帝。

李承乾早就當膩了太子，一心想著更上一層樓，如今又得強手支持，就更來勁了，用重禮賄賂侯君集等人，讓他們刺探太宗心思，拉攏朝中權貴。漢王李元昌也不斷蠱惑李承乾謀反，還色瞇瞇的說道：「近來，我看見皇上身旁有一個美人，善於彈奏琵琶，事成之後，殿下可得把她賜給我。」李承乾自然應允。

面對李泰集團咄咄逼人的攻勢，李承乾十分恐慌，力圖反擊。他不僅私下豢養了紇干承基等一百多名刺客，而且暗中派人詐稱魏王府典簽，跑到玄武門投遞密信，揭發魏王的種種罪行。

太宗看完舉報信後，大發雷霆，下令全力搜捕投信之人，但卻沒能抓住。

貞觀十七年（西元六四三年），杜荷對太子說：「天象有變，應當迅即行動以應天象，殿下只需假稱身患暴病，危在旦夕，皇上必然前來探視，乘此機會行刺，一擊可定天下。」李承乾遲疑之際，傳來了齊王李祐（太宗第五子）在齊州（今山東濟南市）起兵叛亂的事情。李承乾很興奮，對心腹紇干承基等人說：「東宮西牆，距離皇上住的大內只有區區二十步，咱們若是行動，豈是齊王所能相比！」

誰知，齊王李祐雷聲大，雨點小，起兵沒幾日就兵敗被擒了。經審問，此案竟然牽連到了紇干承基，按罪當誅。在此生死之際，紇干承基沒能把持住，將主子李承乾的造反陰謀全都說了出去，以求戴罪立功。太宗大吃一驚，敕令長孫無忌、房玄齡等重臣與相關部門聯合審訊。結果，李承乾罪行確鑿。四月初六，太宗下詔廢太子為庶人，囚禁於右領軍府；賜漢王李元昌自盡；侯君集、杜荷等人皆被處斬。

李承乾被廢，李泰得志。他每天進宮侍奉太宗，十分殷勤。太宗也當面許諾要立他為太子，岑文本、劉洎等大臣力挺李泰。然而，此舉卻遭到了太宗大舅子長孫無忌和褚遂良等大臣的堅決反對，他們主張應立晉王李治為太子。英武的太宗皇帝其實並不喜歡生性柔弱，素無大志的李治。可李治卻得到了朝中元老重臣的鼎力支持，也許這些人覺得他更好擺佈些，便於長期掌權。

太宗不死心，依舊試圖立李泰為太子。某日，他對大臣說：「昨天，李泰趴到朕的懷裡說，若是有朝一日能夠繼承大統，定會殺死自己的兒子，死後將皇位傳給弟弟李治。沒想到李泰竟能說出這麼誠懇的話，令朕十分感動。」

話音一落，褚遂良立刻表示反對，「陛下此言大為不妥。試想，陛下百年之後，魏王佔有天下，他怎麼肯殺掉自己的愛子，將皇位傳給晉王呢？從前，陛下既立承乾為太子，卻又寵愛魏王，對他的禮遇超過承乾，以致釀成今日的災禍。殷鑒不遠，若是陛下要立魏王為太子，那就只能先把晉王處置了，非如此不能安定政局。」

太宗流著眼淚，痛苦的說道：「朕怎麼忍心那麼做啊！」說完起身，掩面回到宮內。

面對危局，李泰惟恐父皇立李治為太子，就嚇唬弟弟說：「你與李元昌關係密切，元昌謀反未遂，現已自盡，你怎能逃脫關係？」年僅十六歲的李治聽到這番恐嚇之後，滿臉憂愁，不知如何是好。太宗看他神情恍惚，感到奇怪，多次詢問之後，李治才將李泰的話說了出來。

太宗大為失望，終於認識到了李泰虛偽狡詐的本來面目，後悔起了先前對其所作的承諾。這時，太宗又想起了當初李承乾在申辯時所說的話，「兒臣身為太子，夫復何求！只因不斷被李泰圖謀，便常與大臣謀求自保之計，一些不逞之徒遂趁機唆使我圖謀不軌。如今，若是您冊立李泰為太子，那就正好上了這小子的當了。」

太宗思緒萬千，猶豫不決，便在退朝之後專門留下長孫無忌、房玄齡、李勣和褚遂良四位大臣商議冊立之事。太宗歎息道：「朕的三子一弟（即李承乾、李泰、李祐與李元昌）竟然如此作為，實在是令朕心灰意冷，百無聊賴，倒不如死了乾淨。」

話說間，太宗就向床頭撞去，無忌等人無不大驚失色，趕緊將其抱住。太宗使勁掙開，又抽出佩刀想要自殺，褚遂良上前一把將刀奪下，交給了旁邊的李治。

無忌等人問道：「陛下欲立何人為太子？」

太宗無奈的說：「朕想要立晉王為太子。」

無忌趕緊說：「謹奉詔令，若有異議者，臣請求將其立刻斬首」

太宗又對李治說：「你舅舅許諾立你了，你應當拜謝他。」

於是，李治拜謝長孫無忌。

不久，太宗親臨太極殿，召見六品以上文武大臣，大聲問道：「李承乾大逆不道，李泰居心險惡，二人都不能承繼大統。今天你們必須當面告訴朕，誰可立為太子？」

眾人高呼：「晉王恭孝仁義，應為太子。」

於是，李泰遭到軟禁，晉王李治成了太子。

真是鷸蚌相爭，漁翁得利。李承乾與李泰互咬了好多年，不但什麼也沒撈著，卻給平日裡不顯山不露水的李治做了嫁衣，實在可悲可笑。

事後，太宗向大臣談論起最終選擇李治的原因：「朕如果立李泰為太子，那就表明太子的位置可以經過鑽營而得到。自今往後，凡是太子失德背道，而藩王企圖謀取的，兩人都應棄置不用，後世子孫對此應該恪守。況且，若是立李泰為太子，則李承乾和李治均難以保全，而李治為太子，則李承乾與李泰均可安然無恙。」

雖然李承乾與李泰未被直接處死，但其下場仍是十分悲慘的。

李承乾被流放到了黔州（治所位於今重慶市彭水苗族土家族自治縣），沒過多久，猝然死去。李泰的去處稍微好些，被發配到均州鄖鄉縣（即今湖北十堰市鄖縣）。此地群山環繞，交通閉塞，乃是唐代時期發配政治鬥爭失敗者的聖地。

後來，太宗多次流露出對李泰的思念之情，特進封其為濮王。

李治登基之後，雖然給李泰提供了較好的物質條件，但卻沒有還他人身自由。永徽三年（西元六五二年），李泰死在了發配之地，終年三十五歲，諡號為「恭」，留有文集二十卷，可惜早已亡佚。

附庸風雅　之四

醉心學術是無奈
朱權問道龍虎山
——明太祖朱元璋第十七子

《平沙落雁》是一首十分著名的古琴曲，其意在借大雁之遠志，來表達對於懷才不遇而欲取功名者的勵志，和對因言獲罪而退隱山林者的慰藉。該曲又名《雁落平沙》，最早刊於明代的《古音正宗》。關於它的作者，有唐代陳子昂之說，宋代毛敏仲、田芝翁之說，而流傳最廣的則是明代寧獻王朱權所作。

那麼貴為皇子的朱權究竟遇到了什麼煩心事，要藉大雁來發洩苦悶之情呢？

朱權是明太祖朱元璋的第十七子，自幼聰慧異常。成年以後的朱權，生的秀朗白皙，體貌魁偉，智略淵宏，可謂是潘安之貌，子建之才。他本人也很自信，自稱「大明奇士」。朱權美鬚髯，氣質高雅，有一種超凡脫俗的味道，而且十分喜好道家學說，朱元璋曾經當眾誇獎他：這孩子有修仙的天分。

洪武二十四年（西元一三九一年），朱元璋進行第三次大分封。年僅十三歲的朱權被封為寧王，封地位於軍事重鎮大寧城（今內蒙古寧城），此地東連遼東，西接宣府（今河北宣化市），處於內蒙古高原和東北平原的交接地帶，是抵禦北元勢力的前哨陣地。兩年之後，朱權前往封地。

明朝建立以後，元朝勢力退回大漠，但仍十分活躍，時常南下，試圖恢復故國，對明朝構成嚴重威脅。朱元璋生性猜忌，深信「非我族類，其心必異」，覺得功臣宿將靠不住，於是實行「諸王靖邊」之策，先後分封秦王朱樉、晉王朱棡、燕王朱棣、遼王朱植、寧王朱權等九個兒子前去駐守邊疆，分佈在從東北到西北的邊防線上。

這些藩王，手握重兵，許可權頗大，而駐紮抗敵最前沿的寧王更是「帶甲八萬，革車六千」，堪稱重裝甲類集團軍。值得一提的是，寧王管轄之下的兀良哈三衛（即朵顏、泰寧和福余三個衛所，因其中朵顏衛最強，故又稱「朵顏三衛」）騎兵更是驍勇善戰，勇猛異常。可以說，在當時的二十五個藩王中，寧王兵力最盛。

朱權小小年紀就被委以重任，足見其父對他十分的看好。期間，朱權多次會同幾個哥哥出塞，掃蕩元朝殘餘勢力，大都凱旋而歸。諸王當中，朱權雖然年幼，但卻以足智多謀而著稱。

朱權駐守的大寧城，可不是什麼富庶的地方，地廣人稀，土地貧瘠，而且經常面臨蒙古騎兵的侵擾。朱權上任以後，以節儉治國，帶領士卒開展大生產運動，開墾荒地，改良土壤，種植草木，並根據當地條件選擇適宜作物，而不是盲目墾殖，發展糧食作物。經過他的治理，當地很快實現了「國用饒裕」。

除了擅長行軍打仗，朱權還十分熱衷於學術研究。史稱其「好學博古，諸書無所不窺，旁通釋老，尤深於史」，是皇子當中不可多得的才子。據載，朱權一生著述十分豐富，達到百三十餘種，留存至今的尚有近三十種，早期作品多為歷史類著作。

洪武二十九年（西元一三九六年），十八歲的朱權奉朱元璋之命撰寫《通鑒博論》、《史斷》和《漢唐秘史》等書，總結歷代帝王統治的得失教訓，用來指導當下。他在隨後撰寫研究隋唐的理論中指出，隋朝滅亡的原因在於「建邦立國所重者，不於血屬之親，而屬他人」。這反映出他當時的政治理念，即強烈支持朱元璋通過分封藩王，以「夾輔皇室」的策略，而對於後來建文帝的削藩政策則是持反對態度。

洪武三十一年（西元一三九八），朱元璋駕崩，終年七十歲。皇太孫朱允炆接班，改年號為建文，史稱建文帝。藩王位高權重，漸成尾大不掉之勢，早在朱允炆做皇太孫的時候就常與老師黃子澄商量削藩的對策。

待到帝國的開山祖師爺朱元璋撒手人寰之後，藩王們免不了對於臺上的這個侄子有些輕視，年幼的朱允炆在面對這些個彪悍的叔叔之時，也難免心有餘悸，特別是排行老四的燕王朱棣。在老大朱標、老二朱樉和老三朱棡相繼死去之後，朱老四成為家族中的長輩，而且燕王長期鎮守北疆，兵多將廣，實力雄厚，怎能不令新皇帝內心緊張。為了儘快樹立權威，鞏固地位，沉不住氣的建文帝未及站穩腳跟，就迫不及待舉起了削藩的大旗。

首先被除掉的是朱棣的同母弟周王朱橚，緊接著，代王朱桂、湘王朱柏、齊王朱榑、岷王朱楩紛紛落馬。短短一年之內，就有五個舉足輕重的藩王淪為庶人，足見建文帝削藩的決心，他的下一個目標就是燕王朱棣。可朱棣怎會坐以待斃呢？

建文元年（西元一三九九年）七月，朱棣殺掉朝廷安插在身邊的幾個特務，準備妥當後，舉起了「清君側」的造反大旗。起兵之初，燕軍不過佔據北平一隅之地，實力處於弱勢，朝廷軍則在人員和物資等方面具有壓倒性優勢。面對這種困境，朱棣開始打起了某人的算盤，即兵力雄厚的寧王朱權。

朱棣在一次軍事會議上說：「想當初，本王在巡視塞上之時，親眼看到寧王帳下的那些將士，真叫一個剽悍啊！倘若我能夠得到大寧城，切斷內地與遼東的聯繫，解除後顧之憂，再爭取到邊塞騎兵（指朵顏三衛）的援助，大事必成！」

朱棣盤算之際，寧王也遇到了麻煩。

朝廷擔心距離叛軍不遠，而且手握重兵的寧王朱權、遼王朱植（駐地位於遼寧北鎮縣）會與叛軍聯手，遂詔令二王進京，試圖將其控制。朱植比較老實，乖乖的從海路前往首都南京，隨後被改封到了荊州。

朱權很苦惱，心想：「朝廷此舉，用心昭然若揭，就是猜忌。若是在這節骨眼上，離開老巢，奉旨進京，必定會成為甕中之物，沒什麼好下場；若是不去，則會落下抗旨不遵的罪名。」權衡再三之後，朱權藉口老婆張氏病重而沒有奉召，決定留在封地相機行事，坐看二虎相爭。

建文帝感覺很沒面子，下令削除朱權的護衛部隊，可說實話，他這回犯了個嚴重的錯誤。寧王兵強馬壯，也沒有什麼大的政治野心，而且緊靠燕王領地，此時應是朝廷的重點拉攏對象。可建文帝卻猶如驚弓之鳥，對所有的藩王全都抱著懷疑的態度，而不是採用爭取大多數，孤立小部分的策略，一味猜忌，結果非但沒能爭取到舉足輕重的寧王，反而使他對朝廷產生了顧忌。

這對於平叛顯然是十分不利的。

朱棣造反之後，建文帝命已經六十五歲的長興侯耿炳文率兵北上平叛，同時詔令遼東諸軍揮師入關，從側翼威脅朱棣。這年九月，江陰侯吳高和副手楊文率兵進攻永平（今河北盧龍縣）。永平若失，北平危矣！朱棣留長子朱高熾堅守老巢北平，自己則率兵前往救援。

朱棣認為，吳高雖然膽小，但做事基本靠譜。楊文則是粗而無謀，不足為慮，遂設計離間二人。不久，計策奏效。建文帝把吳高貶到廣西，而讓楊文獨自鎮守遼東。此後，遼兵軍紀渙散，人心不穩，戰鬥力大為削弱，在與叛軍的交鋒中敗下陣來。

永平之圍解除後，朱棣從劉家口關（位於盧龍縣城北）抄小路潛往大寧城。面對朝廷的叛黨，朱權不敢掉以輕心，詢問四哥朱棣此來何為？朱棣謊稱自己作戰失利，無計可施，特地前來求援。為防不測，朱權只准許他單騎入城。入城以後，朱棣開始施展表演天賦。他先是抱著朱權放聲大哭，後又詳細訴說自己起兵的緣由，朝廷緊逼，為圖自保，不得不反。他還裝模作樣的請求朱權代為起草表章，向朝廷謝罪。

一陣煙霧迷彈，弄得朱權也對這位四哥生出了同情之心。而且朱棣此來，很少言及借兵之事，只是重溫兄弟情誼，十分低調，過了幾天，朱權也就對其放鬆了警惕。其實，朱棣可一直沒閒著，他暗中結交朵顏三衛的頭領，用高官厚祿拉攏他們背棄寧王，轉投自己，並答應一旦奪取天下，就將大寧衛（今承德市、平泉縣、建昌縣以及老哈河流域）割讓給他們，並派發耕牛、種子等物資，還許諾在開原（今遼寧開原縣）等地開設互市，供雙方進行貿易。這實際上是給予這三個部落獨立地位。

與此同時，按照朱棣事先的安排，城外軍隊已做好埋伏，精銳小分隊則潛伏進大寧城，等待號令。朱棣將上述事情全部搞定之後，向朱權告辭。朱權在郊外設宴為其踐行。二人談笑之間，忽然伏兵四起，朱權未及反應過來就已被劫持，朵顏三衛騎兵也蜂擁而至，站到了朱棣的陣營。大寧守將朱鑑率兵抵禦，卻被敵人裡應外合殺了個措手不及，不久戰死。

朱棣實力大增，遂回師北平。這時，朝廷軍正在圍困北平城，守軍疲敝不堪，急待救援。朱棣大軍呼嘯而至，猶如從天而降，殺得敵軍丟盔卸甲，落荒而逃，主將李景隆更是一口氣跑到了山東德州。

這時的朱權已成籠中之鳥，老婆孩子也一同被擄了來，一家子成了砧板上的魚肉，任憑朱棣宰割。朱棣沒有下黑手，倒不是他破天荒的發了回善心，而是因為朱權畢竟是那些剛剛被他收編的數萬精兵的領袖，此時若殺，必定會引起這些將士的動亂。而且，朱棣用這種下三濫手段，奪了朱權的兵馬，本已十分下流，若是再將其殺害，定會遺臭萬年，遭世人唾棄。

再者，朱權平日裡也沒得罪過他，被挾持後也表現的很安穩，已經認命服從，實在沒有動粗的道理。為了籠絡和安撫朱權，朱棣多次拍著胸脯向其許諾：「奪得皇位之後，二人平分天下。」對於朱棣的吹噓，朱權倒也沒有全信，但他覺得，即便將來朱棣食言，也總不會虧待自己，因而變得很合作。

他不僅成了朱棣的高參，為其出謀劃策，還起草檄文，鼓噪聲勢。當時盛傳：燕王善戰，寧王善謀。由此可見，朱權不但搭上了數萬部隊，自己也為朱棣出了不少力。然而，朱權看走眼了。

建文四年（西元一四〇二年）六月，叛軍攻入南京，建文帝下落不明，亂臣賊子朱棣，搖身一變成為九五之尊，即明成祖。朱權隨朱棣登上城樓，觀看入城閱兵儀式，卻發現上面竟然只有一把椅子，這顯然不是為他準備的，而先前在軍中開會之時可都是兩把。朱權後悔了，沒想到朱老四翻臉竟然這麼快。隨後，他便以身體不適為由，回到家中不再參與政治事務了。

朱權已經不奢望什麼平分天下了，他想回到自己的封地大寧城，可自從朱棣將城中的兵民全都挾去之後，大寧城就成了荒蕪之地，而且，朱棣已經將那裡許給朵顏三衛做牧場了。朱權請求朱棣把蘇州封給自己，朱棣卻以蘇州地處京畿重地為由，將其拒絕。朱權又想去錢塘（即杭州），朱棣又說：「想當年，父皇最初想把五弟（即周王朱橚）封在錢塘，後來考慮到此處乃國家財賦重地，不適宜建藩，便又將他改封到了開封。後來，朱允炆這個小子，想把他的弟弟朱允熥封在那裡，結果還沒就封就完蛋了。建寧（在今福建省北部）、重慶、荊州和東昌（今山東聊城市）都是不錯的地方，老弟可從中任選，然後上報，朕將命人在封地給你營建府邸。」誰知，還沒等朱權回話，朱棣就將他封到了南昌，上述的四個好地方又成了空話。

永樂元年（西元一四〇三年）二月，朱權離開南京，前往封地南昌。朱棣親自寫了首送別詩為其送行。來到南昌之後，朱權並沒有見到皇帝為他新建的王府，而是奉旨住進了布政司（主管一省民政）的署衙。而且，皇帝下旨，署衙只需換個招牌即可，不必依照親王的規模建制進行改建。

一位響噹噹的親王，卻要被迫住進從二品官員的署衙，真是太丟臉了！

手中沒了軍權的朱權，往日威風不再，甚至虎落平陽被犬欺，來到南昌沒多久，就被身邊的特務告了一狀，罪名是以巫蠱之術誹謗朝廷。這真是老掉牙的誣陷伎倆，但卻屢屢奏效，長久以來，栽在這方面王公貴族數不勝數。朱權這次比較幸運，皇帝派來的密探查來查去，沒有發現任何蛛絲馬跡，只好不了了之，想必成祖皇帝對此很是失望。

此事過後，朱權算是徹底認清了朱棣的本來面目。年僅二十六歲的他不得不收起了雄心壯志，變得謹慎起來。朱權在南昌郊外構築了一座精舍，每日只是撫琴讀書，與文人學士切磋學問，終成祖一朝不敢過問政事。

永樂二十二年（西元一四二四年），成祖死在了第五次北征的回軍途中，長子朱高熾接班，即仁宗。鑒於成祖在位期間，嚴刑酷法的特務統治引發了諸多尖銳矛盾，仁宗上臺後，不得不作出相應調整，政令較前緩和了一些。朱權對自己的前途重新燃起了希望，上書皇帝說南昌不是自己的封國。

仁宗反問：「先帝在位之時就已把叔父封在了南昌，如今已經二十多年了，南昌不是您的封國是什麼？」眼看這位侄子不打算給自己換地方，朱權保持了沉默。

仁宗福薄命短，只當了十個月的皇帝就掛掉了，太子朱瞻基接棒，是為宣宗。這樣一來，朱權的輩分更高了，成了皇帝的叔祖。他就又倚老賣老了一回。宣德四年（西元一四二九年），朱權上書朝廷，對於宣宗皇帝依據親疏關係而將宗室成員劃分為三六九等的政策表示反對，認為一家子應當不避親疏，現行政策不利於家族團結。

皇帝對朱權的這種言論很是不滿，多次進行訓斥。朱權只得上書賠罪。上面沒人罩，下面的蝦兵蟹將也就不把這位一把年紀的王爺當回事了，多次對其進行人身攻擊，以此來顯示自己的能耐。

朱棣以來的三代皇帝沒有一個對這位曾為奪權事業出過大力的藩王當做一回事，反而不斷猜忌和侮辱，現實的殘酷使得空懷壯志的朱權徹底喪失了建功立業的念想。於是，他將大部分精力投入到了學道修仙的事業當中。

朱權先後將字型大小改為臞仙、涵虛子、丹丘先生、南極遐齡老人，這些名號無不散發出一股濃濃的道家風韻。他還親自跑去道教正一派祖庭江西龍虎山，拜第四十三代天師張宇初為師。張宇初，字子旋，是歷代天師中最博學的學者之一，有道門碩儒之稱。朱權也是位不可多得的皇室才子，且對道教頗有研究，二人一見如故，經常在一起研習道典，弘揚道教義理。朱權所撰的道教專著《天皇至道太清玉冊》後被收入《續道藏》。

此外，晚年的朱權還醉心於戲曲、醫藥、音樂、茶道和天文曆法等。他不僅對戲曲理論頗有研究，還是一位劇作家。現今所知由他編著的雜劇名目就有十二種，如《大羅天》、《私奔相如》等。

對於音樂，朱權也頗有研究，所著《神奇秘譜》是現存最早的琴曲專集。書中所收的六十四首琴曲是朱權從當時可知的眾多曲譜中精選出來的，其中頗有一些很有影響的名作，史料價值極高。業界人士通過此書將一些久已絕響的名曲發掘出來，不少動聽的旋律重獲新生。他製作的「中和」琴，號「飛瀑連珠」，是歷史上的曠世寶琴，被稱為明代第一琴。

朱權耽樂清虛，悉心茶道，所著《茶譜》對於飲茶的功用、器具、環境等方面都有獨到的見解，對中國飲茶文化頗具貢獻

正統三年（西元一四三八年），朱權上奏朝廷，說是想要自建生壙，英宗皇帝批准。於是，他就在西山緱嶺（在今南昌市石埠鄉）開工建設生墳，還時常到裡面參觀。墓前建有南極長生宮，左有泰元殿和沖霄樓，右有旋璣殿和淩江樓。宮前還有醉仙亭和一對八棱形華表，上刻道家符篆。

正統十三年（一四四八）九月，朱權病逝，享壽七十有二。英宗皇帝賜諡號為「獻」，因而史稱寧獻王。

Section 05 —— 天之驕子

天之驕子 之一

黃鬚兒立志為將 遭冷遇憂憤而亡

——魏武帝曹操第三子

少年十五二十時，步行奪得胡馬騎。
射殺山中白額虎，肯數鄴下黃鬚兒。

這兩句詩出自大詩人王維的〈老將行〉，詩中描寫了一位奪胡馬、射猛虎，誓與「黃鬚兒」一較高下的英雄少年。由此可知，「黃鬚兒」亦非等閒之輩，他便是三國時期著名的任城威王曹彰。

曹彰，字子文，魏武帝曹操的第三子，也是與武宣卞皇后的第二個兒子。因為鬍鬚泛黃而被父親喚作「黃鬚兒」。若是與大哥曹丕，弟弟曹植比較起來，曹彰顯得不那麼斯文。他自幼不喜讀書，只好舞刀弄槍，練習武藝，不但體力過人，而且弓馬嫻熟，戰鬥力頗強，竟能空手搏猛獸。曹彰性格堅毅，遇險從不畏縮，有著一股「明知山有虎，偏向虎山行」的韌勁，小時候就曾多次隨父出征，鬥志昂揚，猶如初生牛犢。

曹孟德文才武略，發展全面，眼看兒子如此重武輕文，心中生出不滿之情。一次，曹彰又扔下課本，跑出去鍛鍊筋骨了。曹操很生氣，批評說：「你小子不惦記讀書識字，追慕聖人之道，卻成天在這裡舞槍弄棍，不務正業，空逞匹夫之勇，即便練成一個肌肉男，又有什麼可值得驕傲的呢？還不趕緊回去看書去！」

曹彰悶悶不樂，很不服氣的對身邊的跟班說：「大丈夫就應當像衛青、霍去病那樣，統帥千軍萬馬，馳騁大漠，驅逐戎狄，建功立業，怎麼能去想著做個博士呢？」可見，曹彰雖然不好讀書，但卻並非紈絝子弟，而是一位壯懷激烈的有志青年。

有一回，曹操問起兒子們將來的志向。眾人紛紛表態，有想做文學家的，有想做政治家的，唯有曹彰豪氣沖天的說道：「想當大將！」

曹操又問：「那麼如何才能當好大將呢？」

曹彰大聲回答：「身披鎧甲，手持兵刃，臨危不懼，視死如歸，率先垂範，體恤士卒，有功必賞，有罪必罰。如此，才能做一名合格的大將。」

曹操大笑，心想，這孩子雖然有些好戰傾向，但卻是個憨直之人。帶兵打仗當是一個好手，但若是玩權術、搞陰謀、當領袖，卻是萬萬不能的！

曹操於建安十三年（西元二〇八年）的時候徹底滅掉袁紹集團，進封丞相，權傾朝野，炙手可熱。五年之後，再進魏公。然而，他卻仍不滿足，試圖更上一層樓。建安二十一年（西元二一六年），曹操給大漢臣子打招呼，讓他們聯名給形同傀儡的漢獻帝上了個奏摺，內容無非是對魏公的功德大加歌頌：「極天際地，伊、周莫及」，接著要求進其爵為王。獻帝怎敢不從。曹操裝模作樣的退卻再三後，粉墨登場，受魏王之爵，享受天子禮儀。曹丕成為王世子，曹彰被封為鄢陵侯。

當年，官渡之戰以後，袁紹的殘餘勢力依舊盤旋在河北、山西一帶，曹操乘勝北進，將其擊潰。袁熙（袁紹第二子）與三弟袁尚，奔向遼西烏桓首領蹋頓的懷抱。曹操力圖斬草除根，遂親自遠征烏桓，大破之，擄獲軍隊和民眾達二十餘萬口。曹操從中挑選精壯者入伍，並扣下他們的妻小為人質，然後全都擄往內地。

建安二十三年（西元二一八年）四月，代郡（山西陽高縣西南）地區的烏桓部落舉起反叛大旗，試圖脫離漢朝控制，並得到了風頭正盛的鮮卑部落酋長軻比能的支持。

曹操任命曹彰為北中郎將，代理驍騎將軍，率兵征討烏桓。臨行之前，父親叮囑兒子：「在家期間，你我是父子關係，如今你受命出征，咱們可就是君臣關係了。你要遵守王法，切不可任性胡來，若是犯法，莫怪為父無情。」

曹彰拱手答道：「兒臣謹記。」

曹彰不敢怠慢，日夜兼程的趕赴前線。剛剛走到涿郡（今河北涿州市）時，突然遇上數千烏桓騎兵，一場遭遇戰拉開帷幕。由於曹彰行軍過快，所以此時大部隊還未趕到，手中只有步兵千人，騎兵數百。謀士田豫獻策：「我軍兵少，且又鞍馬勞頓，故而只宜憑險據守，以待後援。」曹彰稱善。

曹彰所部多為步兵，長於防守，烏桓方面全是騎兵，短於攻堅。因而，烏桓騎兵在折騰了一陣子之後就撤走了。不久，後續部隊趕到，曹彰立即率兵追擊，策馬飛奔，彎弓射箭，應聲而倒者不計其數。戰鬥持續了大半天，曹彰愈戰愈勇，身中數箭卻毫無懼色。

烏桓騎兵雖然驍勇，卻敵不過作戰勇猛的黃鬚猛男，只能一路退卻。曹彰緊緊咬住不放，一直追擊到桑干縣（今河北蔚縣東北，屬代郡轄區），距離敵軍巢穴（代郡）僅剩下兩百餘里。

經過連續作戰，漢軍已人困馬乏。諸將勸道：「我軍雖勝，卻已疲敝，魏王有令，只需退敵，不得輕敵冒進。」

曹彰卻說：「行軍作戰，哪裡能夠取勝，劍就指向哪裡，何必拘泥於節制調度。如今，敵人退卻，尚未走遠，我軍乘勝追擊，必可大破之！若因固守命令而放跑了煮熟的鴨子，非良將也！」

他隨即上馬，下令：「行動遲緩者，殺！」

就這樣，曹彰率部，衣不卸甲，劍不離身，馬不停蹄的狂奔了一天一夜，終於追上敵軍，並大獲全勝，殺傷俘獲敵軍數千。

得勝之後，曹彰將戰利品全都用來犒賞三軍，將士們無不歡欣鼓舞，紛紛表示要奮勇殺敵，再創輝煌。曹彰殺敵之際，軻比能酋長正率領數萬騎兵觀戰。烏桓若勝，軻將繼續支持其反漢，漢軍若勝，軻則罷兵和好。結果，黃鬚猛男的英勇表現，徹底將酋長震懾，軻比能遂表示拋棄烏桓，歸附漢朝。經此一戰，曹彰威名大震，北方悉平。

曹彰正欲凱旋，卻收到了父親徵調其趕赴長安助戰的命令。阿瞞（曹操小名）不在政治中心鄴城（今河北臨漳縣西南）待著，跑到長安幹什麼去了？

原來，曹阿瞞遠赴長安是去和大耳賊（劉備綽號）幹架去了！

曹操平定漢中張魯後，以猛將夏侯淵為征西將軍，鎮守漢中。與此同時，劉備也已將傻不隆咚的劉璋幹掉，搶佔巴蜀地區。漢中為巴蜀北部門戶，意義非凡，卻被阿瞞佔據，怎能不令他寢食難安。劉備遂於建安二十二年（西元二一七年）親自出馬，大舉進攻漢中。

曹操深知，劉備近些年大走狗屎運，剛剛佔據荊州，後又趁機搶佔了巴蜀，勢頭正旺，此次前來，非比往常，安可小覷！他恐夏侯淵有失，就在該年九月親自到長安坐鎮。戰事相持一年有餘，後來，劉備與黃忠分進合擊，於定軍山斬殺夏侯淵，漢中易手，成了劉備的地盤。

阿瞞心有不甘，親自揮軍，試圖奪回，卻被擊退。對於這次戰爭，《三國演義》當中有著精彩的描述：

兩陣對圓，玄德令劉封出馬。

操罵曰：「賣履小兒，常使假子（劉封為劉備養子）拒敵！吾若喚黃鬚兒來，汝假子為肉泥矣！」

這才有了曹操大老遠的徵調曹彰赴長安助戰的事情。

父親召喚，軍情緊急，曹彰倍道兼行，路過鄴城的時候，曹丕見他有些居功自傲，遂對他叮囑一番：「二弟剛剛建立奇功，現在西去面見父王，切不可自誇，千萬要低調低調再低調！」不難看出，此時的曹丕對這個弟弟還是很愛護的。

曹彰來到長安，父親很高興，笑著問：「吾兒此次北征，立下不世之功，來來來，給為父說說你的成功經驗！」

曹彰謙虛的回答：「全賴父王威德，三軍用命，兒臣不敢貪功。」

曹操哈哈大笑，摸著曹彰的小鬍子說道：「黃鬚小子竟然如此出人意料！」

雖然曹彰率領得勝之師來到了長安，並且請求帶兵出戰，奪回失地。但是，曹操卻已經放棄了。一來，大局已定，他已深感無能為力，二來年事已高，疾病纏身，精力不濟。因此，在任命曹彰為越騎將軍，留守長安之後，曹操就班師回朝了。

建安二十五年（西元二二〇年）正月，曹操剛走到洛陽的時候，病勢加劇，急忙派人召曹彰前來，也許是想要再看一眼黃鬚兒，卻還沒等來就去世了，終年六十六歲。曹彰得知父王病危，召見自己，立即奔赴洛陽，心裡想著，難道父王要改立自己為接班人？

來到洛陽後，父王卻已去世，遺命仍是世子曹丕接班，曹彰心有不甘，向治喪大臣賈逵詢問：「先王印綬何在？」

賈逵正色道：「世子現在鄴城，國家已經有接班人。先王的璽綬不是君侯該詢問的！」曹彰無言以對。

不久，曹丕在鄴城繼承王位。當年十月，漢獻帝被迫將皇位讓出，曹丕上臺，即魏文帝，曹魏政權建立。

曹彰進爵為公，後又被封任城王（封地在今山東濟寧地區）。

黃初四年（西元二二三年）的時候，曹彰進京朝覲，卻遭受冷遇。

原來，自從曹丕得知曹彰曾在洛陽問起印綬的事情之後，就對這個屢立戰功的弟弟起了戒備之心，兄弟二人當年的親密無間不復存在。此次入朝，素來心胸狹窄，猜忌兄弟的曹丕依舊在為當年之事耿耿於懷，遲遲不肯召見他。曹彰眼看著別的諸侯王都已朝見完畢，各自回國去了，自己卻仍舊被晾在一邊，生性剛烈的黃鬚兒怎堪受此大辱，連日憤憤不平，竟然暴斃在京城的府邸。

曹丕依照漢代東平王劉蒼的喪事級別為曹彰舉辦了隆重的葬禮，賜諡號「威」，故而史稱任城威王。

天之驕子　之二

宇文招文才武略
爲社稷重擺鴻門
——北周文皇帝宇文泰第七子

晉室南渡，北魏分裂，使得那些有著高度文化素養和深遠社會影響力的世家大族，大多留在了南方或是北齊境內，處於西北地方的北周政權則成為文化最為落後的地區，該國的王公貴族也大都重武輕文。

在這樣的不利環境下，北周皇室當中卻出現了三位詩人，還被後人稱作「宇文三才子」，其中一位就是本篇要說的趙王宇文招（另兩位為宇文毓、宇文逌）。

宇文招，字豆盧突，是北周文皇帝宇文泰的第七子。

從宇文泰的小名「黑獺」，不難看出這位西魏實際掌門人的家庭文化水準應該高不到哪裡。然而，他卻深知儒家思想對於政權建設的重大意義，故而掌權之後對其大加提倡，做了不少有助文化發展的工作，試圖以此扭轉國內粗獷輕文的風氣。

自幼聰慧的宇文招響應父親號召，博覽群書，學寫文章，努力學習文化知識，成為家族當中不可多得的才子。宇文招和十三弟滕王宇文逌都很喜好文學，而且十分崇拜大詩人庾信，哥倆經常前去拜訪和請教庾老師，而且只談學問，從不涉及權利和金錢，有若布衣之交。

庾信本是南梁臣子，西元五五四年時奉命出使西魏。不久，西魏軍隊攻破江陵，俘虜了梁元帝蕭繹和大批王公貴族，庾信一下子變成了亡國大使。西魏君臣一向傾慕南朝文學，庾信又久負盛名，因而他既是被強迫，又是很受器重地留在了北方，官至驃騎大將軍，後又封侯。南朝文學由此大規模傳入西北地方，其中尤以庾信的詩歌風格最為時髦，深受上層人士追捧，人稱「庾信體」。

西魏恭帝三年（五五六），權臣宇文泰去世，排行第三但卻是嫡長子的宇文覺承襲父位。由於宇文覺此時僅有十五歲，故而由其堂兄宇文護輔政。不久，專橫跋扈的宇文護把魏恭帝（後被殺害）趕下了台，將宇文覺推上了臺面，北周政權建立。

宇文護專權，宇文覺十分不滿，試圖奪回大權，非但沒有成功反而丟了小命。宇文護改立宇文招的大哥宇文毓為領導人。新皇帝同樣試圖擺脫宇文護的控制，結果也被弄死。宇文護不知不覺就在四年之內弄死了三個皇帝，堪稱「屠龍小鬥士」。

可是，宇文護心狠有餘，但卻魄力不足，甚至有些變態，磨磨蹭蹭的依舊不肯自己上臺，又立老四宇文邕為帝，即著名的北周武帝。難道他想要讓叔叔宇文泰的十三個兒子個個都品嘗一下先當皇帝後被殺的滋味嗎？

結果，宇文邕韜光養晦，幹掉宇文護，成為名副其實的皇帝。

武帝很看重七弟宇文招，接連對其加官進爵，先是柱國、益州總管，接著是大司空，不久改封大司馬，最後進爵為王。建德四年（五七五），武帝趁北齊後主高緯昏聵無能，國內局勢混亂之機，下詔討伐齊國。

武帝調兵遣將，以陳王宇文純（九弟）為前一軍總管，滎陽公司馬消難為前二軍總管，鄭公達奚震為前三軍總管，越王宇文盛（十弟）為後一軍總管，周昌公侯莫陳瓊為後二軍總管，宇文招被任命為後三軍總管。

周軍進展順利，接連攻下三十餘城，卻在洛陽金鏞城之戰被齊軍擊敗，又逢武帝發病，不得不暫時撤兵。第二年，武帝再次發動侵齊戰爭，並將進攻目標調整為晉州（今山西臨汾市）。由於齊後主和馮小憐兩口子的幫忙，周軍力克晉陽，齊軍在後主的帶領之下，丟盔卸甲，落荒而逃。

武帝論功行賞，戰功赫赫的宇文招被加封為上柱國（武官最高勳爵）。

正當周軍準備乘勝進軍，北攻晉陽之時，汾州（今山西汾陽市）地區的稽胡部落再次起兵，擁立劉沒鐸為皇帝，而且還設立年號，組建了領導團隊。汾州位於晉陽西南，若是周軍對其置之不理，則有可能在進攻晉陽的時候側翼受敵。因此，雖然劉沒鐸這個草頭皇帝成不了什麼氣候，但是為了保證晉陽之戰的順利進行，武帝還是決定要先將這個半路殺出的程咬金除掉。

武帝任命齊王宇文憲和趙王宇文招等出兵進剿。齊王調度有方，兩三下就將這個小朝廷掀了個底朝天，宇文招更是深入虎穴，斬殺敵首劉沒鐸。

武帝大喜，將北周最高加銜——「太師」授予宇文招。

西元五七八年，突厥圖謀南侵北周。剛剛滅亡北齊，統一黃河流域的武帝躊躇滿志，準備北上迎敵，試圖乘滅齊之餘威震懾突厥。誰知天公不美，武帝突然病逝。太子宇文贇繼承皇位。

宇文贇曾經因為犯錯而被父親痛打，他懷恨在心，竟然在父親死後，面無哀戚，一邊摸著腳上被打的杖痕，一邊大聲對著棺材喝道，「太晚了，死得太晚了！」宇文贇沉緬酒色，剛登臺就一口氣冊立了五位皇后，一舉打破前趙淫棍皇帝劉聰「三后並立」的記錄。

他奢靡浮華，濫施酷刑，而且是個虐妻狂，經常毒打自己的老婆楊麗華（楊堅的長女）。即位不久就誅殺了國之棟樑齊王宇文憲等大量忠臣名宿。武帝宇文邕苦苦開創的北周盛世很快就被這個混賬兒子弄得一塌糊塗了。

大象元年（西元五七九年）宇文贇剛當了一年皇帝就玩膩了，將皇位傳給了七歲的兒子宇文衍（靜帝），自己當起了太上皇，還起了個不倫不類的別號——天元皇帝。這一年，天元皇帝正式下令將洺州襄國郡（今河北邢臺市）的一萬戶作為宇文招的封國。

沒多久，縱慾過度的宇文贇一命嗚呼。病危之際，他心知小命難保，就緊急在臥室召見親信大臣劉昉和顏之儀，想向他們託付後事，卻因為面部癱瘓，只是哼哼唧唧，說不出話來。

劉昉是個投機分子，眼見靜帝年幼，難以服眾，而楊堅不僅是楊皇后的父親，而且位高權重，素有威名。於是聯合楊堅的老同學鄭譯等人力邀楊堅輔政，顏之儀則認為應由宗室大臣趙王宇文招輔政。劉、鄭等人勢大，遂假傳詔命，任楊堅為左大丞相，都督內外軍事，統領百官。

楊堅開始了篡奪北周政權的步伐。

眼看著宇文氏的天下就要被外姓之人搶奪，身為皇室子孫的宇文招怎能不心急如焚。為此，他常徹夜不眠，與左右親信商量對策。正在籌畫之際，朝廷詔書下達，召其進京。原來，楊堅深恐宗室諸王在地方上起兵對付他，遂趁早出手，以千金公主（宇文招的女兒）將要遠嫁突厥為藉口，徵召趙王宇文招、陳王宇文純、越王宇文盛、代王宇文達和滕王宇文逌兄弟五人，入朝觀禮。

兄弟五人入京後得知大侄子畢王宇文賢（明帝宇文毓之子）正在策劃誅殺楊堅一事，便都積極的參與了進去。誰知宇文賢嘴巴沒關緊，竟然見人就嚷嚷著要為國鋤奸，結果陰謀被楊堅得知，宇文賢和三個兒子全部被殺，其他五位參與策劃的王爺也都暴露了身份。可楊堅卻不急於動手，反而對宇文招加以籠絡，試圖安撫，因為他遇到了更加棘手的問題。

大象二年（西元五八〇年）六月，相州總管尉遲迥正式起兵討伐楊堅。

尉遲迥是宇文泰姐姐昌樂大長公主的兒子，即宇文招的表哥。他能征善戰，威望甚高，此時正手握重兵，坐鎮相州，也就是原先東魏和北齊的首都鄴城。

楊堅竊取大權之後，深感尉遲迥實力雄勁，難以對付，就派魏安公尉遲惇（尉遲迥的兒子）手持詔書前去宣尉遲迥進京參加天元皇帝的葬禮，同時任命親信韋孝寬為相州總管，叱列長義為相州刺史，前去將其取代。

尉遲迥怎能束手就擒，隨即發佈戰爭檄文，揭露楊堅「挾天子以令諸侯」的險惡用心，並尊奉正在襄國的趙王的小兒子（宇文招入朝，留他在封國）為主，起兵討伐楊堅。消息傳來，宇文招激動不已，心想：自己雖然身陷京城，無法回國助戰，但兒子卻在為家族榮譽而戰。轉念又想：俗話說老子英雄兒好漢，現如今，兒子成了好漢，老子卻還無所作為，算不得英雄，這怎麼能行！於是，不甘坐以待斃的宇文招出手了。

宇文招召集親信，在府中內室的牆後佈置下眾多武士，約定摔杯為號，進屋斬殺楊堅，隨後發出帖子，以商討要事為名邀大丞相楊堅到府中一聚。此時楊堅正在試圖招撫這些桀驁不馴的諸侯王，收到請帖之後，心想：莫不是宇文招回心轉意，想要俯首稱臣？即便這小子沒安什麼好心，但他遠離封國，處在自己眼皮子底下，想必也翻不起什麼浪來！就答應了下來。為表誠意，楊堅專門讓廚子弄了幾個拿手好菜，又帶上美酒，前去赴約了。一場北周版本的鴻門宴拉開帷幕。

楊堅下車，宇文招上前行禮，恭維道：「大丞相日理萬機，今日能夠駕臨寒舍，真乃小王三生有幸啊！」

「殿下不必客氣，你我都是為了國事嘛！」

「大丞相請進！」

「還是殿下先請！」

「哎！自當是大丞相為尊！」

「恭敬不如從命。」

兩人虛情假意的寒暄一番後，宇文招把楊堅引到自己的寢室，他的兒子宇文員、宇文貫和小舅子魯封等都在左右陪侍，佩刀而立。

楊堅的侍衛都被攔下，只有親信楊弘與元胄坐在門口位置。

酒過三巡，菜過五味，宇文招低聲對兒子說道：「你們倆去拿些瓜果，我伺機下手。」瓜果端上，宇文招笑著說道：「來來來，請大丞相品嘗一下府中新到的進口水果，味道很甜美哦！」說著就用刀切了幾塊，並親手送到了楊堅的嘴邊。

楊堅不好推辭，吃了下去，宇文招不斷切瓜，並且眼睛直勾勾的盯著楊堅的脖子，正欲下手，眼見大事不妙的元胄趕緊跑上前去，拱手拜說：「丞相不可在此久留，府中還有許多要事需要處理呢！」

宇文招一看這傢伙壞了好事，厲聲說道，「本王與丞相說話，干你何事？還不速速退下！」

元胄不但沒有退下，反而怒瞪雙目，握緊佩刀站在楊堅身旁。

楊堅有些醉意，笑著說：「殿下不必與他一般見識，這是我的心腹。」

宇文招問，「你是何人？」

「元胄！」那人高聲答道。

「哦！你就是元胄，以前不是跟著齊王（宇文招的六哥宇文憲，已經被殺）混嗎？真是一個壯士！賜酒！」

宇文招又說：「你何必如此緊張？本王與丞相吃酒，難道會有惡意不成！你們先喝著，我胸口難受，到後堂嘔吐一番！」話說著便要起身。

元胄擔心趙王耍花招，立馬上前攔住說：「大王海量，怎會如此不勝酒力呢？下官敬大王一杯！」

宇文招不好推脫，只好坐了回去。過了會兒又說要吐，仍被元冑擋下

宇文招自知難以走開，又生一計。他說：「本王口渴，煩勞元大人去廚房取些茶來。」

元冑答：「下官有些頭暈，不便行走，還請大王另差他人前往。」

宇文招早已受夠，正欲摔杯，侍從來報：「滕王前來拜訪！」

宇文招只好和楊堅等前去迎接客人。

正走下臺階的時候，元冑趕忙上前貼著楊堅的耳朵說：「情況異常，丞相應該趕緊離開這裡！」

楊堅不以為然的說：「他手裡沒有軍隊，能奈我何？」

元冑說：「國家都是宇文氏的，何況軍隊。一旦讓他們先發制人，大事去矣！元冑不怕死，就怕白搭上一條性命！」

楊堅已經喝迷糊了，覺得元冑言過其實，不聽勸告，又回到宴席之上，準備再喝。

這時，元冑突然聽到屋後有鎧甲撞擊發出的金屬聲，更加肯定自己的判斷，大步上前拽住楊堅就往外快走，嘴裡還不停地說：「相府公事繁忙，您怎能在此喝個不停，還是處理公務要緊！」

宇文招急了，上前追趕，元冑一把將楊堅推出，自己堵住門口，用身子死死地扛住宇文招。待到楊堅走出大門，元冑才轉身前去追趕。

楊堅上車，醉醺醺的對宇文招拱手道：「多謝殿下款待，楊堅來日回請，告辭了！」眼瞧著即將到手的肥鴨子就這麼飛走了，宇文招氣得彈指出血，後悔萬分，然而大勢已去，悔之晚矣！

不久，這次流產的行刺被楊堅偵知，宇文招父子六人全部被殺。那一年，先後被殺掉的還有他的六個弟弟。

次年二月，九歲的周靜帝被迫禪讓，楊堅上臺，隋朝建立。

天之驕子　之三

浪子回頭金不換
高延宗死得其所

——北齊文襄帝高澄第五子

「三歲看大，七歲看老」是說從人幼年時期的習氣秉性即可推知成年以後的性格特徵。然而，北齊安德王高延宗卻用親身經歷提醒世人不要忘記還有這麼一句話：「放下屠刀，立地成佛」。

高延宗是北齊文襄帝高澄的第五子，母親出身卑微，曾是北魏廣陽王元淵府中的一名歌舞演員，延宗五歲之時遭遇了一場重大家庭變故。東魏武定七年（西元五四九年），高澄以大將軍身份兼相國，封齊王，享受臣子頂級待遇：贊拜不名、入朝不趨、劍履上殿。大權獨攬的他加緊了篡奪東魏元氏政權的步伐，皇帝寶座指日可待。

然而，天有不測風雲，人有旦夕禍福。該年八月初八，正在與同黨密商篡位之事的高澄，卻被廚子蘭京（梁國大將蘭欽之子，戰敗被俘，淪為膳奴，因為回國不成且屢遭毒打，遂懷恨在心）給殺死了。

第二年，年僅二十歲的高洋繼承父兄基業，成功逼迫東魏孝靜帝元善見給自己挪位子，建立了北齊政權。高洋深知，自己屁股底下的寶座本屬大哥高澄，因此登臺之後對大哥的六個兒子都很不錯，特別是對小五高延宗更是寵到不行。

一日，高洋與侄子們在宮中戲耍，讓已經十二歲的延宗騎在自己的肚子上玩鬧。一會兒，延宗想要尿尿，正欲起身，高洋卻說：「別上廁所了，直接尿到二叔的肚臍眼裡得了！」延宗照辦，尿液四溢，高洋開懷大笑，抱起延宗說道：「朕的乖乖，可惜只有你這麼一個啊！小五，告訴二叔，長大了想當什麼王爺？」

延宗眨巴眨巴著小眼，大聲嚷道：「侄兒想做衛天王！」

高洋一愣，詢問身旁的才子丞相楊愔，「還有這個王？」

楊愔回稟：「天下沒有此郡，希望讓他安於德，將來能成為一名謙謙君子。」

於是，延宗被封為安德王。

高延宗長大些後被皇帝任命為定州（今河北定州市）刺史，外出歷練。然而，這個混小子根本對不起「安德」二字，不好好讀書識字，卻成天琢磨著整人的伎倆，幹盡了壞事。他在樓上拉屎，卻讓僕人在樓下張嘴接糞，甚至用豬飼料拌上人的糞便強迫手下人吃掉，而且必須表現出品嘗人間美味的樣子，要是露出一絲的不悅，立刻就會遭到毒打。

這時的皇帝已經不是那位處處護著他的好二叔了，而是性格暴躁，心胸狹窄的的六叔高演，即孝昭帝。當他聽說高小五的諸多惡行後，十分生氣，心想，這小子怎麼比我還壞，就派趙道德去定州杖責延宗兩百大棍，教訓一下這個不成器的混賬東西。

行刑的趙道德可不是一般人物。此人性格耿直，剛正不阿，人稱「趙大膽」。當年高洋酗酒濫殺，老趙曾經追著他連打帶罵地教訓，別提有多威風了。期間，老趙看著棍棒之下的延宗依舊嘻嘻哈哈，不思悔改，不禁痛心疾首的說：「高家怎麼出了你這麼個逆子，再打三十下。」

然而，延宗好了傷疤忘了疼，依舊我行我素。一次，有人向他進獻一口寶刀，說是削鐵如泥，吹髮即斷。小高不信，竟然從監獄裡面拉出個囚犯試刀。

新登臺的高湛，是延宗的九叔。這傢伙治國無方，殺起來人可是毫不眨眼，一聽侄子又在定州胡作非為，當即派人去狠狠地鞭打了他一頓，還將他身邊的九個親隨全部處死。這一事件對於剛滿十八歲的高小五很是震驚，他雖然平時很混，但從未見過這等陣勢，皇帝一聲令下，九個與自己朝夕相處的大活人就見了閻王，實在是太恐怖了！

經此打擊，高延宗大徹大悟，明白了手握生殺大權的皇帝是多麼不好惹，隨即痛改前非，洗心革面，再也不敢肆意妄為了。

北周保定四年（西元五六四年）九月，突厥招呼北周共同入侵北齊，周國權臣宇文護遂發兵二十萬，直逼洛陽。大將尉遲迥一馬當先，率軍將洛陽城團團圍住，發動連番進攻，並切斷了北齊援軍南下路線，洛陽岌岌可危。正在此時，北齊重臣段韶率領蘭陵王高長恭和大將軍斛律光火速開赴前線，力退敵軍。

戰役期間，蘭陵王曾經親率五百士兵，深入虎穴，與城中守軍裡應外合，重創敵軍，立下不世之功。凱旋歸來的蘭陵王成為眾人爭先追捧的偶像。慶功宴上，長恭應眾兄弟邀請，繪聲繪色的講述著此次大捷的過程，眾人無不投來敬仰的目光，發出讚嘆的聲音，唯有一人不以為然，那便是安德王高延宗。安德王一本正經的說：「四哥算不得大丈夫，為何不乘勝進攻？若是換我處在那樣有利的情況，定會揮師西進，直搗關中。」此番豪言壯語，雖不乏吹噓之嫌，但卻表明此時的延宗已經成長為一個關心國事，立志上陣殺敵，建功立業的男子漢了。

高延宗長得奇胖，像個圓球。每當坐下，身子就往後仰，倒地之後又翻了過來，趴在地上，人們經常以此取笑他。延宗為此也很難堪，就刻苦習武，試圖減肥，雖未成功，卻練就了一身不凡的身手，騎馬上陣更是往來如飛，無人可擋。外表壯武的延宗還是一位性情中人，非常注重兄弟情義。

不久，延宗的三哥河間王高孝琬被武成帝殘殺。聞此噩耗，延宗悲憤不已。為了發洩心中怨恨，他就用草編織了一個假人，將其打扮成武成帝的模樣，一邊用鋼鞭猛抽，一邊質問草人：「為什麼殺我三哥！」後來，此事被家奴告發，皇帝惱羞成怒，讓延宗趴在地上，親自拿馬鞭抽了他兩百下，直打到皮開肉綻，血肉橫飛，險些死去。

五年之後，延宗的四哥高長恭又因功高震主，而被昏庸狹隘的後主高緯毒殺，留下了悲痛欲絕的寡嫂鄭氏。鄭氏遭此大難，心灰意冷，將一串珍寶項鍊佈施給了寺院，似乎動了出家的念頭。老二高孝珩聽聞此事，立刻派人將珠子贖了回來，延宗得知後，更是傷心不已，一把鼻涕一把淚的給寡嫂寫了封信，勸她節哀順變，切不可胡思亂想。

北周建德五年（西元五七六年）九月，武帝宇文邕再次發動攻齊戰爭，很快進抵至北齊重鎮平陽（今山西臨汾市）。情急之下，後主高緯只好率兵來到前線，延宗奉命統帥右軍，初戰告捷，生擒北周大將宗挺。決戰之際，他手持鋼槍，率部突入敵軍陣中，橫衝直撞，所向披靡。

北齊眾軍皆敗，唯獨延宗保全了所部軍隊。

周軍來勢洶洶，嚇得高緯六神無主，急欲北逃晉陽，延宗苦諫：「陛下莫要驚慌，只管在軍中安坐，兵馬交臣指揮，定可擊退敵軍。」早已嚇破了膽的高緯此時一心開溜，哪裡有功夫聽這位堂兄在此吹牛皮，理都沒理就一溜煙的逃向晉陽了。

驚慌失措的高緯逃至晉陽不久，又聽說尾隨而來的周軍已經推進到了雀鼠谷地區（在今山西介休和靈石一帶，為交通要道，距離太原市不到三百里），頓時慌了神，收拾行裝就想著奔赴北朔州，然後伺機向突厥逃竄。延宗聞聽敵軍未至皇帝便要逃跑，趕忙進宮勸駕。見面之後，延宗還未張口，高緯就加封他為相國、並州刺史，統領山西軍事，接著又說：「並州這地兒朕是不想待了，阿兄自己占著吧，攻下的地方都歸你管，朕先行一步。」

延宗聽此消息，大驚失色，撲通一聲跪在地上，眼噙熱淚的說道：「陛下身繫江山社稷，怎可一走了之，置祖宗基業於不顧？臣雖不才，願為陛下拚死力戰，赴湯蹈火，在所不辭！」

高緯一愣，煞有其事的答道：「朕此次遠赴突厥，正為借兵破敵之事，你誤會朕了。」

延宗懇切的說：「陛下謬矣！敵軍此來，雖氣勢洶洶，但卻遠離國境，補給困難，難以長久作戰，只要我軍堅壁清野，憑險據守，待其疲敝，定可反敗為勝啊！懇請陛下收回成命，留在城中看臣如何破敵！」

高緯本想著延宗能夠體諒自己的「苦衷」，成全他做一名「亡國之君」的夙願。哪知此人冥頑不靈，聽不明白自己的意思，遂轉身出宮，延宗撲上前去，死死地拽住高緯的袍服，痛哭流涕的喊道：「陛下！不能走啊！您這一走，怎對得起大齊的列祖列宗啊！」

站在身旁的駱提婆（高緯奶媽的兒子）早已聽得不耐煩了，一把將延宗的手扯開，喝斥道：「至尊主意已定，誰可更改！莫非王爺想抗旨不成？」

延宗無奈，高緯連夜出逃。

然而，高緯此舉，無異於背離祖國，拋棄人民，故而很不得人心。那些被迫隨他北逃的將士，均不願就此窩窩囊囊的未戰先溜，背井離鄉的跑去做突厥的下等公民，遂紛紛表示不能奉召，險些釀成一齣軍事政變。高緯無奈，只好放棄「出國訪問」計畫。然而他並沒有返回晉陽，而是連夜逃向鄴城。

當時的人民向來害怕的既不是父母雙亡，也不是地震海嘯，而是沒有皇帝，所謂：「國不可一日無君是也！」若是沒了皇帝，那可真是食不甘味，夜不能寐，有如天塌地陷一般。帝國體制，皆是圍繞皇帝而設，核心沒了，其他自然也就沒了意義。故而，不管好壞，非得想盡辦法再弄出個皇帝不可！

高緯出逃的次日，消息剛一傳開，晉陽城頓時亂成了一鍋粥，陷入無政府狀態。諸位將軍也沒了主意，不知如何是好。眾人想還是得抓緊時間弄個皇帝，於是他們趕忙找到了負責晉陽城防工作的高延宗，試圖擁戴其為新任皇帝，領導全城軍民抵抗外敵。延宗大驚失色的說：「陛下東奔鄴城，至今安在，汝等怎可出此大逆不道之言！」

眾將回答：「非是吾等不忠，實在是皇帝太不給力，竟然扔下我們跑了，此等不仁不義之君，管他作甚！如今，敵軍逼近晉陽，軍情十萬火急，若是大王不肯登基稱帝，恕吾等難以拚死用命。」

凡此再三，延宗只好隨了這幫將軍，答應了這件苦差事，當日舉行登基大典。新皇即位，儀式雖然簡陋，但即位宣言確是少不了的。詔書當中，歷數後主高緯的種種罪行，陳述了當時的緊急情況和延宗的迫不得已，然後改元德昌，提拔晉昌王唐邕、沐陽王和阿於子、右衛大將軍段暢等一批文臣武將，組建了臨時軍政府。

高延宗「受任於敗軍之際，奉命於危難之間」，明知這個爛攤子難以收拾，卻還毅然扛了起來，這種大無畏的精神比起那些工於心計，圖謀不軌的篡位者不知強上多少倍。

儀式結束，延宗顧不得休息，立刻走上街頭慰勞民眾。他眼含熱淚，滿懷深情的與大家一一握手，從不自稱「朕」或「寡人」，而是自報姓名。廣大軍民無不被新皇的親民風範深深打動，紛紛請纓殺敵。

為了激勵將士，延宗還下令查抄了一千多個宦官的家產，並將府庫內的所有財物和高緯行宮中的美女全部賞賜給了前線將士。正在逃亡途中的高緯聽說此事後，氣得直跺腳，恨恨的說道：「老子就是讓周軍把並州給占了，也不想讓高延宗得到它。」

延宗勞軍之際，前方戰報：由於防守太谷（今山西太谷縣，距離太原六十公里）的那盧安生叛變投敵，敵軍現已包圍晉陽。眾皆失色，唯獨延宗鎮定自若。他登上城樓，放眼望去，敵軍果然有如滾滾洪流一般向晉陽湧來。延宗調兵遣將，命莫多婁敬顯，韓骨胡拒守城南；和阿于子，段暢防禦城東；自己則率部赴城北對陣北周悍將宇文憲。

延宗抖擻精神，提槍上馬，飛一般的衝入敵陣，往來衝突，所向披靡，如入無人之境。酣戰之際，探馬再報：城東守將率部投降，敵軍已從東門蜂擁而入。延宗只得拍馬去救。

此刻，突入城中的侵略者正欲燒殺搶掠，卻發覺自身陷入了人民戰爭的汪洋大海之中。晉陽的爺們紛紛舉起了鐮刀錘子，鐵鍬鋤頭，湧向街頭阻擊他們，婦孺也自發爬上房頂牆頭，投擲磚頭和火把，對其進行遠端攻擊。恰在此時，威風凜凜的安德王率部趕來，與百姓前後夾擊，殺的敵軍丟盔卸甲，爭相奪門而出，踩踏致死者不計其數。

齊軍乘勝追擊，周武帝險些被擒，僅以身免。

取得大勝的齊國軍民陷入極度的狂喜當中，紛紛走上街頭，載歌載舞的慶祝勝利，夜晚時又都跑到酒店開懷暢飲，個個喝得爛醉如泥。深知危機尚未度過的高延宗心急如焚，再三警告諸將不可掉以輕心，但卻無人聽從。

與此同時，宇文憲等攔住急欲逃跑的周武帝，向其陳說形勢，力主重新殺回。叛將段暢也極力附和，說是城中防備鬆懈，定可一擊而勝。周武帝審時度勢之後，決定連夜返回，突襲晉陽。

清晨，周軍趕到晉陽城下，吹起了衝鋒的號角。尚在沉醉不醒的齊國人哪想得到敵人竟會殺出個回馬槍，只得迷迷糊糊的上陣禦敵。但這樣的軍隊怎能打仗！周軍從南門攻入，高延宗且戰且退，一直戰至城北，最後力竭被俘。

聽說生擒了高延宗，周武帝大喜過望，親自前去看望。一見面就跳下馬來，緊緊握住了他的雙手，延宗把手縮回，慚愧的說：「死人的手怎敢接近天子。」

武帝搖頭說：「此言差矣！你我都是天子，咱倆有什麼冤仇，不過是為了天下蒼生而已！賢弟莫怕，朕絕不會加害於你。」說罷，武帝招呼隨從送上一套嶄新的袍掛，請他更換。

不久，周軍圍攻齊都鄴城，武帝向延宗詢問破城之策，延宗惶恐的回答說：「敗軍之將安可言勇，亡國大夫怎可謀劃國家存亡大計，這不是臣可以預料的。」

武帝不許，逼他回答。延宗只好說：「若是任城王（高湝，高歡第十子，忠誠勇敢，鎮守瀛州，今河北河間市）前往救援，成敗難料，如果齊主高緯自守，陛下兵不血刃，即可獲勝。」

戰局果如延宗所料，高緯再次未戰先逃，在南逃陳國的途中被周軍俘虜，押至長安。周軍凱旋回京，舉行了聲勢浩大的入城儀式。

此次遊街，走在隊伍最前面的不是英姿颯爽的儀仗隊，而是原齊國最高領導人高緯。只見他衣衫襤褸，拖著腳鐐，昔日的驕橫之氣蕩然無存；身後是亡國之臣方陣，高延宗也位列其中；高緯曾使用的天子車駕和旌旗等戰利品緊隨其後。

為了彰顯蓋世武功，周武帝以勝利者的姿態特地安排了太廟獻俘儀式。太廟是皇帝祭祀先祖的家廟，陳列有列祖列宗的牌位和畫像。齊國君臣有如獵物一般，被押解到此，三叩九拜，俯首謝罪。周國軍民見此情形，無不歡聲雀躍，大呼過癮。

不僅如此，志得意滿的周武帝又安排筵席，試圖藉機羞辱齊國君臣。席間，他命令高緯獻舞，在場的齊國故臣無不唏噓，延宗更是痛哭流涕。昔日貴為大齊安德王，亦曾登基稱帝（雖然前後只有兩日）的延宗，如今卻淪為階下之囚，亡國的巨大痛苦與無盡的屈辱，無日無夜不在刺痛他的心靈。

一旦歸為臣虜，沉腰潘鬢銷磨。
最是倉皇辭廟日，教坊猶奏別離歌，垂淚對宮娥。

南唐後主李煜在這首〈破陣子〉當中的所描述的心境，想必與此時的高延宗頗為相像。不堪受辱的他也曾多次試圖服毒自殺，卻均被身邊的侍女阻攔，苦苦規勸後才不得不忍辱偷生。然而，苟活亦不可得。不久，周武帝誣指高緯和延宗等人圖謀造反，令他們自殺。眾人紛紛磕頭告饒，唯有延宗義不再辱，一聲不言，只是哭泣，捋起袖子，抓起辣椒塞進自己的口中，悲憤而死！

Section 06

另類皇子

另類皇子 之一

官場殺手人人畏　劉端有苦說不出

——漢景帝劉啓第八子

漢景帝劉啟共有十四個兒子，第八子劉端想必是其中最可憐的一個了。

話說景帝前元三年（西元前一五四年），歷時三個月的「七國之亂」被成功鎮壓。志得意滿的皇帝不失時機的對諸侯國進行了大刀闊斧的調整。參加叛亂的七國，除了楚國被保留外，其餘六國全部廢掉，繼而在六國原有領地上重新設置了一批諸侯王國，並且本著「以親制疏」的原則，大封皇子為王，組成皇帝的嫡系勢力。

不僅如此，景帝還進一步限制諸侯王的許可權。例如中元五年（西元前一四五年）的時候，改革王國官制，「令諸侯王不得復治國」，從而剝奪了諸侯王原有的「治民權」。劉端就是在這樣的背景之下被封為膠西王的，封國在今天的山東膠州地區。

諸侯王本是國之藩籬，位高權重，讓景帝這麼一折騰，成了位高權不重的「閒職」。這些本就沒什麼正事可做的王爺們更加閒得發慌。為了打發時間，大部分諸侯王響應中山靖王劉勝的號召，每天過著聽聽音樂泡泡妞，喝點小酒打打獵的逍遙日子。然而劉端卻沒這麼幸福，他既不能享受男歡女愛，也不能享受兒孫環繞的天倫之樂，那可是悲哀至極啊！

劉端並非不愛女人，他的後宮當中美女也不少，但他卻有心無力乾瞪眼！原來，尊貴的皇八子患有一種十分痛苦而尷尬的疾病，那便是，陰萎。請注意，不是陽痿。該病的臨床表現為：每次病人試圖接觸女性，立刻就會癱倒，最少臥床大半年，甚至直接威脅生命。

從劉端的症狀不難看出，「陰萎」較之於僅表現為勃起性功能障礙的陽痿要嚴重很多。這種病並不常見，而且更多的是發生在女性群體當中，很多醫學類著作也將「陰萎」歸類為女性性功能障礙，似乎與男性無緣。而劉端的經典病例告訴我們，它並非是女性專利，而是歸屬於全人類。作為一個有著正常生理需求的男性，劉端的遭遇無疑是令人同情的。

由於長期遭受生理疾病的摧殘，劉端的心理也出了問題，其中最顯著的表現就是性取向發生轉移，也就是說他因後天因素而逐漸成為一名同性戀者。劉端心想：大夫說不讓我碰女人，可沒說不讓我玩男人。於是乎，他養起了「小白臉」。劉端找了一個非常俊美的男子，兩人成天出雙入對，卿卿我我，過著夫妻一般的生活。可有一天，這個美少男竟然出軌了！

出軌原因揭秘：

王宮內本就陰盛陽衰，狼多肉少，除了劉端就是宦官，前者中看不中用，後者既不中看也不中用。這可苦了王宮內的紅粉佳人。可憐她們終日獨守空房，寂寥孤獨，結果偏又惹上劉端這樣一個性無能者，這簡直就是守活寡，使得她們個個成了饑渴難耐的深宮怨婦。其實，膠西王並非不愛美女，而是沒法愛，不敢愛。但這些早已熬不住的女人可管不了這麼多，他們一看見劉端帶進宮來一個長相還不賴的純爺們，立刻春心蕩漾，難以抑制，沒過多久就紅杏出牆，勾搭成姦了。

可見，雖然劉端是個「純粹的同志」，因為他碰不得另一半性別的人類。可這個被他玩弄的美少男似乎並不是真正的「同志」，說不定還是個雙性戀。

膠西王得知自己的「男人」跟自己的女人聯合為自己打造了一頂絕世無雙大綠帽，簡直是無地自容，怒不可遏。他心想：身邊的女人自己不能碰，男人也要拋棄自己，這活著還有什麼意思！遭受雙重背叛的劉端，惱羞成怒，殺心頓起，立刻將這個小白臉一家子給殺了。性情扭曲的劉端無處發洩自己的性慾，轉而將精力全部揮灑到了「反特務戰爭」當中。

吳王劉濞等人起義的失敗，也害苦了整個諸侯王群體，使得這個本來很有前途的職業，淪落為一項苦差事。大獲全勝的皇帝藉機對他們進行了全方位的打壓。其中，大大強化諸侯國國相的監視功能便是重要一項。

這些國相打著輔佐諸侯王治理國家的幌子，實則肩負著監視的使命，是不折不扣的特務。他們由朝廷派駐，並直接為皇帝工作，對諸侯王的一切不軌行為都可直接上報，被告發的藩王，輕則挨罵削地，重則腦袋搬家。國相監視功能的強化成為皇帝鉗制藩王的重要手段。

這些特務手握王爵，口含天憲，令諸侯王既恨又怕，膠西王劉端偏偏不信邪，決心用實際行動來教訓這幫皇帝的爪牙，為其他王爺們出出這口惡氣。對付這些特務，聰明的劉端顯得頗有心得。他分門別類，針對敵人的不同特點，相應採取不同的手段措施，但結果都是將敵人徹底消滅。

如果特務打著朝廷的招牌前來監管並且一本正經，顯得煞有其事，劉端就採取設陷阱的辦法來應對。俗話說：「人在江湖飄，哪有不挨刀。」即便處處提防，謹小慎微，也難免有犯錯的時候。

劉端跟著八弟劉彭祖學了很多「鋤奸」的伎倆，總是能夠抓住這些眼線的把柄，如果他們不主動犯錯，那麼就製造機會讓他們犯錯。於是，一個個禁不住誘惑的鴨子下水了，劉端隨即上報朝廷，揭發這些國相的不法行徑，將他們繩之以法。

但總會有那麼幾個軟硬不吃的「忠貞之士」堅持到底，堅決不向劉端妥協。每當遇到這種頑固分子，他就只好使出自己的撒手鐧——毒藥。為了確保死亡率，劉端為這些遠道而來的特務分子準備了很多居家旅行的「必備良藥」。諸如鶴頂紅、敵敵畏、一日喪命散、含笑半步顛之類的天下奇毒，劉端應有盡有。

於是，膠西國上空又多了幾個冤死鬼魂。

膠西國也因此聲名大噪，成為帝國官員的噩夢。當時的漢朝政壇，竟然流行著很多有關膠西國的廣告語。例如：

膠西王國，官員的墳墓！

珍惜生命，遠離膠西！

一到膠西國，性命去無蹤！

在眾多膠西國國相當中，唯有一人算是例外，他不僅活了下來，而且還受到了國學大師的待遇，這個人就是一代鴻儒董仲舒。仕途坎坷的董先生剛從兇險的江都國回來不久，便又被那個出身豬官的丞相公孫弘擠出了朝廷。公孫弘外表忠厚，內心狡詐，沽名釣譽，嫉賢妒能，是個大奸似忠的老賊。大才子主父偃當年的被殺，即是拜他所賜。如今，眼看著國學大師董仲舒人氣竄升，深受皇帝青睞，公孫弘心裡很不是滋味。為了將董仲舒踢出朝廷，他心生一計，不懷好意的對漢武帝說道：「膠西國一向難以治理，當今天下，唯有董先生能夠擔此重任。」

不明就理的武帝還以為丞相在為國舉賢，隨即任命董仲舒為膠西國國相。董仲舒當然明白公孫弘借刀殺人的險惡用心，無奈天命不可違，只好走馬上任。可誰知，殘忍好殺的膠西王竟是一個尊重知識，尊重人才的王爺。得知著名學者董仲舒要來膠西國任職後，劉端欣喜不已，親自出城三十里，迎接董老爺子。

見面之後，劉端深深一鞠躬，說道：「小王久聞先生大名，仰慕不已，今日得見，真是三生有幸啊！如今，董公屈尊做了小王的國相，還望先生多多包涵。」

董仲舒一見這架勢，心裡的石頭可算是落了地，答道：「鄙人才疏學淺，還望吾王尊聖人之道，行王化之教！」

劉端笑答：「好說，好說！」

受寵若驚的董老沒想到自己的名氣竟然這麼大，粉絲竟然這麼多，就連臭名昭著的膠西王竟然也這麼給自己面子，他的虛榮心得到了極大滿足。險些摸不著北的董仲舒最終還是回過神來，想起了劉端不是一個「正常人」，對待「精神病患」可不能掉以輕心。董國相只好夾著尾巴做人了！

為保小命的董仲舒，將上任之前宣誓效忠主子的誓詞忘得乾乾淨淨。對於膠西王的胡作非為，他不僅是看了全當沒看見，簡直就是看都不去看，而是整日泡在書齋裡兩耳不聞窗外事，一心唯讀聖賢書。

劉端以禮相待，董仲舒頗為自知，倒也相安無事。四年之後，提心吊膽的董仲舒逮了個機會，上書朝廷，告老還鄉了。

長期病痛折磨，還造就了膠西王乖戾的行事風格。

膠西王不斷迫害朝廷國相的行徑，自然得罪了整個公務員陣營。他們經常向漢武帝舉報劉端的不法行為，請求處以極刑，以正王法。然而國家是皇帝的私產，臣子們嚷嚷歸嚷嚷，點不點頭可是主子說了算。

劉端的遭遇早就贏得了劉姓家人的無限同情，老婆孩子一大堆的武帝對這個哥哥就更是憐惜了。他心想：這些當官的也真是，竟然跟一個病人過不去，還是不是男人！

雖然不殺，但姿態還是要做一下的，不僅可以堵住官員的嘴，還可彰顯皇帝的大公無私，於是武帝就剝奪了膠西國的一些地盤。但極度自卑的劉端已經變得十分敏感，弟弟的處罰深深的刺痛了他那顆本已破碎的幼小心靈！受到傷害的膠西王不僅消極怠工，而且阻撓公務，以發洩內心的不滿。

一、對王國內的財政狀況不予管理，即便是出現了大規模債務危機和赤字問題也毫不理會。

二、儲存財物的府庫年久失修，多處漏雨，甚至坍塌，劉端絲毫不予過問，任由物資腐朽敗壞，結果造成大量國有資產流失。

三、禁止國家稅收部門徵收租稅，真正降低膠西國百姓的稅費負擔。沒想到早在兩千多年前，膠西人民就已經享受到了免稅的待遇，真是令我們這些後人羨慕不已。

除了以上的特立獨行之外，膠西王竟然還是一位資深的「登山愛好者」。為了降低行政開支，他就將王宮內外的警衛人員全部撤去，封閉所有大門，只留下一個隱蔽的小門供自己出入。每當夜深人靜的時候，劉端就喬裝打扮成百姓的模樣，溜出宮去，遊山玩水，周遊列國。為了保證自己在外面玩的時候方便住宿，不被旅店老闆懷疑，變換模樣的劉端連自己的名字也更改成了什麼張三李四王五趙六，真是荒唐透頂。

劉端沒有房事，從而降低了縱慾的可能性，而且又熱愛戶外運動，因此除了「那方面」不行之外，身體還不錯，在膠西國折騰了四十七個年頭才最終精力耗盡，見了閻王，享年五十八歲，這在當時來說，無疑也算得上是長壽了！

另類皇子　之二

生育記錄無人及劉勝自甘酒色徒

漢景帝劉啓第九子

「在下劉備，中山靖王劉勝之後。」這句經典臺詞是《三國演義》中劉備的開場白。可笑的是，從未有人主動問及玄德公的家世，而他卻每次自報家門，唯恐來人不知，看低了自己。劉勝到底是何方神聖？為何劉皇叔非要厚著臉皮成天拿這個「老祖宗」說嘴？

劉勝之所以能打出知名度，主要依靠三張牌：

第一、行銷專家劉備的強力推介，使得中山靖王劉勝幾乎成為家喻戶曉的公眾人物。

第二、位於河北滿城縣的中山靖王墓因其出土了金縷玉衣、長信宮燈、錯金博山爐等眾多國寶級文物而蜚聲海內外，墓主的名號也自然響亮。

第三、中山靖王以其超強的生育能力令當時的人為之瞠目結舌，子孫兩代合計共有一百二十多個人以上。這一「天文數字」必將列入金氏世界紀錄。

以上三點都源於劉勝的生活態度：縱情聲色，樂酒好內。

景帝前元三年（西元前一五四年）正月，一場聲勢浩大的叛亂發生了。漢高帝的侄子、景帝的堂叔吳王劉濞連同六個被皇帝逼急了的諸侯王一起扯旗造反，史稱「七國之亂」。這場雷聲大雨點小的叛亂僅僅維持了三個月就被皇帝的大軍夷平。地方諸侯王的勢力遭到毀滅性打擊，此後基本上處於任由朝廷宰割的境地。然而，心有餘悸的皇帝和主張削藩的大臣仍然咬牙不放，繼續對諸侯王進行打壓，令這些皇子皇孫們苦不堪言。

七國之亂被平定之後，皇九子劉勝被爸爸派到了中山國，開始了長達四十二年的藩王生涯。剛剛過去的這場戰爭，對於年僅十來歲但卻十分早慧的劉勝刺激很大，使他認識到「諸侯王」這個貌似很有前途的職業其實潛藏著巨大的風險。隨著年歲的增長，劉勝更明白了皇帝並不希望諸侯王聰明能幹，為國分憂，而只要老老實實的在那一畝三分地裡待著，就是對皇帝最大的效忠了。

景帝後元三年（西元前一四一年），正值壯年的劉啟撒手西去，十六歲的皇十子劉徹上臺，是為漢武帝。老皇帝的去世令那些飽受壓榨之苦的諸侯王們悲傷之餘還有點竊喜，他們真的很想喘口氣。

然而，他們的希望落空了。

新上臺的少年天子絲毫沒有放鬆對地方藩王勢力的打壓，動輒藉故削減封地，嚴加斥責，甚至痛下殺手。一些臣子也見風使舵，順著皇帝的意思，借機邀寵。

這些投機分子先是嚷嚷著要給「七國之亂」當中被腰斬的「代罪羔羊」鼂錯平反，以此來表明：新一屆朝廷將堅定不移的貫徹實施漢景帝定下的「強力削藩」政策，以加強朝廷集權，鞏固國家統一和穩定。

後又藉著「打擊藩王，效忠皇帝」的幌子大興冤獄。這幫傢伙為了拿到王爺們意圖「謀反」等不法行為的證據，不惜對王國內的官吏進行拉攏恐嚇，或是採取獎勵政策，甚至是嚴刑逼供都有。部分禁不住威逼利誘的「軟骨頭」就開始胡說八道，無中生有，栽贓陷害。昔日不可一世的諸侯王此刻卻成了有口難辯，任人宰割的弱勢群體，眾多冤假錯案隨之湧現。

諸侯王們自然也不會坐以待斃，但受過嚴重警告處分的他們不敢再以暴抗暴，而是改變策略，爭取輿論支持。王爺們搬出了當年漢高帝裂土分封的原因：「懲亡秦孤立之弊，故大封同姓」來嚇唬人，以此證明，諸侯王絕不僅僅是威脅朝廷的分裂勢力，只要處理得當，必定會成為捍衛朝廷的國之藩籬。外可代天子守邊，保家衛國；內可防止不測，進京勤王。

但是，死人終究沒有活人管用。儘管他們磨破了嘴皮子，吹破了天，卻再也沒人願意相信了。這些血緣上跟最高領導人最為親近的王公貴胄反而被視作一股潛在的、有可能破壞社會穩定的不和諧因素。

種種非議令那些素來遵紀守法，安守本分的王爺們十分委屈。他們本就謹小慎微，處事低調，成天夾著尾巴做人，卻仍然不斷受到非難，過著惶惶不可終日的日子。在爭取輿論支持失敗以後，他們只好改走上層路線，進京面聖，乞求開恩，成了一幫高貴的拜訪戶。

建元三年（西元前一三八年），代王劉登（景帝弟弟劉參之子）、長沙王劉發（景帝第六子）、濟北王劉明（景帝弟弟劉武之子）和中山王劉勝一起來到長安朝見天子。朝覲完畢，武帝興致很高，就留下兄弟幾人一起吃酒。天子請客，歌舞自然是少不了的。誰知樂隊剛開始奏樂，卻傳來了一陣撕心裂肺的哭聲。原來是劉勝在那兒鬼哭狼嚎。

武帝很是納悶，問道：「朕今兒個高興，特意請你們吃酒，九哥哭什麼啊？」

劉勝哭哭啼啼的回答道：「臣聽說，悲傷的人不能過度哭泣，哀愁的人不能總是嘆息。因而，高漸離擊筑在易水河畔，荊軻為之吃不下飯，雍門子周每次低吟淺唱，孟嘗君都會為之傷心落淚。現如今，臣心中的疙瘩那也不是一時半刻了，每次聽到婉轉動聽的樂曲聲都會不由自主的痛哭流涕。常言道，人多了，吹口氣都能將山移動；蚊子聚在一起，嗡嗚聲能比得上雷鳴；壯漢要是多了，老虎都能逮住；十個大老爺們兒就能把鐵錐給弄彎了。所以，周武王他爹被拘禁到了牖裡，孔夫子被困在了陳蔡二國。這充分表明，眾口鑠金，積毀銷骨，三人成虎啊！再小的零件，裝多了也能把車軸壓斷，鳥兒搧動羽毛還能使身體飛翔，我這剛受到驚嚇又被人羅織罪名。臣一想到這些，這鼻涕和眼淚便止不住的往下流啊！」

武帝有些意想不到，只好停杯放箸，傾聽哭訴。劉勝擦了一把鼻涕，繼續囉嗦道：「臣還聽說，白天，明媚的陽光下，陰暗的偏僻角落都能照到；夜晚，皎潔的月光下，連蚊子都能看見。但是到了烏雲密佈的時候，白紙也會顯得灰暗；佈滿塵埃的時候，泰山也會看不清楚。為何呢？有東西遮住了呢！如今，正常的上訪皇帝行程受到阻撓，到處都是讒言小人，臣的家離陛下這兒很遠，您也很難聽到臣的訴說。臣只能暗自悲傷啊！」

突感內急的武帝想要去上茅房，誰知劉勝還沒說完，只得坐下繼續聽他嘮叨。

「臣又聽說，土地廟裡的老鼠不能用水灌，屋裡的耗子不能用煙薰，為什麼呢？老鼠洞的位置不允許啊！臣雖是個小人物，卻得蒙皇上親近；地位雖然卑微，卻好歹是大漢東部的藩臣，有幸還是陛下的哥哥。現如今，這幫和陛下沾不上一點親，地位比一根羽毛還輕的奸人，卻成天聚在一起瞎嚷嚷，朋比為奸。致使皇親宗室都被摒棄，骨肉親情都像冰塊一樣融化了。這就是伯奇之所以流離失所，比干之所以身首異處的原因啊！我憂傷的心靈好比是被棒槌搗個不停；睡不著覺的時候只能唉聲長嘆，憂傷使我過早的衰老；心裡那個苦啊，就像頭疼發高燒。這不就是在說我嘛！」

說完這些，口乾舌燥的劉勝早已泣不成聲，在場的其他諸侯王也個個甩起了鼻涕，放聲大哭，跟淚人兒一般。

中山王一番悲壯而真摯的話語將宴會徹底變成了訴苦大會，鐵血天子漢武帝竟然也動起來惻隱之心。上完茅房回來以後，武帝立即下令：撤銷司法部門上報的部分關於諸侯王不法行為的報告，進一步提高諸侯王待遇，增強皇室成員的凝聚力，彰顯帝王的寬廣胸懷。

不僅如此，劉勝的這次宴會上的表現還直接導致武帝削藩策略的轉變。此後，他大致上停止了景帝時期的暴力手段，而改用和平的手段消弭隱患。

劉徹採納主父偃的建議，頒佈「推恩令」，准許諸侯王分封子弟為列侯。如此一來，除了王太子繼承王位之外，其他被封為列侯的王子都可以從原有王國中分得一塊土地作為侯國。按照漢朝法律，侯國地位等同於縣，歸郡管轄。直轄範圍的擴大，意味著諸侯王國領土的進一步萎縮。這使得藩王們更加無力再與朝廷對抗了。

雖然這次沒能達到使武帝放棄削藩的目的，但畢竟得到了一定成效。最起碼，武帝體會到只要不像「灌蟋蟀、薰耗子」那般對待這些尚且安分，只求自保的諸侯王，他們就不會生出什麼大的亂子。

武帝變換策略，用起了「軟刀子」，但聰明的劉勝並不敢對這個多疑好殺的弟弟放鬆警惕。他深刻認識到，在皇帝心中，諸侯王如同一把懸在頭頂的達摩克斯之劍。不僅因為他們有一塊地盤，更因為他們有著同一個老爸。從大層面上來講，皇帝的兄弟同樣具備有朝一日接班上臺的機會。心病不除，皇帝怎能安心。

不久，濟川王劉明因為不堪忍受身邊太傅等官員的不斷逼迫，而將這些特務人員射殺。武帝法外開恩，仍將劉明流放到了房陵（今湖北房縣）的深山老林當中。

回家之後，對局勢有了明瞭判斷的劉勝，堅定了自己「莫談國事，縱情享樂」的韜光避禍之策。他的日常生活基本可以用十二字來概括：飲酒聽樂、泡妞享樂、繁衍後代。除此之外，似乎再沒別的事情可做。這從他和哥哥劉彭祖的一次「互損」對話中可以看出。

一日，劉勝和趙王彭祖閒扯，二人談天說地，突然聊到了世界觀，人生觀和價值觀的話題。劉勝對彭祖說：「七哥，你這王爺當得可真沒勁，成天做一些公務員做的雜事。王爺嘛！就應該每天聽聽小曲 KK 歌，泡泡馬子喝喝酒。哪裡用得著像你這般操心。」

劉彭祖心中不快，反唇相譏：「瞧你小子那點出息！就知道成天花天酒地，逍遙快活，泡在女人堆裡不思進取。諸侯王若是都像你這樣，不去幫著皇帝安撫百姓，怎麼配得上『藩臣』的稱號！」

哥哥的一番教誨讓劉勝很不以為然，因為聰明好學且頗有文采的他並非刻意為了縱慾，實屬無奈之舉。故而依舊我行我素。

經過他的不懈努力，終年五十出頭的他生出了眾多兒子，女兒不計。子孫兩代加起來足有一百二十個人以上。當之無愧的榮登生育排行榜第一名。這份成績單充分說明，劉勝不僅很勤奮，而且精子品質好，受孕率很高。

在一夫一妻制的今天，打破這項紀錄已經變得不再可能，計劃生育政策的實行更是註定了它將前無古人後無來者，永載史冊。

劉勝的生存狀況除了透過史書記載獲知外，對其陵墓的發掘研究也是一條重要途徑。一九六八年五月，解放軍某部在滿城西南的陵山開鑿隧道，伴隨著一聲震耳欲聾的爆破聲，中山王的地下宮殿在塵封兩千多年後終於現出了原形。墓中不僅出土了四千餘件珍貴文物，更發現了一萬多斤的美酒，大量精美的酒器和金屬材質的性器具。這些陪葬品的面世，是中山王「樂酒好內」的物證。

劉勝的一生，是吃喝玩樂的一生，是繁衍後代的一生，也是壓抑而悲哀的一生。然而，本已逃離權力的他卻在死了三百年後又被一個「不肖子孫」拽出來助陣。

東漢末年，門閥制盛行，出身問題顯得倍加重要。大小人物動不動就要拿自己的老祖宗說嘴。袁本初號稱四世三公，曹孟德詐稱自己是曹參後代，孫仲謀吹噓自己的先人是孫武。出身低微卻素有大志的劉備找個死人來招搖也未嘗不可。中山靖王無疑是最佳人選，吹牛掛在劉勝門下無疑是最能夠蒙混過關的高明選擇。

另類皇子　之三

上樑不正下樑歪　石邃變身食人魔

後趙太祖石虎長子

混世魔王石季龍一生最大的遺憾就是沒能生出一個像樣的兒子！石季龍本名石虎，「季龍」是他的字。《晉書》成於唐代，作者們為了避開唐高祖李淵的爺爺，李虎的名諱，故而只稱字不稱名。

後趙立國三十三年，石虎統治時期達到全盛，佔據大半個北中國。石虎雖然荒淫殘暴卻非昏君，期間做了些恢復農業生產，整頓吏治的工作，不能一概否定。但由於後天教育走歪等原因，致使皇室的第二代當中沒有一個具備帝王潛質的，反而完全遺傳了石虎獸性的一面，其中尤以長子石邃為最！

西元三三三年，後趙開國皇帝，一代梟雄石勒（石虎為石勒的姪子）病死，文質彬彬的太子石弘即位。不難想像，在這個群雄混戰，生靈塗炭的動盪年代，軟綿綿的石弘坐上了最危險的位子會是什麼樣的下場。次年，開國元勳石虎廢殺新帝，自立為居攝趙天王。「居攝」一詞的專利人是王莽，意思是說，皇帝因年幼不能親政，由大臣代其處理政務的意思。石虎連皇帝都殺了，竟然還要躲躲藏藏。在他奪位期間，有一個人出力很多，那便是石邃。

石邃，小名阿鐵，是石虎和當時著名的雜伎名角鄭櫻桃的長子，後被封為皇太子。石邃驍勇善戰，常年跟隨父親東征西討時很受寵信。為了顯示君主的睿智與大度，石虎常常在群臣面前吹噓他和兒子的關係有多麼好，曾說：「司馬氏的那幫敗類就是因為成天在家裡鬧騰，才使得朕能夠得到今天的地位。你們說，像朕這樣，有殺掉阿鐵的道理嗎？」得意忘形的石虎想必高興太早了！

當上領袖的石虎，日常生活非常豐富，每天既要忙著舉辦選美大賽，縱慾淫樂，又要視察工地，監修豪宅，還要著手培訓後宮女子儀隊……總之是玩得不亦樂乎。忙於玩樂的石虎就將除禮儀、軍事和司法之外的其他事務全權委託太子處理。由此可見石虎的高明之處。

夫子曰，禮樂征伐自天子出。五胡十六國時期，晉室南逃，外族入侵，各地山頭林立，混戰不休，大小政權均以華夏正統自居。因此，祭告天地，拜謁宗廟的禮儀大事不能假手於人，必須親自操辦。

所謂「槍桿子裡出政權」，放到這一時期的中華大地真是再合適不過了。八王之亂致使西晉朝廷的威信與實力一落千丈，各少數民族紛紛覺醒，掀起了一場規模空前的獨立解放運動。自西元三〇四年，益州氐族難民頭目李雄在成都建立臨時政府起，短短一百三十五年間，前後共有二十五個形形色色的武裝政權割據稱雄。軍事工作成為這一時期各國事務的主題，因此「槍桿子」自然要掌握在君主的手中。

除了以上兩項大權，司法權同樣至關重要。大赦天下，減免罪行，可以施恩；打擊異己，震懾臣民，可以立威。恩威並濟，方為帝王之道。石虎只要將這三把利器牢牢捏在手中，即可立於不敗之地。

石虎不僅荒淫殘暴，更是喜怒無常。

文化水準不高的石邃每天需要處理大量政務，著實不易，更要命的是還要常常遭受老爸的毒打。每當他將自認為比較重大的事情上報石虎時，反遭一頓臭罵：「就這麼點屁事，也值得拿來騷擾我！」說著上來就是一頓拳打腳踢。次數多了，石邃就不敢去了，石虎得知以後，就又罵道：「這麼多重要的事情，為何不報？你小子是幹什麼吃的！」緊接著，又是一頓毒打！這樣的酷刑，石邃每月都要挨上幾回。

石邃總領百官，代理天下政務，卻遇上這麼一個不講理的老子，心裡很鬱悶，做事也沒勁。骨子裡邪惡的一面逐漸滋生出來。

厭倦了工作的石邃開始酗酒，每天都喝的酩酊大醉。他遊獵無度，沒事兒到野外遛狗打鳥，一玩就是一整天，晚上回家的時候敲鑼打鼓，鳴炮奏樂，非要弄得雞飛狗跳；他還很喜歡在深夜的時候「微服私訪」，去大臣家裡獵色，只要看見有點姿色的女人，不管三七二十一，當眾強姦。

玩膩了大臣的妻妾之後，石邃又回到家裡玩宮女。他命人將宮女當中的美貌者，先是梳妝打扮一番，然後喀嚓把頭砍下，將頭顱上的血洗淨之後，放入盤中，傳示四座，讓人觀賞。

禽獸不如的石邃竟然連出家人也不放過。他將一些長相漂亮的尼姑擄至宮中，先姦後殺，把死者碎屍後再與牛羊肉一起下鍋，放上燉肉料，先用大火燒開，然後文火慢燉。煮好之後，將肉賞賜給身邊人，讓他們鑒別哪些是「十香肉」，哪些是牛羊肉。

真是「長江後浪推前浪，前浪死在沙灘上」，石邃比起那個兇殘的老爹確實更不是什麼東西！

石虎最寵愛的兒子要數石宣和石韜，這也令石邃嫉恨不已。

有一天，他去向老爸彙報工作，不出意外的再次挨打，悶了一肚子火後向自己的跟班無窮、長生和李顏發起了牢騷：「老頭子也太難伺候了，我真想像當年的冒頓單于一樣親手把他給宰了，你們幾個跟我一起做怎麼樣啊？」

此話一出，嚇得三個傢伙趴在地上渾身發抖，不敢吭聲。

到了這年七月的時候，石邃終於不幹了！他自稱有病，離職回家，將政務拋在腦後。到了晚上，「有病」的石邃卻拉上東宮的屬官和衛士五百來人全部跑到李顏的別墅開派對。

宴會上石邃喝的很盡興，百感交集，醉醺醺的對李顏說道：「我打算去冀州殺掉河間公（石宣），現在就幹，你們誰要是不聽話，老子現在就要你們的命。」

說罷，石邃就帶上一幫嘍囉出發了，誰知剛走了幾里地，這些聰明的小弟就拋棄大哥，各自開溜了。李顏趴在地上苦苦哀求主子，切不可造次幹了傻事。涼風一吹，石邃的酒也醒了，就晃悠悠地跟著李顏回去了。

石邃的母親鄭櫻桃聽說了這件事情以後十分生氣，就派了個宦官去代她訓斥兒子，誰知這小子二話沒說就把宦官給宰了。

空有冒頓之志，卻無單于之謀的石邃，最害怕的人物還不是那個殺人如麻的老爹，而是此時正在趙國傳教的一位大和尚，即佛圖澄。大和尚俗姓帛，西域人，九歲出家，聰明好學，不僅博學多聞，而且佛法精進，很早就已得道。為傳教東土，大和尚不辭辛勞，長途跋涉萬餘里，七十九歲的時候來到洛陽，本欲弘法濟世，卻趕上諸侯混戰，洛陽大亂，只得暫時隱居下來。

當時因緣聚會。佛圖澄透過石勒帳下一個信奉佛教的大將，郭黑略的引見，結識石勒。石魔頭殘忍嗜殺，動不動就屠城滅族。為普救蒼生，佛圖澄多次大顯神通，令石勒拜服不已，藉此勸誡他不要濫殺無辜，從而挽救了不少生靈。

石虎奪位後對佛圖澄更加敬奉推崇。每次朝會，石虎都命令太子和大臣攙扶大師上殿，司儀官高喊一聲：「大和尚到！」文武百官一同起立向他致敬。不僅如此，石虎還吩咐親信大臣早晚問候大和尚的身體狀況，太子和王公大臣也要每五天去拜會一次。

石邃常常奉命侍候佛圖澄，自然知曉他的神通法力，因此總是擔心大和尚會洞悉他那一肚子壞水，告知皇帝，前功盡棄。果然，還真被這小子給猜中了。已經預感到石邃謀反意圖的佛圖澄，對石虎說：「請陛下沒事兒的時候少到東宮轉悠。」

有一回，石虎聽說石邃病了，就想去東宮探病，走到半路上的時候，突然想起了神僧的勸告，便又折回來了。石虎心有不甘，想起了往日父子之間的點點滴滴，又憶起自己常常在群臣面前吹噓過的大話。到如今，爸爸真的要防著兒子了！石虎心想道，朕如今貴為天下之主，難道父子之間都不信任了嗎？可他最終還是沒敢自己去東宮，而是派了貼身女秘書去查探虛實。

石邃正在床上躺著，看見老爸的小秘書來了，就裝出十分熱情的樣子，招呼她進前說話。小秘書早就聽聞太子的種種暴行，內心十分害怕，但又不敢抗旨，只得走了過去。石邃湊到她跟前，有說有笑，使得壓抑的氣氛漸漸緩和了下來。正在此時，石邃猛地從背後抽出一把匕首，就把這位女秘書給捅死了。

聽說自己心愛的小秘書被那個混賬兒子給殺了，石虎勃然大怒，下令立即逮捕東宮屬官，查問太子謀反的陰謀。還未用刑，李顏等僚屬就將主子往日裡的謀反言論和盤托出，石虎震怒，先將李顏等人處斬，然後將石邃囚禁在東宮的小房間裡。

過了幾日之後，石虎的氣漸漸消了，想起了往日毒打石邃的情形，覺得自己也有些過火，就把他放了出來，並在太武東堂召見他，想聽聽兒子這幾日面壁思過後的心得體會。石虎原本想著只要混小子認個錯這事兒就算過去了。誰知，石邃只是行禮拜見，絲毫沒有認錯的意思。沒說幾句話，轉頭就要走人。石虎差人追問：「太子還沒有朝拜皇后呢，怎麼這麼快就要走呢？」哪知，石邃頭也不回，義無反顧的走出去。

見此情形，石虎的獸性終於爆發了，心想，老虎不發威，你當我是病貓！立刻命人把石邃拖回來斬了，補了個詔書將其廢為庶人。當晚又將石邃一家連同妻小共計二十六人全部殺死，然後做了一口大棺材，將這一家子的屍體都扔了進去，隨便挖了個坑就給埋了。殺完之後，還不過癮，石虎又將東宮的兩百多個屬官一併處死。

分析石邃的所作所為，可以發現很大一部分是因為家長言傳身教的結果。

話說後趙建平元年（西元三三〇年）的時候，石勒終於撕下了虛偽的面具，不稱「天王」，改稱皇帝了。天王升官，自然要封賞臣子，石虎被進封為太尉、中山王，食邑萬戶。可是這點獎賞令他十分不滿。石虎自恃功高蓋世，主子之後定會把「大單于」的位子讓給自己，結果人家傳給了還只是青少年的兒子石弘。對於這種以權謀私的行徑，石虎感到無法容忍，他私下對石邃叨唸：「自從老頭子（石勒）定都襄國（今河北邢臺市）以來，我對他言聽計從，恭敬不二，用自己的血肉之軀抵擋流矢飛石，多次險些為他喪命。隨他征戰二十餘年，南擒劉嶽，北逐索頭，東平齊魯，西定秦雍，誅伐掃滅十三州，沒有我虎子，哪有今日的大趙？大單于之位本應非我莫屬，卻給了一個乳臭未乾的黃口小兒。每當想起此事，我就胸悶氣短，血氣上湧。等到老頭子斷氣之後，我定會將他的那幫孽種收拾的乾乾淨淨！」

常言道，子不教，父之過。此時的石邃不過十七八歲，正處在思想形成期。身為父親的石虎不給兒子請老師上課講道理，卻成天給他灌輸這些篡位殺人的陰謀詭計，後果可想而知；石虎當了皇帝之後，荒淫無度，殘忍好殺，雖讓兒子熟悉政務，卻也從未悉心指導，石邃怎能不「很黃很暴力」。

然而，剛愎自用的石爸爸致死都沒有認知到自己在對兒子的後天教育中所犯下的過失。

建武十三年（西元三四七年），石虎在觀看完虐殺次子石宣的現場表演後就病倒了（石宣欲弒父被發現）。自感大限將至的他開始交代後事。太尉張舉進言：「燕公石斌和彭城公石遵文武兼備，陛下年事已高，四海尚未統一，希望陛下在這兩位年長的皇子中挑選一人立為太子。」

心灰意冷的石虎無奈的搖了搖頭，歎息道，「愛卿不知啊！朕十七歲時追隨高祖（指石勒）起兵，縱橫天下，戎馬半生，怎麼就生下了這麼幾個逆子。朕恨不得用三斛（舊時容量單位，一斛等於十斗）白灰做個清腸手術，正因為肚子不乾淨才生出了這麼一窩喪心病狂的混賬東西，二十多歲就都想著謀害老子。如今，朕的小兒子石世才十歲，等到他二十歲的時候，即便想害朕，老子也已經活夠了。」於是，冊立年僅十歲的石世為太子。

次年，石虎病逝，石世即位，繼而引發奪位大戰。兩年以後，後趙被石虎的養孫冉閔除掉。

另類皇子　之四

縱容嬌慣釀惡果
陳叔陵酷愛盜墓

——南陳宣帝陳頊第二子

我國盜墓歷史源遠流長。文獻記載最早的被盜墓葬是商朝開國之君商湯的墳塚，距今已約三千六百年。此後，各朝各代的盜墓活動不絕史冊，有愈演愈烈之勢。

盜墓群體大體分為官盜和民盜。官盜多動用軍隊，明火執仗，為充軍餉和獲取寶器；民盜多為地下行為，偷寶賣錢以發財致富。然而，有個人的盜墓行為卻介於二者之間，他雖為官家卻是私人行為，雖也盜寶卻不為斂財，而純屬個人嗜好。這就是盜墓王子，陳叔陵。

叔陵字子嵩，是南陳宣帝陳頊的次子，異母長兄即是大名鼎鼎的才子昏君陳後主（陳叔寶）。哥倆的幼年並不幸福，出生不久便住進了戰俘營。

梁武帝太清二年（西元五四八年）八月，梁國爆發侯景之亂。武帝的第七子蕭繹，手中掌握重兵卻坐視亂軍屠戮百姓，圍困建康台城（梁宮城，在今南京），致使老爸被活活餓死。侯景得勢後，先立傀儡蕭綱（武帝第三子），後自立為帝。蕭繹卻稱臣西魏，割地借兵，忙於內訌，先後剷除了自己的兩個兄弟，妄圖獨霸梁國。

動亂一直持續到西元五五二年，陳頊（後來的陳宣帝）的二叔陳霸先會同征東將軍王僧辯終於除掉了殺人魔頭侯景，蕭繹稱帝於江陵，即梁元帝。兩年之後，梁魏交惡，西魏權臣宇文泰派大將于謹、宇文護率兵攻破江陵，將元帝和數萬王公大臣一併擄至長安。

覆巢之下，安有完卵。此時的陳頊正在江陵做官，他和兒子陳叔寶、陳叔陵無一倖免，全部被俘。侵略者還故意將三人分開，未將兩個孩子一同帶至長安，而是留在了穰城（今河南鄧州市）戰俘營。

元帝被殺後，梁國陷入內亂，多方勢力為爭奪實際控制權展開了激烈的角逐。西魏扶植梁武帝之孫蕭詧在江陵一隅之地建立傀儡政權，史稱後梁；王僧辯與陳霸先推舉元帝第九子年僅十三歲的蕭方智上臺。不久，王僧辯裡通外國，改立北齊放回的戰俘——梁武帝之侄蕭淵明，稱帝建康，廢方智為太子。然而，陳霸先黃雀在後，殺僧辯，廢淵明，重立方智，獨攬大權。兩年以後，出身村官的陳霸先「上應天時，下應民意」，推翻了大勢已去的梁政權，自己當了皇帝，即陳武帝，成為此次搶座位比賽當中笑到最後的一位。

身處異國他鄉的陳頊，政治地位陡然上升，成了皇帝的侄子。

兩年後，一代明君陳霸先病死，可兒子卻仍身陷敵營，未被放回。眾臣遂擁立皇帝的大侄子陳蒨接班，是為陳文帝。這時，西魏政權也已倒臺，宇文覺組閣上臺，史稱北周。

天嘉三年（西元五六二年），為了早日實現周陳兩國的邦交正常化，北周政府將陳頊父子放了回來，八年的戰俘生涯就此結束。

叔陵的大伯陳文帝是個比較稱職的領導人，在位期間整頓吏治，興修水利，留下了一些令後人稱道的政績，可卻福薄命短，享國不久，在叔陵回國的第四年就掛掉了。結果留下了剛剛十二歲的長子陳伯宗承繼大統。皇帝年幼，自然需要親貴大臣輔佐，叔叔陳頊當仁不讓，成為帝國實際掌門人。

才過兩年，叔叔就把侄子趕下了台，自己坐上了皇帝寶座，改元太建，即陳宣帝。太建元年（西元五六九年），宣帝長子陳叔寶被內定為接班人；次子陳叔陵當上了始興郡王，都督江、郢、晉三州諸軍事，正式躋身封疆大吏的行列。此時，兄弟倆年僅十六歲。

陳叔陵早年便已經顯露出了壞小子的潛質。他不僅鬼靈精怪，油腔滑調，而且很愛面子，受不得一點委屈，對待侍從十分苛刻，吝嗇小氣，卻還動輒打罵，甚至處死。如今，離開父母，成了大權在握的一方霸主，壞小子更加無法無天。

夜半一更，鼓聲響起，城中開始宵禁，始興王府卻燈火輝煌，傳來陣陣歡聲笑語。原來陳二爺的夜生活才剛剛開始。二爺是個夜貓子，最喜歡舉辦營火晚會，可卻天生不能飲酒。無奈之下，只能將精力全都用到了吃肉上面。每次晚宴，他都會準備上幾口大肥豬，邀上狐群狗友，架起大鍋，邊吃邊扯淡，扯的淨是一些黃色笑話和宮廷八卦。陳二爺卻樂此不疲，肉不吃完不散場。

通宵達旦說八卦，日上三竿猶在眠。一覺醒來，已是下午，陳叔陵卻開始上班。他叫秘書將案件文書呈上，兩三下就將積壓多日的檔全部處理完畢。結果冤案氾濫，民事案件全都當成刑事案件來處置；本來打兩棍子了事的犯人，卻被判了個終身監禁，弄得轄區百姓人人自危。禍害了一方還不夠，陳叔陵吃飽撐著沒事幹，還常常過問其他州縣的事務，結果嚇得當地老百姓四處逃散，就跟傑利鼠遇見了湯姆貓一樣。「老鼠」要跑，「貓」可不答應，誰逃跑，就弄死誰全家。

樂於殺戮的陳叔陵還很刻薄，睚眥必報。若是有人得罪了他，不管是朝中顯貴還是屬下吏員，一視同仁，都要加以誣陷，不判死刑不甘休。陳叔陵得罪了滿朝文武，卻因此結識了一位臭味相投的知音。

新安王陳伯固是文帝陳蒨的第五子，陳叔陵的堂弟。這孩子從小就患有嚴重的龜胸病（胸骨突出如龜背），身材異常矮小，白眼珠充斥瞳孔，簡直活像一個怪胎。明顯發育不健全的陳伯固卻十分聰明，口才極好，而且富含幽默細胞，說起俏皮話來非常輪轉，很討陳宣帝和太子陳叔寶的喜歡，可卻因此得罪了心胸狹窄的陳叔陵。

陳老二嫉賢妒能，陷害誣告，抨擊報復的本領那是出了名的。陳伯固得知自己得罪了這樣一位活閻羅後非常恐慌，唯恐遭他算計。他只好是使出了看家本領——拍馬屁。陳伯固不僅每天陪著二爺徹夜說八卦，而且投其所好，經常向他進獻美女和出土文物。一來二去，倆人就成了朋友，開始互訴衷腸。

陳老二對陳伯固說：「本王平生最大的志向便是挖遍天下墳。哥們，你呢？」

陳伯固一愣，隨即答道：「小弟此生最大的願望就是打遍天下鳥。」

陳叔陵聽罷，頓時熱淚盈眶，嗚咽著說道：「知音啊！」兩人抱頭痛哭，深感相見恨晚，遂結為生死之交。

陳叔陵熱衷於戶外運動，不過他既不登山攀岩，也不野營釣魚，而是遊覽墓地。他常常邀請陳伯固到野外溜達。白天，陳叔陵陪陳伯固去打鳥；晚上，陳伯固陪陳叔陵逛墓地，哥倆感情十分親暱。

漫步在墳頭之間，陳叔陵感到無比的愜意，陳伯固感到脊樑骨直冒冷汗。二爺仔細的查看每一塊墓碑，一旦碰上達官貴人的墓穴，二話不說，立刻命人掘土刨坑，開棺驗屍，不僅將墓中的奇珍異寶和刻有墓誌的器物統統盜走，還將塊頭較大的屍骨一併帶回，以備進一步鑒定研究之用。

陳叔陵是盜墓界和考古界的「專家」，建有專門的珍寶館以陳列這些死人骨頭。每當夜深人靜的時候，他就煞有其事的細細把玩這些寶貝，似乎在探究死者的性別和年齡。他還很會作秀，簡直可以進軍奧斯卡了。為了顯示自己的學術涵養，「影帝」每次上朝的時候，都會隨手帶上本《三字經》，坐在車子上，高聲的朗誦：人之初，性本善……廣大臣民看到後都覺得二皇子很有學問，皇帝爸爸知道後也覺得這孩子勤勉好學，是顆好苗子。回到家中，陳叔陵立刻原形畢露，把書本隨手一扔，抄起刀斧等把式就開始玩起了耍猴戲。

善於做秀的人往往更無恥，更狡詐，更陰險，因而才會更熱衷於弄虛作假，包裝自己。陳叔陵就是這樣一位假仁假義的衣冠禽獸。太建十一年（西元五七九年），他的母親彭貴人病逝，這給了「影帝」再次登臺亮相的機會。

南京梅崗的風水很好，東晉的許多達官貴人都在這裏選擇墓地。大名鼎鼎的謝安就長眠於此。當時，陳郡謝氏與琅琊王氏同為聲名顯赫的士族領袖，謝安更是家族中的佼佼者，人稱謝相、謝公、謝太傅。這麼一個大人物的墓穴內自然少不了奇珍異寶，這令熱衷於此的盜墓王子抓狂不已。正好，老媽死了，機會來了。

陳叔陵上書皇帝，請求將母親安葬在風水寶地梅崗，在獲得批准後即開始對謝安墓進行強制挖掘。他不僅將墓中寶貝洗劫一空，甚至將謝老爺子的棺材扔到一邊，屍骨都散了一地，卻把自己老媽葬了進去。他不僅鳩占鵲巢，更是只拆不遷，嚴重違反了墓地拆遷管理條例的相關規定。此時的謝氏已經沒落，不復昔日的輝煌，「開發商」又是皇帝的兒子，更加招惹不起。謝氏後人只能忍氣吞聲，默默地將謝公的靈柩改葬到了浙江長興三鴨崗。

陳老二為了給老媽選塊好墓地，竟然不辭勞苦，如此大動干戈，真是孝順到家了。可他竟然裝模作樣也沒裝多久，很快就露出了狐狸尾巴。喪期剛開始的時候，陳叔陵還裝模作樣的哭了兩聲，甚至自稱曾經刺破指頭，用鮮血抄寫了一遍《涅槃經》（南北朝時期非常流行的佛教經典），為母親祈福。可不到十天，這小子就憋不住了，他先是大魚大肉的吃了起來，繼而又將身邊侍從的老婆女兒強行姦污，老少通吃，幹盡了壞事。

依據古代的居喪制度，對死者直系親屬守喪期間的表情、飲食、居住和言行都有十分嚴格的規定，至於姦淫行為更屬大逆不道的非禮之舉。這項制度作為強制性規範始於漢武帝時期，到了南北朝的時候已經寫入了刑律，陳叔陵的所作所為不僅應受到道德的譴責，也應受到法律的制裁。可皇帝的兒子就是牛，依舊逍遙法外，自在快活。

陳叔陵不僅會作秀，更會利用手中的權力為自己造勢。

太建九年（西元五七八年），二十四歲的陳叔陵升任揚州刺史，都督揚、徐、東揚、南豫四州諸軍事。權勢衝天的陳二爺上任之初就對轄區內的臣民下達指令：

一、汝等均應無條件服從本王的命令，大力組織先進事蹟報告會，宣揚本王的光輝事蹟；

二、實行問責制，凡是不折不扣地完成本王所交代任務的官員，立刻加官進爵；消極怠工者，輕則罷官，重則腦袋搬家。總之，順我者昌，逆我者亡！

很快，始興王英明偉大的名聲飄進了千家萬戶。

然而，世上沒有不透風的牆，陳叔陵的混賬行徑終於被他的老爸得知。然而，刺蝟說自己的兒子光，黃鼠狼說自己的兒子香。皇帝不過是說了兒子兩句，絲毫未加處罰，卻以知情不報的罪名把御史中丞（監察部長）給臭罵了一頓，然後罷官。瞧這家長當成什麼樣子。

陳老二是個混蛋，可在他眼中，還有比他更混蛋的。

宣帝的長子陳叔寶回國之後，忘記了當初身陷敵營的屈辱歷史，身為儲君，不搞權術卻玩起了學問，搞不清楚自己的身份與職責，只知舞文弄墨，放浪於脂粉之間，縱情於填詞譜曲，終日沉迷聲色，不能自拔。太子的所作所為，令陳老二十分瞧不上眼，心想，就這素質，還不如我呢！

陳宣帝長期的包庇縱容，加上太子的不務正業，使得陳叔陵野心膨脹，動起了造反的念頭。恰好，陳伯固長期擔任掌管機要的侍中（位同宰相）一職，就將所獲取的高層動態及時通報給陳叔陵，二人沆瀣一氣，閒暇時間就一同琢磨政變的勾當。

太建十四年（西元五八二年），陳頊病重。太子和叔陵等入宮侍候。瞧著奄奄一息的老爸，老大痛哭流涕，老二卻在琢磨著搶皇位的事情。

陳叔陵首先想到的是尋找兵刃。他對管藥的侍官說：「切草藥的刀子太鈍了，趕緊給我磨磨去。」磨好之後，皇帝也死了。陳叔陵又覺得這刀子太小了，不好使，吩咐左右到宮外找把劍。侍者摸不著頭緒，不知二爺要劍做什麼，就把他上朝用的木劍遞了過去。陳叔陵一見這幫傢伙給他找了個木頭棍子，氣不打一處來，劈頭就把這幫奴才罵了一頓。罵聲響徹雲霄，驚動了一同入宮伺候皇帝的皇四子長沙王陳叔堅，這可真是冤家路窄。

這兩兄弟從小感情就不好，總不一起玩。老二瞧不起老四，覺得老四的母親出身低微。老四鄙視老二，覺得老二不成器，淨往死人堆裡鑽。兩位小爺又都不是善主，好勇鬥狠，惹是生非，都是行家高手。因而經常互不相讓，打得不可開交。

如今，眼看著老二鬼鬼祟祟的四處尋找刀具，老四開始犯疑了，這傢伙想幹什麼？

第二天早上，遺體入殮，太子陳叔寶扶屍痛哭，站在一旁的陳叔陵從懷裡抽出切藥刀，朝著他的脖子上去就是一刀，鮮血噴了出來，太子當即暈倒在地。太子的老媽柳皇后一看這陣勢，趕緊跑來搶救兒子，陳叔陵趁機又將她砍倒。正砍得帶勁，太子的奶媽子吳氏頂了上來，從後面死死地拽住他的胳膊，這時，太子暈暈乎乎的爬了起來，陳叔陵甩開吳氏，一把抓住太子的衣服，生死之際的陳叔寶使出吃奶的勁兒奮力掙脫，奪門而出，親媽都不要了。

在此關鍵時刻，陳叔堅閃亮登場。他施展絕技擒拿手，上來就是一招鎖喉功，用胳膊扼住了陳叔陵的脖子，將其按倒在地，先搶了兇器，然後拖到一根柱子旁邊，用長長的衣袖把陳老二捆了起來。捆好之後，勇猛的陳叔堅撂下反賊就去尋找太子了。

誰知，陳叔陵生得孔武有力，暗運氣功，砰地一聲將衣袖掙斷，然後以飛快的速度跑回了自己的官邸（位於建康東府城，在今南京通濟門附近），舉起了造反大旗。他先命令手下設置路障，阻斷宮城通往外界的青溪水道；接著遣人往新林（在今南京江寧區）徵調曾經的部屬前來援助；繼而下令打開監獄，武裝囚犯，散發金銀，招募士兵。

情急之下，他又擺起了影帝的架式，身披鎧甲，手持鋼鞭，腳蹬皮靴，頭戴白冠，登上城西門樓發表演講，鼓吹造反。縱然陳叔陵頗富表演天賦，吹得天花亂墜，可對於受過嚴重創傷的南京市民來說，無異於白費唇舌。侯景之亂距離此刻不過二十餘年，數十萬無辜百姓死於那場浩劫，每每想起都會令人不寒而慄，悲痛萬分。如今，陰謀上位的陳老二又出來瞎攪和，妄想呼弄首都百姓給他當炮灰，傻子才上當呢！

愚弄民眾未遂，陳老二真的急了。他四處通風報信，希望宗室諸王和文臣武將前來會合。無奈人品太差，沒人看好，其中只有死黨陳伯固單槍匹馬前來投奔。兩人折騰了好一陣子也不過搜羅了千餘人。自知實力不濟的陳二爺只得放棄攻打宮城的打算，據險自守，等待奇蹟出現。

此時的皇宮之內也是人心惶惶。太子陳叔寶脖子被抹了一刀，嚇得說不出話了，反而是陳叔堅靈機一動想出了招。他建議皇后詔令大將蕭摩訶前來救駕。不久，蕭將軍率部趕到，將叛軍巢穴團團圍住。驚慌失措的陳叔陵妄想誘降蕭摩訶，未遂。

自知大勢已去的陳叔陵竟將最寵愛的七個老婆全部扔進了井裡，心想著就是自己弄死也不能讓別的男人糟蹋。然後他帶上幾百個小弟往新林方向逃竄，可剛走到白楊路，就被政府軍給堵住了，陳伯固頓時慌了神，拔腿就往巷子裡鑽，陳叔陵一見老朋友跑了，掄刀騎馬就追，陳伯固無奈，只能仗義到底，二人隨即共赴黃泉，被亂刀砍死。

這場倉促而愚蠢的叛亂僅僅持續了六七個小時。陳叔陵的兒子和黨羽被一併處死，屍體被拋到江中餵了魚，府宅被改做豬圈進行豬種改良。不久，一代昏君陳叔寶上臺。

Section 07 — 活得精采

活得精彩　之一

關公面前耍大刀
劉武實自討苦吃

——漢文帝劉恒第二子

西漢景帝中元二年（西元前一四八年）夏，漢都長安袁公館。

養病在家的袁盎正要上床休息，突然一個黑影從窗前飄過，一柄寒氣逼人的長劍已經放在了他的肩上，袁盎一愣，正要詢問來者，黑衣人卻搶先說道：「別動，我問你答！你可是袁盎？」

袁盎答道：「正是在下！」

黑衣人又道：「我是梁王雇來的殺手，本應取你性命，卻聽到長安城中許多人都在稱讚你的德行，我不忍殺害長者，但我走之後，還會有十幾逾高手要找你索命。你好自為之！」

話音未落，人已不見蹤影，嚇出一身冷汗的袁盎癱坐在地上，心情久久不能平靜。

此事過後，袁公館怪事不斷。今兒個豬跑到樹上了，明兒個老鼠把貓給除掉了。袁盎心中不安，就匆匆忙忙的想跑去京城有名的算命先生「賽文王」棓先生那裡占卜問吉凶，誰知剛走到半路就被刺客給捅死了。

袁盎遇害前後，共有十幾位朝廷大員接連遭人暗殺，橫屍天子腳下，堪稱西漢第一大謀殺案！

那麼這次謀殺的起因是什麼？幕後黑手是什麼人？案件的偵

破過程又是什麼樣的情形呢？這還要從幾年前的一次宴會說起。

景帝前元三年（西元前一五四年），帝國的東方已經烏雲密佈，那幾個被皇帝逼急了的諸侯王正在緊鑼密鼓的為一次「群毆」做準備。然而，千里之外的長安城中仍是一片安寧，宮中更是歌舞昇平。帝國的主人正在宴請遠道而來的弟弟——梁王劉武。

梁王是竇太后為漢文帝生下的第二個兒子，景帝的胞弟。老太太最疼這個小兒子，有求必應；劉武也很孝順，經常沒事了就跑到宮裡探望老母親，一住就是大半年。這會兒他又來了。

竇太后是苦出身，典型的「麻雀變鳳凰」。原本只是呂后賞賜給代王劉恒（後為文帝）的宮女，有幸被劉恒看中，生下了二男一女，後又進封為皇后。出身底層的老太太對家庭和睦看得很重，愛子的到來，令她非常高興，大兒子的熱情表現也讓她很是欣慰。

席間，老太太笑著對景帝說道：「老大啊！你作為兄長可要好好照顧弟弟啊！」

景帝不勝酒力，此時已經微醉，一聽老媽托自己辦事，當即得意忘形，吹起了牛皮：「媽，您老放心吧，等到孩兒百年之後，就讓老二當皇帝。」

梁王一怔，差點噴出飯來。心想，老哥這麼大度，太感人了！

感動歸感動，劉武還沒犯迷糊。他知道這也許只是老哥討母親開心的一句玩笑話，但聽了之後還是很欣慰，旁邊的竇老太太更是笑得合不攏嘴。可景帝的這句話卻差點噎死旁邊的一個臣子，他就是竇太后的侄子，時任詹事（掌管皇后、太子家事）的竇嬰。

他端起酒杯，走到景帝跟前，鄭重的說道：「當今天下，是高祖打下的天下。帝位父子相傳乃我大漢建國之後立下的制度，陛下怎麼能擅自傳給梁王呢？您說錯話了，請罰酒一杯。」

正在一頭熱的景帝一聽這話才回過神來，知道自己剛才的牛皮吹大了，恰好竇嬰獻酒，他順勢哈哈一笑，便將竇嬰的酒喝了下去，隨即轉換話題，不提此事。正在興頭上的梁王很是掃興，竇老太太何止掃興，簡直恨死了這個多嘴的侄子，立刻拉下一張臉。竇嬰一看得罪了姑姑，第二天就稱病辭職了，竇太后不但不挽留，反而吊銷了竇嬰進出宮門的通行證，逢年過節也不讓這個侄子進宮朝見。

沒過多久，吳王劉濞就拉上幾個小弟揭竿而起了。消息傳來，朝野震動！常言道，兵來將擋，水來土掩，當務之急就是挑選主將，掛帥平叛。景帝想起了老爸去世前給他推薦的一位定國之臣——周亞夫。

周亞夫出身將門，爸爸是開國功臣絳侯周勃。他此時正擔任中尉（首都警備司令）一職。景帝立刻召見周亞夫，並詢問破敵之策。周亞夫答道：「吳楚叛軍蓄謀已久，準備充足，戰鬥力強，勢頭正猛。目前我軍很難在正面對敵中占得便宜。因此，臣以為，應避敵鋒芒，在正面採取守勢，讓梁國堅守，拖住敵軍；臣率軍襲擾叛軍後方，斷其糧道，待敵疲憊，反守為攻，如此一來，必破叛軍。」

景帝稱善。平叛方略就此敲定。隨即任命周亞夫為代理太尉（最高軍事長官），率領三十六將軍為主力，進攻吳楚聯軍；曲周侯酈寄進攻趙軍；將軍欒布進攻齊地諸叛國；同時，拜竇嬰為大將軍，屯兵滎陽（今河南滎陽市），監視齊趙方向的敵軍動態。從景帝與周亞夫商定的方案不難看出，戰略的支點不是朝廷軍，而是梁王劉武的地方軍。

梁國轄區在今河南東部和山東西南部一帶，橫亙在叛軍主力——吳楚聯軍北上西進的路上，是抵禦叛軍的前沿陣地。倘若梁國沒能擋住叛軍的進攻，叛軍將一路西進，直抵洛陽，繼而威逼關中。因此，梁軍成為平叛戰爭的中流砥柱。

梁王劉武之所以能夠成為此次戰爭的焦點人物，可以說是他的爺爺和爸爸刻意安排的結果。劉武初封代王，後徙為淮陽王。文帝十一年（西元前一六九年），梁王劉揖騎馬摔死，深謀遠慮的賈誼鑒於梁國地處咽喉要地，是拱衛首都的東部屏障。強烈建議文帝不但要找個靠得住的諸侯王來鎮守梁國，還應給梁國擴充地盤，使其成為震懾東部藩國的堅強堡壘。文帝思來想去，覺得兒子最靠得住，就將劉武徙封為梁王。

景帝一上臺，就開始進行削藩，老謀深算的景帝自然知道這麼做早晚會惹毛了那幫子本家兄弟。因而在削藩的同時便一直不斷的擴大梁國的轄區，增強其實力，使得梁國「北界泰山，西至高陽（今河南杞縣），四十餘城」，一躍而成為新的諸侯大國。

如今，當年的準備活兒總算沒有白做，終於派上了用場。

來勢洶洶的吳楚聯軍強渡淮水，很快打到了梁國的家門口。聯軍先聲奪人，頭一仗就在梁國東南邊的棘壁（今河南永城西北）除掉梁軍數萬人。進而乘勝推進至梁都睢陽（今河南商丘市）城下，發起猛烈進攻。情急之下，梁王向周亞夫求援，卻被一口回絕，再求，又拒。無奈之下，梁王只好找大哥幫忙，求他直接下道聖旨，命令周亞夫火速救援。誰知周亞夫「將在外，君命有所不受」，毫不理會詔令，依舊按原計劃方案固守卻敵。求救無望的梁王只好硬著頭皮上陣，親率梁國軍民抵禦來敵，使得叛軍頓兵睢陽城下，傷亡慘重卻不能前進半步。

此時的周亞夫率兵來到叛軍的側後方，屯兵昌邑（今山東巨野縣東南），修築防禦工事，玩起了陣地戰，同時也不放棄有利的運動戰，派遣精銳騎兵，南下偷襲敵軍後方，斷其糧道。

梁王依靠本國力量堅守奮戰，苦苦支撐，屢挫叛軍，使其無法越梁西進。叛兵攻梁不下，轉攻朝廷軍。誰知老周更是一塊硬骨頭，陷入兩難的敵軍銳氣大挫，軍糧被斷，士卒饑餓，下邑（今安徽碭山縣）一戰，全軍潰散。劉濞棄軍南逃，退保丹徒（今江蘇鎮江市），不久被軍中的東越人出賣，被殺。楚王劉戊也兵敗自殺。吳楚敗亡，樹倒猢猻散，齊地諸王和趙王先後伏誅或自裁。

吳王劉濞領導的這次起義，僅僅折騰了三個月即告失敗。戰後清點戰果，梁國的殺傷人數竟和朝廷軍不相上下，梁王劉武因此威震天下，成為匡扶漢室的大英雄！

梁王立此不世之功，哥哥自然大加犒賞，賞賜財寶無數，還特賜其天子儀仗。梁王每次出行，隨從上萬，前呼後擁，城管清場，警車開道，排場之壯觀好比天子降臨。景帝的慷慨大方似乎不僅僅只是為了獎勵弟弟，更是為了下一步棋能夠走得更加輕鬆。

前元四年（西元前一五三年），景帝特意忘記了當初對弟弟的許諾，選定長子劉榮為皇太子。他的這一舉措無疑宣告了劉武的出局。有了前面的鋪墊工作，從史書記載來看，梁王對此沒有做出什麼過激行為。

此時的梁王正在自己的地盤組織娛樂活動。

他修建了一座頂級度假村，起名菟園，即後人所說的「梁園」。度假村方圓三百餘里，樓臺軒榭，曲徑流水，相互輝映；雕龍剔柱，金碧輝煌；奇果佳樹，錯雜其間；珍禽異獸，出沒其中。簡直就是人間的天堂。憑藉度假村絢麗的風景、奢靡的物質條件和梁王超高的人氣指數，大批文化名人聚集到此，其中有齊人公孫詭、羊勝、鄒陽，更有吳人枚乘、嚴忌，蜀人司馬相如等大文豪。梁王與他們通過舉辦文化沙龍的形式，尋找靈感，寫辭作賦，逐漸形成了享譽文壇的「梁園文學」。

前元七年（西元前一五〇年）十月，梁王入京探親。為了嘉獎梁王，景帝給予其超高級待遇。景帝遣特使手持天子符節，駕駛「陸軍一號」，親自趕到函谷關迎候梁王，然後讓他乘坐天子座駕進城入宮，招搖過市，威風凜凜，無以復加。梁王朝見完畢，請求留京度假，景帝准奏。

依漢制，諸侯王每次進京面聖，只准許進宮四次，停留二十天而已。梁王卻仗著母親的寵愛和兄長的縱容，常常賴著不走，一住就是大半年。所謂的規矩，在梁王眼裡不過是為別人準備的而已。

留京期間，景帝給足了劉武面子，每次逛街都與他同乘一輛座駕，打獵亦是如此，哥倆異常親密。主子受到禮遇，奴才們也跟著有面子。景帝特許隨梁王入京的官員可與朝臣享受同等待遇。梁王因此愈加驕橫不可一世，為其將來的魯莽舉動埋下了伏筆。

到了十一月，政局突變。栗姬失寵，太子劉榮被廢。儲君的座位暫時空缺出來。這使得梁王心花怒放，蠢蠢欲動，感覺自己的機會來了！劉武舊事重提，央求母親去給皇帝說說話，立他為接班人。老太太本有此意，就在一次家宴上暗示景帝履行諾言。景帝求救於大臣，在家養病的袁盎立刻趕赴宮中，帶領十幾位大臣對竇太后進行勸說。

袁盎首先發問：「聽說太后想要立梁王為儲君，那麼梁王死後由誰接班？」

太后答：「老身再立皇帝（指景帝）的兒子。」

天真的老太太竟以為自己是王母娘娘，可以長生不老呢！更天真的是，這位頗有政治經驗的女人竟然妄想讓親情駕馭權力，簡直就是搞笑！且不說梁王是否能夠接班，即便接班，景帝的兒子們會有什麼反應？梁王死了，皇位傳給誰？給兒子，侄子不答應，給侄子，兒子更不幹。可見，嫡長子繼承制在私天下時代有其存在的合理性。

袁盎等人對老太太曉之以情，動之以理，還特意向她講述了春秋時期宋宣公不立兒子傳兄弟的嚴重後果，提醒她不要因私害公，壞了規矩。還好，袁盎等人沒有白費唇舌，老太太總算是明白了這個道理，不再堅持當初的想法。

梁王求封未果，只得碰得一鼻子灰的回家去了。

回到家中的劉武仍舊念念不忘未央宮中的龍椅，對哥哥的言而無信耿耿於懷。不久，景帝改立膠東王劉徹為太子的消息傳來，劉武既失望又惱恨，遂遷怒於阻撓自己上位的袁盎等人。

劉武召集手下門客羊勝和公孫詭商討對策，誰知三個「臭皮匠」竟然商量出了一個派人暗殺的笨招，不久便上演了本篇開頭的黑衣人欲刺袁盎那一幕。案件發生後，景帝首先想到的就是梁王，因為不僅是因為這些遇害的大臣得罪過梁王，更主要的是除他之外天下再沒有第二個人有如此膽量了。景帝立刻下令成立專案組調查此事。經過調查，案情很快有了眉目。

刺殺袁盎的那個殺手在行刺之後突然受驚，竟然未及拔出兇器就倉皇逃竄，從而留下物證。沒想到梁王派來的「高手」竟然如此業餘。

查案人員發現兇器上有剛剛打磨過的痕跡，遂挨戶到京城中的兵器作坊中去調查，果然抓住了線索。據其中一個鑄劍師說，前些日子有位梁國的郎官曾經拿著這把劍前來打磨。專案人員順藤摸瓜，「業餘殺手」不久被捕，供出幕後指使者——梁王。

景帝很生氣，後果很嚴重。一波又一波的專案小組被派往梁國取證並捉拿兇手。

宮中的老太太一聽說幕後黑手竟是最疼愛的小兒子，景帝還要嚴查，頓時就傻了眼。飯也吃不下了，覺也睡不著了，終日以淚洗面，哭哭啼啼個不停。景帝一看老媽成了這樣，立刻慌了神，一大把年紀了萬一哭出個好歹怎麼辦？若落了個不孝的罵名，帝王顏面何在。景帝沒轍，讓臣子想辦法。有人建議應該派遣精通經學，識大體的官吏去處理此事，才可讓太后寬心。於是景帝派遣老謀深算的田叔和呂季主到梁國主持查案工作。

這兩位公差到了梁國之後，定下了「只抓從犯，主犯不論」的方針。對公孫詭和羊勝進行了全城大搜捕，結果搜了一個多月也沒抓著。原來，驕橫慣了的梁王尚未意識到自身已是泥菩薩過江——自身難保，此刻仍舊不忘江湖義氣，竟將那兩個小弟藏到了王宮之中。調查員無奈，只能不斷督責梁國丞相軒丘豹等官員。軒丘豹不敢去找梁王要人，就拉上梁國內史（主管民政）

韓安國一同入宮拜見梁王。

韓內史一見劉武就哇哇的大哭起來，說道，「主子受到侮辱，臣下罪該萬死。大王正是因為沒有好的臣子，所以事情才弄到如今這步田地。既然抓不到那兩個惹事的傢伙，就請大王賜臣自裁吧！」

梁王有些慚愧的說道：「內史何必如此呢？」

韓安國一看梁王還是不招，哭得更凶了，嗚咽著問道：「大王忖度一下，您與聖上的關係比起太上皇（劉邦的爸爸劉太公）與高皇帝、聖上與臨江王（廢太子劉榮）哪個更親密呢？」

梁王答道：「自然比不了他們。」

安國進一步分析：「話說太上皇、臨江王與高皇帝和當今聖上那都是父子關係，然而，高皇帝反覆強調：『當年，手提三尺長劍奪取天下的是朕啊！』因而，老太爺最終也沒資格過問政事；臨江王曾是聖上的長子兼太子，卻因為母親說錯了句錯話就被廢掉太子之位，貶到了臨江國，後又因擴建宮殿，侵佔宗廟地界而死在了中尉府。這是為什麼呢？治理天下終不能因私廢公啊！常言道：即便是親生父親，安能知道他不會變成跳跳虎？雖是親兄弟，安能知道他不會變成灰太狼？如今，大王位列諸侯，卻輕信那些邪惡臣子的虛妄言論，違反天子禁令，阻撓我大漢創建法治社會的進程。聖上因為太后的緣故才不忍心用法令來對付您。老太太日夜哭泣，大王於心何忍？還望大王三思，早日改過自新。臣下說句您不愛聽的話，假如哪天老太太有個三長兩短，您還能指望誰啊？」

話還沒有說完，梁王早已泣不成聲，向韓安國深鞠一躬，說道：「寡人現在就交出那兩個混賬東西。」公孫詭、羊勝隨即被勒令自殺，做了劉武的替罪羊。

專案組回京覆命。

景帝迫不及待的向田叔問道：「是梁王幹的嗎？」

田叔回稟：「沒錯，正是梁王。」

景帝又問：「具體情況如何？」

田叔答：「陛下還是不要再過問梁王的事情了。」

景帝微怒，問道：「為何？」

田叔從容答曰：「這次陛下不殺梁王，將會使我大漢法律無法推行，可如果殺了，太后就會食不甘味，臥不安席了，到時候憂慮的還是您。再說，臣進京之前已將案宗全部燒掉了！」

景帝一聽覺得十分有道理，遂不再追究。田叔等人體諒主子難處，將這件事辦得很好，當即加官進爵。

皇權時代的法律本質立刻呈現出來。帝國法律敵不過老太太的哀愁。所謂法律，不過是皇權化的法律，其設計、制定和執行，無不是為了維護和穩定皇權統治而已。血腥的專制披上了法律的外衣，變得更加「合理」，更加「美麗」了。

劉武的愚蠢舉動，觸動了皇權的至尊性和獨一性。俗話說，打狗還要看主人，一個諸侯王竟然敢在皇城刺殺皇帝的奴才，跟人家玩黑道伎倆，真是關公面前耍大刀——自不量力。愚蠢的梁王忘了皇帝才是帝國真正的大老闆，他的這兩下子陰招，比起皇帝簡直就是小孩子把戲。皇帝若想辦誰，哪裡還用得著偷偷摸摸，大白天就可以把他株連十族而且還名正言順！

專案組走了之後，梁王還是不放心，又派韓安國進京去求見自己的大姐，館陶長公主，請她入宮疏通講情。景帝嘴上說罷了罷了，可心裡卻開始厭惡和提防這個弟弟。

中元六年（西元前一四四年），梁王進京謝罪。景帝對其冷淡了許多，既不讓他乘坐豪華轎子，也不准許他在宮裡過年了。自知理虧的劉武怏怏而回，內心壓抑，悶悶不樂，在六月中旬的時候得了一場熱病，只撐了六天就掛掉了，謚號為「孝」，西漢梁孝王是也！

活得精彩　之二

榜樣力量最無窮　孫登太子樹標竿

——三國吳大帝孫權庶長子

古代皇子數量龐大，但卻素質不高，多半都是些紈絝子弟，甚至不乏惡貫滿盈之徒，至於德才兼備者少之又少，但東吳宣太子孫登就是其中一位，他不僅敏而好學，而且禮賢下士，尊師重教，不但至誠至孝，並且體恤民間疾苦……集眾多美德於一身，堪稱皇子楷模。

孫登，字子高，吳大帝孫權的庶長子。

西元二二〇年，曹丕徹底扔掉了「挾天子以令諸侯」的牌子，代漢稱帝，建立曹魏政權。劉備知道以後，傷心之餘更多的興奮，心想著這麼好的一塊牌子，你不要了我要，遂於第二年在成都稱帝，立國號為「漢」，表示自己將繼承漢室大統。

三家公司，有兩家上市了，孫權正在琢磨著要不要緊跟形勢，哪知剛當上皇帝的劉備就按耐不住了，竟以傾國之師東下，試圖奪回幾年前被東吳襲占的荊州地區。孫權一看大耳賊來勢洶洶，不好對付，遂重施故技，上表曹丕稱臣納貢。曹丕順水推舟，加封孫權為吳王。

暫時穩住了北方的強鄰，孫權稍微放鬆了些，就於西元二二二年正月，稱王建國，建元黃武。

雖然在與魏國交往的時候，孫權還必須上表稱臣，但在國內的權力和禮儀與帝王沒什麼兩樣，只是名號有些不同而已。同年，孫權冊立長子孫登為王太子。

為了將孫登培養成一個合格的接班人，孫權可謂是煞費苦心。

俗話說，近朱者赤，近墨者黑，孫權為了給兒子創造良好的學習環境，特地從「官二代」當中挑選了幾位青年才俊來作兒子的師傅。這些人不僅學識淵博，文武兼備，而且年紀比兒子大不了太多，容易溝通，不存在代溝問題，上完課了還可以陪他外出遊玩，騎馬打獵，因而可以說既是授業老師，又是夥伴同學。

南郡太守諸葛瑾之子諸葛恪、綏遠將軍張昭之子張休、大理顧雍之孫顧譚、偏將軍陳武之子陳表等人光榮入選。這四位各有所長，諸葛恪號稱神童，IQ大於一百四十；張休為人正直，敢於直諫；顧譚記憶力強，擅長心算；陳表武藝高強，而且深受士卒愛戴。

孫登與這幾位才子年紀相仿，在一起時也就很隨性，毫不拘泥於主僕、師徒的禮數，甚至臥則同床，出則同車，形影不離。孫權想讓兒子學習《漢書》，熟悉一下近代的歷史，張昭是這方面的專家，而且有家學淵源，可張爺爺不但德高望重，而且年事已高，一大把年紀了再出來給孫登上課，不大合適，孫權就托張昭先傳授給兒子張休，再讓張休教給孫登。

黃龍元年（西元二二九年）春，百官勸孫權更進一步。四月，夏口和武昌的官員都說是黃龍、鳳凰現世，開始為其登臺營造聲勢。當月，孫權即皇帝位，國號大吳。之後，孫登也順勢成了皇太子，孫權任命諸葛恪為左輔都尉，張休為右弼都尉，顧譚為輔正都尉，陳表為翼正都尉，當時號稱「東宮四友」。除此之外，謝景、范慎、刁玄、羊衜等著名學者也都是太子的賓客，因而東宮號稱名士盈門、人才濟濟。

最初，孫權定武昌為國都，稱帝之後，蜀漢派遣使臣前來道賀，從而實現了兩國的邦交正常化，而且還結成戰略同盟關係，約定共同討伐魏國，瓜分天下。雖然聽起來正當公平且志向雄偉，但卻似乎只是徒具象徵意義。不過這也表示蜀國暫時放棄了爭奪荊州地區的打算，因而吳國的西部邊境暫時安定了下來。鑒於武昌地處戰略前沿，不太適合作為首都，孫權決定遷都建鄴（今南京）。

臨行之前，孫權讓孫登留下來鎮守武昌，並指定大臣陸遜、是儀等為輔臣。孫登很謙遜，十分敬重這些長者，處理事務時謹慎得體，凡事都先向是儀等人諮詢，然後方才施行。

當時，正駐守在西陵縣（位於今湖北宜昌市境內）的臨湘侯步騭是一位賢人，孫登專門給他寫信請教施政方針。步騭先是把當時荊州境內的山川地貌，物產人文等情況作了介紹，又對各級官吏的人品才能做了評析，並上書鼓勵規勸說：「臣聽說，君王不會事必躬親，而是讓各級官吏盡忠職守，所以舜帝只是任用九位賢人，即可不出廟堂而天下大治。所以選賢任能乃是興衰之關鍵。希望太子能夠明曉重視，深加留意，若如此，天下幸甚！」

孫登對此身表贊許。

他心地善良，體恤民間疾苦，每次外出打獵，都是繞道遠行，為的就是避免踐踏莊稼，影響農民生計。休息時也是挑選空曠處，遠離民宅，不去打擾百姓。孫登心思縝密，從不胡亂冤枉人，而且非常大度。他有一回騎馬外出，突然有顆彈丸嗖的一聲從耳邊飛過，險些傷到他那俊美的容貌，手下的武士搜捕射擊之人，突然發現有個路人手裡拿著彈弓，身上還裝著彈丸，武士們隨即認定此人即剛才的射手。但路人卻矢口否認，武士們急了，上來就要揍他。孫登遠遠的看到了，趕緊過來阻止。他叱問下屬：「你們怎麼隨便打人？」

眾人答：「這傢伙就是剛才險些射傷您的人。」

孫登問：「有何證據？」

眾人答：「他身上裝著彈弓和彈丸。」

孫登又說：「拿著這些東西的人多了，怎麼就能輕易斷定是他所為呢？你們去把剛才的那個彈丸找來，然後和這個人的彈丸比照一下，真相自白。」

於是，武士們趕緊跑去尋找彈丸，找到之後和那個路人的彈丸一比照，發現大小竟然不一樣，個個乾瞪眼。孫登淡定的說：「這就說明剛才不是他射的，讓他走吧。」

還有一回，孫登弄丟了一個用來盛水的金馬盂，很著急，就命人趕緊尋找。不久，盜竊者被抓獲，竟是孫登的一個僕人。孫登感念此人多年侍奉自己，沒有功勞也有苦勞，而且，他冒險行竊，也許是家中急需用錢，就做做樣子責備數落了一頓，然後打發他回家了。

其實孫登很有可能是孫權的私生子，《三國志》中說他的生母地位十分卑微，而且連名字都沒有留下。孫權的徐夫人沒有兒子，就肩負起了撫養孫登的重任，二人培養了深厚的感情。

徐夫人是個醋罈子，總是妒忌其他的嬪妃，動不動就給孫權使臉色，結果得罪了丈夫，被扔在了吳郡（今江蘇蘇州市）。步夫人則比較聰明，她深知丈夫是個好色之徒，遂投其所好，向他推薦各色美女，結果更加得寵。

當初，孫權要立孫登為太子，選定哪個老婆當正房的問題也自然浮上了水面。通常情況多是把太子的母親冊封為皇后，孫登的親媽雖然沒資格，但養母徐夫人卻健在，而且徐家和孫家是世交。群臣請立徐氏為皇后，孫權不樂意，心裡想著善解人意的步夫人。君臣雙方談不攏，就暫時把這件事擱置了。這時，孫登難得鬧起脾氣來，說是不想當太子了。

孫權問孫登原因，他回答說：「根本確立，道義才能產生，欲立太子，宜先立后。」

孫權問：「你的母親在哪裡呢？」

孫登堅定的說：「在吳郡（意指徐夫人）。」

孫權沉默不語，心想著，立個皇后也這麼麻煩，乾脆誰都別當了，於是「國母」的位子就這麼懸了起來，直到孫權去世的時候才把接班人孫亮的母親潘氏立為皇后。

嘉禾元年（西元二三二年），孫權最寵愛的兒子孫慮死了，年僅二十歲。孫權十分悲傷，終日茶不思飯不想，為此消瘦了許多。孫登得知此事以後，很是擔憂，馬不停蹄的趕到京城面見父皇。

孫登是孫慮的胞兄，所以孫權一看見他就又想起了孫慮，於是大哭起來。孫登見此，趕緊勸道：「孫慮臥床不起，此乃天命，還望父皇保重龍體，切不可哭壞了身子。如今北方尚未統一，天下臣民莫不翹首企盼著陛下前來解救。陛下身繫家國天下，卻因為對晚輩的哀思而飲食大減，這不符合禮制，兒臣惶恐憂慮。」

孫權聽從孫登的意見，恢復了飲食。十多天後，孫權覺得他在京城待的時間不短了，就問他為什麼還不回武昌去？孫登回答：「兒臣身為人子卻長期居住在武昌，沒有機會侍奉父母，這是孝道有失啊！陸遜公忠體國，善於用兵，足可震懾魏蜀，陛下盡可放心。懇請陛下恩准兒臣能夠留居京城，以盡孝道。」

孫權見兒子態度極為誠懇，就批准了。

嘉禾三年（西元二三四年），孫權親自統率大軍，進攻魏國軍事重鎮新城（位於今安徽合肥市北郊），讓孫登留守京城，總攬軍國要務。該年，吳國天災不斷，糧食歉收，許多吃不上飯的百姓揭竿而起，舉起造反大旗。孫登早就想到這些，很快制定出嚴格的法律條文，諸如禁止民間集會、結社、遊行示威之類，以防患於未然。不久，孫權無功而還，卻看到孫登維持百姓安定的工作做的很出色，穩固了孫氏江山，很是欣慰，對其誇獎一番。

孫權晚年的時候，強化了對官員的監控力度，為此還專門設了兩個特務官職：校事和察戰，用來督責百官，羅織罪名，其中最臭名昭彰的是一個叫做呂壹的校事。在主子的默許縱容之下，呂壹操弄權柄，擅作威福，執法嚴酷狠毒，官員倍受其苦。為此，孫登多次勸諫，但孫權置若罔聞。

向來都說皇帝年老之後會變得猜忌好殺，即便是所謂的明君聖主也都難逃窠臼，對於孫權的所作所為，歷來也都將其歸因為年邁昏聵。難道皇帝們一上歲數就真的全都成了老糊塗嗎？

恐怕未必全然如此。

隨著執政時間的推移，朝中會自然形成一些位高權重的功勳之臣，而每當皇帝年老之時，就會有意識的為下一任皇帝消除潛在威脅，因為新皇往往年輕，威望不足，難以震懾元老重臣。可皇帝畢竟不好天天琢磨著如何整人，如何網羅罪證，並且，這與皇帝的偉大的正面形象顯然是不符的，於是奸佞之徒開始發跡。

所謂的忠臣與奸臣其實都不過是帝王手中的兩張牌而已。忠臣用來建言獻策，規避風險，保駕護航，同時具備裝點門面的作用，可以彰顯皇帝的聖明。因此，皇帝不能沒有忠臣。

奸臣則投帝王之所好，急帝王之所急，所做的事情都是皇帝想做但卻不方便大喇喇去做的事情。皇帝藉其打壓桀驁不馴的正直官員，清除所謂異己勢力，樹立絕對權威。因此，皇帝也離不開奸臣。

但若是忠臣「逆龍鱗」，奸臣犯眾怒，那麼，二者皆可拋棄。殺死觸怒龍顏的耿直之人，可以立威，弄死玩火過頭的奸佞小人，可以顯示「正義終究戰勝了邪惡」，皇帝依舊偉大。

故而，那幾個歷史上所謂的明君聖主，身邊總是少不了奸佞之徒的身影，眾多昏暴之君的背後也總是站著幾位不怕死的忠臣義士。

赤烏四年（西元二四一年），孫登病逝，時年三十三歲。

孫權老年喪子，十分悲傷。痛哭流涕之際，東宮的侍從奉上孫登臨終前寫的一份奏疏。孫登在奏疏當中主要說了四方面內容。

一、**自責**。他說，兒臣正值壯年卻身染重疾，這是因為自己品行鄙陋，不夠賢明。此後不但再也無法侍奉雙親，而且還會給父母帶來沉重的悲傷，實在是不孝。

二、**舉賢**。孫登在奏疏中對三弟孫和大加稱讚，希望父親能夠在他去世之後，安排孫和接替太子之位。孫登還對朝中的文臣武將點評一番，建議父皇根據這些人的不同特點而善加利用。後來，孫登的這些舉薦，大部分得到了孫權的認同。

三、**規勸**。吳國多次對魏戰爭，鎮壓國內少數民族，結果造成兵役繁重，官民矛盾十分尖銳。孫登對此十分擔憂，在奏疏中多次建議孫權能夠寬緩刑罰，減輕賦稅，廢除苛政，取消不必要的勞役、兵役，使百姓早日過上富足安康的幸福生活。

四、**祝願**。最後，孫登希望父皇能夠將他徹底忘掉，以天下蒼生為念，選賢任能，安撫百姓，富國強兵，爭取在五到十年的時間之內，實現一統天下的宏偉事業。

孫權讀完這篇情真意切並散發著智慧光芒的奏疏後，心中愈加悲痛，好長一段時間緩不過勁來，一談到孫登這個好兒子就會老淚橫流。

事後，孫權賜孫登諡號為「宣」，史稱吳國宣太子。

活得精彩　之三

善男弘法搞慈善　蕭子良悲天憫人

——南齊武帝蕭賾第二子

南北朝時期，政局動盪，戰爭頻繁，致使民不聊生，哀鴻遍野，民眾內心急需宗教的撫慰；國外高僧大德紛紛不遠萬里，遠赴東土，弘法濟世；加之統治者試圖利用佛教勸人向善等作用來鞏固自身統治，從而大加宣導。諸多因素共同造就了佛教在這一時期的繁榮昌盛。

值得注意的是，許多王公貴族身體力行，加入到了普渡眾生，救世濟民的慈善事業之中，其中尤以南齊竟陵王蕭子良居士最為著名。對此，就連著名佛教史專家湯用彤先生也不禁在其名著《漢魏兩晉南北朝佛教史》一書當中讚歎道，「竟陵王者，乃一誠懇之宗教徒也。」

蕭子良，字雲英，是齊武帝蕭賾和穆皇后裴惠昭的第二個兒子。

蕭子良小的時候就很聰敏。劉宋時期，蕭賾最初在贛縣（屬今江西贛州市）當縣長。某日，兩口子鬧彆扭，蕭賾一發飆，非要把老婆送回京城，後者本已啟程上路，卻又被勸了回來。原來是兒子不答應。當時，蕭子良還是個小孩，聽說爸媽吵架，很不高興，站在屋前拉下一張小臉顯得不悅。爸爸看到後斥問他：「你小子不去讀書在這兒發什麼呆？」

蕭子良反問：「我娘呢？你把她趕到哪裡去了？娘都沒了，還讀個什麼書」

蕭賾大吃一驚，心想這小子孝順、膽子大，是顆好幼苗。二話沒說就派人把老婆追了回來。

自從文帝劉義隆去世之後，劉宋朝政日益混亂，此後上臺的孝武帝劉駿、前廢帝劉子業、明帝劉彧和後廢帝劉昱，非但治國無方，荒淫成性，而且個個都是殺人如麻的魔頭。以文帝的十九個兒子為例，除夭折和病死的之外，真正倖免於難的只有三個，兩個是皇帝（劉駿和劉彧），一個亡命他國（第九子劉昶逃往北魏），其餘的十一個兒子全部死於窩裡鬥。以至於後世之人紛紛懷疑劉宋皇室成員集體患上了精神疾病。

正當皇室內部殺得天昏地暗，如癡如醉之時，出身低微，起於行伍的蕭道成一步步的竊取了劉宋的大權，並於昇明三年（西元四七九年）成功逼迫年僅十三歲的順帝劉準退位，宋亡，共歷八帝，六十年。

蕭道成榮登大寶，是為齊太祖高皇帝。

常言說，一人得道，雞犬升天。蕭道成黃袍加身，子孫們自然加官進爵。長子蕭賾成了皇太子，長孫蕭長懋封南郡王，次孫蕭子良升任輔國將軍、會稽（今浙江紹興市）太守。蕭子良留心政務，體察下情，剛一上任就給爺爺上了道奏摺，請求廢除一項弊政。

原來，劉宋文帝時期，錢糧賦稅都由郡縣逐級徵收，無甚異常，但到了孝武帝時期，覺得如此方法過於遲緩，改由朝廷下派特使直接徵收。這些欽差，憑仗皇命，無法無天，不僅貪婪狡詐，專斷弄權，而且橫徵暴斂，為禍一方，弄得民怨沸騰。蕭子良經過調查走訪，深感這項弊政危害無窮，遂立即上書，請求廢止，並懇請皇帝減免差役和苛捐雜稅，真正舒緩人民負擔。

皇帝爺爺看過孫子的奏章之後，非常欣慰，不僅全部照準，而且加封其為聞喜縣公，賞食邑一千戶。

蕭子良敦厚仁義，崇尚古風。會稽郡的朱百年德行高潔，遠近聞名。可惜死得有些早，留下孤兒寡母艱難度日。蕭子良聽說後，很是同情，當即給寡婦送去一斛米，又特地派了個僕役負責幫她砍柴拾草。

蕭子良還特別喜好收藏古物。會稽郡署衙藏有一張三國時期吳國著名學者虞翻睡過的舊床，子良覺得十分珍貴，就在回京述職的時候給帶走了。後來他專門蓋了一座文物陳列室，將所收集的各種器物服飾擺放其中，供人觀賞。

建元二年（西元四八〇年），蕭子良改任丹陽尹。此處地勢平坦，土地肥沃，並有著很好的灌溉條件，卻由於連年戰禍而導致土地荒蕪，百姓流離失所。蕭子良為此深感痛心，先是自掏腰包，發放糧食，賑濟災民。繼而疏通水道，修整池塘窪地，招攬民眾墾殖，將已經荒蕪的土地改成了良田。

兩年後，蕭道成病逝，蕭賾接班，即南齊武帝。蕭子良的地位隨之上升，封竟陵郡王、南徐州（今江蘇鎮江市）刺史，賜封邑兩千戶。隨後幾年，蕭子良的仕途更是平步青雲，扶搖直上。永明四年（西元四八六年）的時候已經升至侍中、車騎將軍。

武帝即位之初，水旱災害頻發，百姓生活更加困苦。蕭子良秘密奏請父皇免除災區百姓拖欠的稅款，並接連提出了公平執法、寬緩刑罰、停止差役、減免賦稅等多項改善民生的計畫。皇帝准奏。

蕭子良不僅聰慧，而且品德高尚，禮賢下士。凡有德行的人，他都會竭誠相待，從不在意對方身份的貴賤。夏天的時候，他會拿出瓜果飲料，盛情招待遠近來客，傳為士林美談。

永明五年（西元四八七年），對於蕭子良的人生來說，意義非凡，對於中國文學界和佛教界更是值得紀念的一年。他不僅升任司徒，且有喬遷之喜，搬到了雞籠山（位於安徽和縣西北，現為國家森林公園）的西邸居住。

在這裡，竟陵王憑藉皇室貴胄的高貴身份，位列三公的顯赫權勢，大肆招攬僧俗各界人才。眾多優秀的士族子弟和高僧大德進入王府，在蕭子良的引領組織下進行了一系列極具影響力的文化活動，史稱「開西邸」。

文學領域，形成了以范雲、蕭琛、任昉、王融、蕭琛、謝朓、沈約和陸倕組成的文學團體，史稱「竟陵八友」。他們彼此唱和，互相推波助瀾，不僅形成了一股文學潮流，還推廣了一種新的文體，即「永明體」。這種詩體不僅對於糾正晉宋以來詩歌語言過於艱澀的弊病達到一定作用，而且使創作逐步轉向清新通暢，對唐代「近體詩」的形成產生了重大影響。

此外，蕭子良還組織這些文壇名士抄寫《五經》和百家著述，並依據《皇覽》的範例，編成了《四部要略》一千卷。佛教領域，他還延請眾多高僧來此講論佛法，創制了梵文誦經的新聲，並多次舉行大型齋戒法會，邀請同僚來此參加，期間更是親自端飯送水，敬奉和尚和居士。

為了踐行佛教徒普度眾生的神聖使命，蕭子良不僅時刻牢記勸人為善，還和同樣篤信佛教的太子哥哥蕭長懋，聯合創辦了中國歷史上最早的慈善機構——六疾館，收容那些無力醫病的窮苦百姓，並免費提供衣服和藥物。「六疾」是指寒疾、熱疾、末（四肢）疾、腹疾、惑疾（精神病）和心疾，基本上涵蓋了當時所知的各類疾病。

竟陵王的這些活動不僅實現了自己的人生價值，也在朝野上下贏得了廣泛的讚譽。

永明十一年（西元四九三年），身患肥胖症，而且很少參加戶外運動的太子蕭長懋病逝，其長子蕭昭業被立為皇太孫。武帝檢視東宮，發現太子生前使用的服飾、座駕和羽儀（儀仗中以羽毛裝飾的旌旗之類）等物品大多超越規格，憤怒異常，命人將這些東西全部毀掉。不僅如此，武帝還遷怒於與太子交好，知情不報的蕭子良，狠狠的責備了他一番。

不久，北魏實行軍事管制，聲稱南下攻齊。齊武帝大規模徵兵買馬，用以防備敵軍入侵。正在備戰之際，武帝突然病倒。身處特殊時期，他為防止不測，特命蕭子良全副武裝，入宮侍奉左右。子良仁孝，不僅日夜守護殿中，服侍父親的飲食醫藥，而且請來眾多僧人在殿外誦經祈福。武帝為之感動，夢中看到優曇鉢羅花（梵文音譯，意為祥瑞靈異之花，即曇花），蕭子良就按照佛經上的描述用銅製作了這種花，然後安插在龍床的四角。

皇太孫蕭昭業（太子蕭長懋長子）隔天前來問安、侍奉，每次都會哭得稀哩嘩啦，以此騙得爺爺的信任。沒多久，武帝病勢加重，陷入昏迷狀態。皇太孫尚未入宮，內外人心惶惶，文武百官也都穿上了喪服。「竟陵八友」之一的王融打算假傳聖旨，扶立蕭子良繼承皇位，甚至已將詔書起草完畢。

王融出身士族豪門——琅琊王氏，文思敏捷，才高八斗，但卻恃才傲物，急功近利，年紀輕輕就成天想著位列三公四輔（借指宰輔重臣）。有一次，王融路過朱雀橋，正趕上交通高峰期，道路擁擠，行人車馬難以通過，急得他用手捶打車廂，嚷嚷道：「車前沒有八個騎兵清場開道，我這大公子怎麼能過！」

蕭子良喜愛王融的文才，所以對他特別優厚親近。

等到蕭昭業試圖進宮，王融已是全副武裝，身著紅色戰袍，橫刀立馬在入宮要道，阻止東宮衛隊進入。過了一會兒，武帝甦醒過來，詢問皇太孫在哪裡，東宮衛隊才得以入內。之後武帝指定蕭昭業接班，不久去世。話說武帝垂危之際，本欲以蕭子良為頭號輔政大臣，然而他卻淡泊名利，不喜俗務，推薦堂叔蕭鸞（後篡位，即南齊明帝）總攬軍國要務。

不久，作秀高手原形畢露。武帝遺體剛一入殮，蕭昭業就將爺爺的所有歌舞伎都叫來，讓她們演奏各種樂曲。蕭昭業本是由蕭子良的妃子袁氏撫養長大，二嬸對他非常慈愛關心。然而，經過王融陰謀推舉蕭子良事件之後，他對二叔也就深為忌恨起來。

武帝的遺體移至太極殿時，蕭子良住在中書省，於是，蕭昭業就派虎賁中郎將（禁軍將領）潘敞率領二百名武士駐守在大殿西側，防備蕭子良。等到入殮，各位王爺出宮，蕭子良依依不捨，請求等到父親下葬那天再離開，然而卻被拒絕。

混小子蕭昭業即位剛十幾天就開始反攻倒算。先是逮捕了王融，繼而給他扣上陰險、浮躁、輕率、狡黠，招降納叛沒有成功，譏諷朝廷等臭帽子。王融向蕭子良求救，蕭子良深知已被懷疑，因而又憂又怕，不敢去救。於是，王融被賜自盡，年僅二十七歲。

素有威望的二叔成了蕭昭業的一塊心病。

他常常擔心蕭子良圖謀造反，很想像處置王融那樣，直接將其弄死，但這麼做卻不夠穩妥。一來毫無罪名，難以服人；二來根基未穩，不宜誅殺親貴大臣；三來，如此蠻幹，勢必有損皇帝的英明形象。故而，蕭昭業對其採取了明升暗降的法子。

蕭子良被授予南齊在世官員所能享有的最高加銜——太傅。

他的班劍衛士增至三十人，儀仗更加威武。

皇帝特許他：劍履上殿、入朝不趨、贊拜不名。意思是說可以佩劍穿鞋上殿，入朝之時不必小跑，朝拜時司儀不直呼其姓名，只稱官職。這些禮遇多是歷代權臣才可享用的特別待遇。

皇帝在做足面子的同時，罷免了蕭子良在朝廷的侍中一職，外放都督南徐州。昔日權勢顯赫的竟陵王就這樣成了寓公。

權力爭鬥的兇險，使得心地善良的蕭子良有些不知所措，因為這裡本不屬於他。有了權力和職位並不等同於可以很好的在官場打混，這裡充斥了人性之中的所有醜陋，那些適應能力不足的選手，終究是要被淘汰出局的。接連的政治變故，給蕭子良帶來了深深的驚恐、憂懼和苦悶，他很快就病倒了。彌留之際，他恍若所思的對身邊僕人說：「城門外應該有異常的情況。」

僕人跑去查看，只見到淮河水面上黑壓壓的一片，有數不清的魚浮了出來，牠們全都朝向城門方向，像是在為某個人送行。不久，蕭子良去世，享年三十五歲。

Section 08 —— 死得窩囊

死得窩囊　之一

弱智父親生慧子 司馬遹命喪茅房

——西晉惠帝司馬衷長子

晉惠帝司馬衷是歷史上有名的弱智皇帝，然而，可能由於基因突變等諸多原因，他竟然生出個十分聰明的兒子，即西晉潛懷太子司馬遹。

司馬遹的身世非常強大，話說司馬衷還在做太子的時候，父親晉武帝司馬炎計畫給他娶個媳婦兒，但是考慮到這個智商跌破七十的兒子八成不懂得男女閨房之事，就派了一個「才人」（低級姬妾）級別的小老婆，謝玖去給兒子「侍寢」，即手把手的教教傻兒子怎麼「辦事」。沒不久，謝玖有了身孕。

後來，晉武帝為傻兒子娶了一個奇醜無比還奇妒無比的太子妃賈南風，這個惡毒的女人將懷有身孕的謝才人視為眼中釘，肉中刺，必欲除之而後快。為圖自保，謝才人只好請求回到西宮，不久生下一個兒子，就是司馬遹。可是，司馬遹長到三四歲的時候，那個只知嬉鬧的呆爸爸卻還不知道自己有兒子這件事情。

一次，晉武帝帶著幾個兒孫玩遊戲，剛好司馬衷前來朝見，就挨個和弟弟們握手致意，握到司馬遹的時候，武帝發話了，「這是你的兒子啊！」

司馬衷一下子愣住了，半天沒反應過來是怎麼回事，過了好一會才鬆開了兒子的小手，接著和弟弟們玩耍去了。

歷代皇室當中，兒子強佔庶母，公公納兒媳為妾現象較為多見，像晉武帝這樣大度的老爸還真是少見，想必是因為後宮佳麗過萬的他實在是不在乎一個小小的謝才人吧。不過，也正是他的這次大度，致使後人懷疑司馬遹很有可能是他的後代，因為這個聰明的小子實在是和司馬衷爸爸差異太大了。

關於司馬衷的蠢，只需要一件事便可展露無疑。有一年鬧災荒，老百姓沒飯吃，趴在地上乞討的人滿地都是。官員將災情上報，司馬衷大為不解，問道：「沒有飯吃，他們為什麼不吃肉粥呢？」

通過這件事，我們即可洞穿晉朝這個最高領導人是個什麼貨色了。

幸運的司馬遹在這方面沒有遺傳爸爸，小時候非常聰明，武帝也很喜歡這個長孫，經常把他帶在身邊。有一天晚上，宮中突然失火，火光沖天，煞是壯觀，武帝拉著長孫登高遠眺，觀賞火景。這時，孫子卻拽著爺爺的衣服來到了暗處。爺爺很是不解的問道：「怎麼啦？乖孫子。」

司馬遹鄭重答道：「深夜忙亂，應該防備異常情況，不能讓亮光照見陛下。」

武帝很驚奇，摸著他的頭說道：「五歲孩童，竟有如此見識。」於是他就更加喜歡這個孫子了。

某日，武帝帶著司馬遹去考察豬圈的建設情況。豬圈負責人一看皇帝親臨，十分激動，趕忙親自上陣向皇上誇耀科學養豬的巨大成效。他激動地說：「自從我廠堅決貫徹執行朝廷指示，大量使用純正進口飼料以後，不僅提高了豬寶寶的體重，瘦肉率也隨之大幅度上升，還塑造了牠們健碩的體型。」

司馬遹卻不以為然的說：「這些豬都這麼肥了，為什麼不殺掉來犒賞群臣，卻讓牠們在這裡白白浪費國家的糧食呢？」武帝非常讚賞孫子的提議，於是馬上讓人照辦，還慈祥的拍拍他的後背對大臣說：「這孩子很像宣帝（武帝的爺爺司馬懿）啊，將來一定會振興我們司馬家的！

經過皇帝的稱讚和群臣的大力推介，舉國上下都知道了傻太子司馬衷生出個聰明的兒子，深感上天眷顧，國家有望了！當時有位擅長望氣占卜的人說是廣陵（今江蘇揚州市）地區有天子之氣，武帝就封司馬遹為廣陵王，食邑五萬戶。

太熙元年（西元二九〇年），晉武帝病死於含章殿，享年五十五歲。太子司馬衷接班，即晉惠帝。惠帝冊立十三歲的長子司馬遹為皇太子，並從朝中遴選了一批德行高潔的名士為老師，還從官二代當中挑了些才學之士陪太子讀書。

謝才人不僅生得貌美，而且很賢淑，兒子司馬遹的名聲也不錯，這令生不出兒子且相貌醜陋的賈南風皇后嫉恨不已。賈氏先是生生拆散他們母子，將謝才人發配到別處安置，然後偷偷拉攏東宮宦官，讓他們慫恿和蠱惑太子肆無忌憚的嬉戲胡鬧。

就這樣，司馬遹這棵好幼苗越長越歪，逐漸不愛讀書學習，整日和身邊的小宦官廝混在一起，也不知道尊敬師長了。

一旦碰上司馬遹生氣，身邊的宦官就嘆息道：「唯有殺人才能立威，殿下卻不知道動用嚴酷的刑罰，天下人怎麼會害怕殿下呢？」

司馬遹的蔣美人生下了長子，宦官就唆使他不加節制的賞賜小孩很多財物和玩具，以此來敗壞太子的聲譽。在這樣的環境之下，司馬遹更加懈怠放縱，有時竟然不去朝見，而是躲在後園裡嬉戲。

他非常喜歡駕駛矮車小馬在宮裡溜達，還經常偷偷地割斷勒馬籠頭的皮帶，然後讓侍者騎馬放開了跑，看著侍者從馬上摔下來，他則擊掌叫好，以此為樂。司馬遹小小年紀就有暴虐傾向，身邊人但凡說個「不」字，立馬就會遭到痛扁。另外，他還頗多忌諱，即便房子漏雨掉灰也不允許修牆補壁，正殿更是連個瓦片都不准動。

他雖然不學無術，但卻完全繼承了家族的優良傳統，成為一名合格的生意人。為了繁榮市場經濟，發揚自力更生艱苦奮鬥的優良作風，司馬遹竟然在宮廷之中開辦了一個大型菜市場。市場內不僅經銷有蔬菜、雞肉和麵食，還專門設有餐廳，提供各種美酒和南北大菜，以滿足商家和顧客進餐的需求。董事長司馬遹先生親自操刀上陣，幹起了老本行，殺豬宰羊賣生肉。他無師自通，在稱肉的時候，手揣斤兩，輕重不差，十分了得，簡直天生就是個賣肉的料。

按照東宮老規矩，太子每個月的開支是五十萬錢，這本以足夠。可因為司馬遹揮金如土，而且經常無節制的賞賜身邊的夥伴，所以總是不夠花，他又想出了透支的法子，每次都是支取兩個月的生活費以供自己揮霍。

眼看著素有美名的太子日漸墮落，一些正直的東宮侍從官很是擔憂。太子冼馬江統專門寫了一份勸誡書，分別從孝道、尊師、節儉等方面來規勸司馬遹。然而這小子根本聽不進去，依舊我行我素。中舍人杜錫更是憂心忡忡，他考慮到賈皇后不僅性情殘暴，而且十分專橫，惠帝形同傀儡，太子非她所生。而太子卻不修德業，如此胡鬧，倘若被她捉住把柄，儲位必定不保。於是杜錫苦口婆心的勸他應改邪歸正，以免遭人中傷。

結果，杜老師的勸說非但沒有奏效，反而惹惱了這個混帳學生。司馬遹覺得杜錫像個「唐僧」一樣囉囉嗦嗦的沒完沒了，真是煩死了，竟然命人暗地裡在杜錫的坐墊中藏了很多針。結果，杜老師的屁股被扎的鮮血直噴，險些成了蜂窩。這也就是成語「如坐針氈」的典故。

賈皇后的外甥賈謐是司馬遹的情敵。

當初，賈皇后的母親郭槐想讓自己的外孫女，也是大帥哥韓壽的漂亮女兒做太子妃，司馬遹也想藉此鞏固自身的地位。可卻遭到了韓壽的老婆（郭槐的小女兒）賈午和賈皇后姐妹倆的極力反對，最後只得作罷。

名士王衍有兩個女兒，大的漂亮小的醜。賈皇后特地為自己的外甥賈謐（韓壽的兒子，因被過繼給舅舅賈黎民，故而改姓賈）聘娶了貌美的王大妮，卻為太子聘娶了長得不怎麼樣的王二妮。

司馬遹得知這件事後直恨得咬牙切齒，心想老爸就娶了個醜八怪（賈皇后），自己也沒能娶到漂亮美眉，全都是可惡的賈后從中作梗，那個奪人所愛的賈謐也不是什麼好東西。於是乎，性格剛烈的司馬遹就跟賈皇后一夥人槓上了。

賈謐有點才氣，又仗著大姨媽是皇后而十分驕橫，目空一切。他在東宮做侍講時也是一副無法無天的傲慢姿態。司馬遹最瞧不上的就是這種狗仗人勢的貨色，於是常常把賈謐晾在一邊，自己和同伴到後園去玩耍。

詹事裴權看在眼裡急在心上。他反覆叮囑太子：「皇后十分寵倖賈謐，殿下卻沒給過他好臉色，這樣下去，萬一那小子搬弄是非，事情可就麻煩了，還望殿下不要跟他一般見識，多多謙讓忍耐，同時大力招攬人才輔佐自己，以防不測啊！」然而，少年氣盛的司馬遹卻不以為然，這也為以後的悲慘下場埋下了禍根。

一次，他與賈謐下圍棋。倆人為爭棋道而吵了起來，賈謐氣呼呼的對這位當朝儲君絲毫不讓，沒有一點身為人臣的恭謹態度。當時太子的十六叔成都王司馬穎在座，看見賈謐如此沒有尊卑之分，就當面叱責他。賈謐心懷怨恨，立馬跑去向姨媽告狀。結果，司馬穎外調至鄴城，被踢出了首都。

賈謐還對姨媽說：「太子置辦了大量田產，收入都用來結交奸邪小人，這正是衝著我們賈家來的。我私下聽說他曾講過這樣的話：『皇后死後，我要把她當做魚肉一樣宰割。』不但如此，這小子還說萬一哪天皇上歸天，他當了皇帝，就要依照您處置楊皇后（晉武帝老婆，被賈后囚禁並扼殺）的手法來對付我們，要將您囚禁在金墉城啊！姨媽，外甥強烈建議您及早出手，以防萬一，不如將其廢黜，然後看押起來，另立一位聽話的新太子，豈不更好？」

賈后深以為然，於是開始行動。

通常情況，在除掉政敵之前，首先要做的就是發動輿論攻勢將其搞垮。賈后亦是如此行事。她派人四處宣揚司馬遹的短處，結果鬧得沸沸揚揚，滿朝文武都知道賈后要對太子下手了。

賈后專橫跋扈，濫施淫威，朝中大臣對她頗有微詞，因此很多人心裡都向著太子。其中，中護軍趙俊就曾建議司馬遹先發制人，廢掉賈皇后，但卻未被採納。司馬遹顧慮太多，沒有及時出手，賈皇后則是毫不手軟，加緊了進攻的步伐。

元康九年（西元二九九年）六月，皇宮的西廂突然長出一棵桑樹，每天竄高一尺多，長了一陣子後枯死了。這一異常情況，似乎預示著宮廷之中將要發生大的變故了。

這年十二月，司馬遹的兒子道文得了重病，爸爸擔心兒子命不久矣，就想為兒子求個徽號，但卻未被批准。不久，賈皇后假稱皇帝龍體有恙而召他入宮見駕。太子入宮之後，還沒見到皇帝就被人帶到了皇后的住處。宮女對他說：「皇后身體不舒服，您先到隔壁的屋子等候。」過了一會，賈后對宮女說：「昨天皇上說是要用酒和棗子來招待太子，妳去拿上來。」宮女照辦，端上來三升酒和一大盤棗子，還凶巴巴的說是讓太子喝光吃淨。

太子推辭，說是不善飲酒。賈后聽見之後很生氣，遠遠的大聲嚷嚷道，「你平常在陛下面前一端酒杯就開心，現在為什麼不喝啊？這是天子賜酒給你，喝了它，道文的病也就好了。」

太子回答：「先前陛下賜酒，是在朝會群臣的時候，所以不敢推辭，但怎麼著我也喝不了三升酒啊！況且，我今天早上進宮之前沒吃早餐，空腹飲酒，有害健康，又未面見皇上，若是喝多了，那時難免失態。」

賈皇后不依不饒，又讓宮女傳話說：「真是大不孝啊！君父賜酒，你竟然不肯喝，難道以為酒中有毒嗎？」

太子無奈，勉強喝了兩升多，請求將剩下的酒帶回飲用。皇后不准，他只得強行喝完，很快沉醉不醒了。

不久，司馬遹迷迷糊糊的感到有個宮女把他叫醒，拿給他一個封箱，說是皇上讓他抓緊時間抄寫一份文書。打來封箱，裡面有一篇擬好的文稿和幾張白紙。那個宮女催促說：「趕緊，皇上正等著呢！」這時，宮女承福端上筆墨紙硯，再次催促，他只好提筆快寫，哪裡曉得所抄寫的是什麼內容。

賈后隨即派人將這份抄好的文稿拿給皇帝看，傻不隆咚的司馬衷一看就氣的渾身發抖，原來裡面寫了很多大逆不道的話。

大意如下：陛下應當自我了斷，若是不從，我就進宮親手將你了斷；皇后也應當從速了結自己，若是不從，我將親手了結她。我要替天行道，掃除禍害，立道文為王，蔣氏為后。若能完成心願，必將大赦天下，然後用三牲來祭祀北君。如果有誰走漏了風聲，定將嚴懲不貸。

第二天，惠帝怒氣衝衝的將文武百官緊急召至式乾殿，讓宦官董猛將文稿拿給大家傳閱，還說是要處死太子。大臣們立刻看出了其中蹊蹺，但卻大都莫不吭聲，唯有張華和裴頠仗義執言：「這篇稿子顯然是奸人為陷害太子而特地偽造的，字跡歪歪扭扭，多有塗改，還有很多地方是他人補寫上去的，怎麼可能出自太子之手？況且太子素來恭敬陛下，哪裡會做出如此大逆不道的事情來呢？還望陛下三思。」

張華和裴頠這麼一說，惠帝傻眼了，不知如何是好。這時，賈后又密使董猛假傳長廣公主（司馬炎姐姐）的話給惠帝說：「事情應該從速決斷，若是有人不從，就當軍法從事。」群臣東一句西一句的爭吵不休，弄得惠帝一頭霧水，一直嚷嚷到太陽下山也沒說出個具體處置。賈后著急了，擔心陰謀敗露，前功盡棄，遂退而求其次，讓惠帝饒了太子一命，但卻廢為庶人。結果，司馬遹、太子妃王氏和三個兒子全部被押解至金墉城的特別監獄。太子生母謝玖和寵妾蔣俊被拷打致死。

沒多久，賈后又安排一個東宮的宦官假裝自首，誣告太子圖謀造反。昏庸的惠帝不辨真偽，派了一千衛士將司馬遹轉而幽禁在了許昌宮（在今河南許昌市）的小屋子中，並派重兵看管。

太子無端被廢，而且遭到拘禁，使得朝中內外多有不平之聲。司馬雅和許超曾經深受太子寵倖，如今主子遭難，二人怎能坐視，就私下對趙王司馬倫（司馬懿第九子）的謀臣孫秀說：「如今太子被廢，國家沒了嫡系的皇位繼承人，必定會威脅到社稷的安危，大臣們也會藉此發難。您和皇后關係十分密切，太子被廢之時，人們都說您事先知情，因此一旦出現事變，您的災禍也就不遠了，為何不趁早打算，給自己留條後路呢？」

一番利弊分析嚇得孫秀直冒冷汗，他隨即將這些話轉述給了司馬倫。司馬倫聽了之後，覺得很有道理，就著手發動政變，囚禁賈后，解放太子。

計畫制定完畢，正要實施之際，孫秀卻又生出了一個惡毒的主意。他說：「太子為人剛強兇猛，若是哪天得勢，必定會肆意而為。您常年侍奉皇后，這是世人皆知的事情。如今您想為太子伸張正義，即便他能夠原諒您先前的所作所為，也必定不會對您重用了，因為他會覺得您的這次行動是在內外壓力之下，不得已而為之的自贖行為。以後一旦您犯下什麼過失，小命難保啊！依小人看來，您不如暫緩行動，而皇后遲早會殺掉太子。到那時，您再振臂一揮，廢掉皇后，為太子報仇，滿朝文武必定將您視為安邦定國之臣，天下大權也會為您所有啊！」

司馬倫大喜，不停的誇獎孫秀，並讓他全權負責此次行動。

孫秀略施小計，讓人四處散佈謠言：宮中有人計畫廢掉賈后，迎接太子回宮。

賈后聽到這個消息後十分驚恐，決心先下毒手，密令太醫令程據專門配置了烈性毒藥巴豆杏仁丸，然後偽造皇帝詔令，讓宦官孫慮攜帶毒藥前往許昌執行任務。

孫慮來到許昌之後，就向牢頭劉振傳達了旨意，劉振面有難色的說廢太子為了防止別人下毒，一直拒絕外人提供的食物，堅持自己做飯，很難找到下毒機會。

孫慮說：「這是上面的意思，你看著辦吧！」

劉振把司馬遹騙到一處小宅子當中，趁機收繳了他的廚房用具，並拒絕為他提供飲食，想要把他活活餓死。過了幾天，劉振前去查看虛實，看看司馬遹餓死了沒。誰知，這小子面無飢色，依舊活蹦亂跳。原來是宮內同情他的宮女宦官在偷偷的為他運送食物。

孫慮覺得劉振辦事不利，就親自上場，拿著毒藥，連唬帶騙的逼迫司馬遹服毒。他哪裡肯從，謊稱自己正在拉肚子，要求上茅房。孫慮手持搗藥杵尾隨其後，在他退褲子的時候，上去就是一陣猛捶，打得他嗷嗷直叫，慘叫聲直飄到牆外，嚇得宮人不寒而慄。司馬遹就這樣被活活的打死在茅房當中，年僅二十三歲。

賈后弄死司馬遹後，呼出一口大氣，卻未想過自己的死期也不遠了。永康元年（西元三〇〇年），趙王司馬倫秘密聯絡梁王司馬肜（司馬懿第八子）和齊王司馬冏（司馬懿重孫）進京向賈后發難。

她先被廢為庶人，後被趙王司馬倫用金屑酒毒殺，賈謐身首異處，劉振、孫慮、程據等從犯也先後伏誅。

常言道：鷸蚌相爭，漁翁得利。賈后死後，司馬倫大權獨攬，竟在第二年的時候廢掉惠帝，自己上臺，結果招致其他諸侯王的圍攻，國家再次陷入混戰。西元三一六年，西晉政權被匈奴貴族劉曜所建立的前趙推翻，立國僅五十二年。

死得窩囊　之二

色字頭上一把刀　元禧以死警世人

——魏獻文帝拓跋弘（元弘）第二子

「酒色財氣」是為人生四戒，泛指各種不良習氣。為了勸誡世人不可過分追逐於此，民間特有俗語：「酒是穿腸毒藥，色是刮骨鋼刀；財是下山猛虎，氣是惹禍根苗。」真是字字帶血，令人生畏，教訓不可謂不深。然而，古往今來鮮有看破此道者，不計其數的貪婪之徒墮入慾望的深淵，貪財好色的咸陽王元禧就是其中的一位。

北魏獻文帝拓跋弘雖然在二十三歲時就被狠心的親媽——文明馮太后給毒死了，但他在短暫的生命中還是生下了七個兒子。長子元宏繼承帝位，即孝文帝，次子即是本篇主人公咸陽王元禧。

孝文帝即位之時，尚是五歲幼童，父親遇害之後，朝政大權落入馮太后手中。鑒於國內尖銳的胡漢矛盾，以馮太后為首的北魏朝廷開始逐步推行漢化改制政策，以期長治久安。

太和九年（西元四八五年），改制活動進入高潮，急需人手。幾個皇子也已長大了些，有必要歷練一番。於是，諸位皇子出閣就封。身為皇帝長弟的元禧被寄予厚望，封咸陽王，加官侍中、驃騎大將軍、中都大官。

中都大官是「三都大官」之一，另兩個指外都大官和內都大官，這是北魏特有的重要官職；基本職能是斷獄判案，另外還可統兵作戰和參與決策軍國大事；主要選自宗室諸王、皇親國戚，強宗豪族或部落大人、功勞卓著者等。

上任之前，馮氏特別開設學習班，延請名師授課，對幾位小王爺進行集訓，並告誡他們：「你們的哥哥（孝文帝）繼承先人基業，統領天下，日理萬機，尚且戰戰兢兢，唯恐不能勝任。你們所治理的地方雖小，也應該嚴於律己，努力工作，不辱使命。」

皇帝補充道：「務必小心謹慎，不可驕傲懈怠，有負聖恩。」

幾年之後，朝廷外放元禧到地方任職，授冀州刺史。赴任辭行，孝文帝特在都城南郊為其踐行。元禧走後，皇帝哥哥很不放心，生怕弟弟做出違法亂紀的事情來，就趕緊派人將當年濟陰王元鬱因罪賜死的故事講給他聽，並又叮囑一番。

其實，孝文帝顯然是多慮了。咸陽王元禧在冀州勸課農桑，興修水利，減免賦稅，做得頗有聲色。後來，冀州人蘇僧瓘召集三千百姓手捧萬民表，高舉萬民傘，上奏有關部門：冀州刺史元禧愛民如子，為政清明，體恤民情，深受百姓愛戴，懇請朝廷將咸陽王世世代代都分封在冀州。

皇帝有些不高興，下詔說：「封建諸侯的方略，雖然歷史悠久，但未必適應當下的情況；劃土封疆之權出自君主，怎能依據下民請求；食邑的分封，自然有另外的準則。」

為防止元禧在冀州地區培植親信，日漸坐大，孝文帝將其調至京師，授職司州牧，賜布帛兩千匹，粟五千斛（容量單位，相當於鬥），並以元禧作為長弟，地位尊崇為由，特封食邑三千戶，其餘五個弟弟則都只是兩千戶。

進京做官的元禧不僅成為孝文帝推行漢化改制的得力助手，也練就了一身馬屁神功。一日，孝文帝召見文武要員說：「眾位愛卿是想讓大魏與三代齊享日月之光輝，還是想使漢、晉獨享美名於前代？」

元禧搶先回答：「陛下英明神武，世所罕見，當然希望建立遠超古代聖王的千秋偉業。」

「既如此，怎麼才可以達到呢？是要修養身心，努力提高道德文化水準，移風易俗呢？還是因循守舊，墨守成規呢？」文帝問道。

元禧答：「自然應該改變舊俗，爭取日新月異。」

文帝又問：「那麼，是要只在這一代實行呢？還是要傳承後世？」

元禧大聲答道：「大魏國運綿長，自然應當傳至千秋萬代。」

文帝肯定的說：「既如此，那就必須改變制度。你們應該遵令行事，率先垂範，不得陰奉陽違。」

元禧指天誓日：「上命下從，猶如風吹草低。」

文帝隨即下詔：「自古以來，欲改制，先正名。自即日起，三十歲以下的官員必須改說漢語，年齡在此以上者，允許慢慢變更。」

元禧高呼：「吾皇聖明！」

不久，元禧被任命為代理太尉。

某年夏至日，孝文帝祭地回來，群臣紛紛前往問候，文帝說：「昨天，朕去方澤（祭拜地祇的方壇）的時候，本來非常炎熱，突然雲彩密佈，涼快了許多。」

元禧趕緊奉承道：「啊！陛下德牟天地，明並日月，寬慈仁聖，自古無比，故而德感天地，雲朵才會凝結生彩，即便是雨師普降甘霖，風伯清洗灰塵，也遠不及此啊！」

一陣過分肉麻兮兮的馬屁熏得孝文帝也生出厭惡之情，謙遜的回答說：「伊水、洛水在南北中間，這是天地氣體聚合，陰陽風雨交晦的結果，純屬自然反應，非寡德所能致此！」不久，元禧跟隨皇帝南征，在攻打南陽的時候立下戰功，升任侍中，並正式授予太尉一職。

咸陽王平生三大好：美女、金錢、猜謎。

雖然已有姬妾數十人，卻仍舊難以滿足元禧那高漲的色慾。他時常派人奔赴全國各地，明察暗訪，凡容貌美麗者，無論婚否，全都擄來供自己淫樂。這些美女，個個都不是省油的燈，吃穿住行，互相攀比，不求最好，但求最貴，奢靡浮華，揮金如土。

縱然元禧身居高位，俸祿優厚，卻也無法供應如此龐大的開支。為了廣開財路，以供眾多美眉的日常揮霍，元禧從此迷上了金錢。他生財有道，不僅利用手中職權，貪污公款，收受賄賂；而且廣置田產，投資農業，後又公然違反朝廷禁令，開辦鐵廠、鹽池，製販鹽鐵，攫取暴利，大做官倒生意。經過苦心經營，元禧的田產和工廠遍佈京城遠近，一躍躋身北魏富豪榜第二位，第一名是皇帝，無法超越。

此外，元禧還喜歡猜謎，臨死之前都不忘猜上一把，足見其迷戀程度之深。

太和二十三年（西元四九九年），壯志未酬的孝文帝病逝，遺命彭城王元勰、任城王元澄和咸陽王元禧等六位親貴大臣輔佐年僅十六歲的宣武帝元恪。元禧以皇叔加太尉的尊貴地位，輔佐朝政，位居群臣之上，但卻怠忽職守，時常不理政務，而且驕奢淫侈，貪得無厭，幹了許多違法的事情，惹得宣武帝對他十分不滿。

國丈于烈指使在宮裡當差的兒子，左中郎將于忠向皇帝進言：「各位王爺專橫恣意，內心深不可測，陛下應當早日把他們罷黜，實現乾綱獨斷。」

北海王元詳也及時向新主子表忠心，暗中將二哥元禧的諸多惡行報告宣武帝，還說彭城王元勰深得人心，不應該長久輔政。宣武帝聽了，深表贊同。

景明二年（西元五〇一年），宣武帝命於烈率兵，將元禧、元勰、元詳三人挾持到光極殿，意味深長的對三位叔叔說道：「寡人愚昧德薄，忝承大位，加之體弱多病，全賴叔父輔理朝政，才得以苟延殘喘至今。三年以來，叔父們一再表示歸政，侄子怎好忤逆你們的一番苦心呢？所以，朕決定即日親政。眾位叔父暫且各自回府，至於下一步如何，朕當另作安排。」

結果，元勰「被炒」，回家靜養；元禧進封太保（榮譽虛銜），明升暗降；告密有功的元詳則被任命為大將軍、錄尚書事。

收拾了幾位叔叔之後，宣武帝將大權交給了幾個自己人。岳父大人于烈擔任領軍、車騎大將軍，手握軍事大權。此外，皇帝身邊的幾位能工巧匠更是頗受寵倖了。

茹皓擅長營造園林，常季賢精於養馬之道，陳掃靜則專為宣武帝梳頭，他們與北海王元詳所舉薦的直閣將軍劉冑串通一氣，互為表裡，玩弄朝政，一同構成了當時的「四人幫」。

自從朝政大權落入這幫貨色之手以後，北魏政治日漸腐敗，王公大臣們也難得有機會覲見皇帝。君臣之間猜忌日重，一場大亂即將到來。

宣武帝親政之後，元禧自感劣跡斑斑，又遭主子厭惡，因而總是提心吊膽，生怕哪天皇帝發飆，找他算賬。他的齋帥（掌鋪設灑掃事）劉小苟為表忠心，說是自己多次聽宮裡人講：「皇帝想要殺掉元禧。」

元禧聽後越發害怕了，於是就與擔任給事黃門侍郎（皇帝侍從官，負責傳達詔命）的大舅子李伯尚、武都王楊集始等人圖謀造反。恰逢宣武帝去北邙（即洛陽東北的邙山）打獵，元禧遂與同黨們在城西小宅內接頭，商討行動計畫。有人說首先應該奪取軍事要地金鏞城；有人說應該據守洛陽，逼迫皇帝北歸（北魏舊都大同地區），然後拆斷黃河大橋，割據一方，稱霸河南（黃河以南）；還有人說應該立即行動，直接率兵進攻皇帝；又有人說時機尚未成熟，應該暫緩行動。

諸人各執一詞，互不妥協。謀主元禧則是優柔寡斷，多謀而少決。結果，從早到晚吵了一整天也沒定下個計畫。最後約定誰也不能洩露出去，大夥就解散了。誰想到，楊集始一出來就立即騎馬奔赴北邙，向宣武帝告密去。元禧的謀反大業還未開始就已洩露，註定了失敗的結局。

會後，元禧決定單幹。他先是勾結皇帝身邊的值班侍從苻承祖、薛魏孫伺機行刺。然後派長子元通偷偷趕往河內（今河南西北部和山西南部地區，治所位元於今河南沁陽市）控制軍隊，約定一旦暗殺得手，立刻起兵回應。

一日，連日打獵的宣武帝人困馬乏，遂來到一座佛塔底下的陰涼處休息。小薛感覺機會難得，準備上前行刺。正要動手，老苻卻悄悄地對他說：「我聽說殺皇帝的人身體會長癩瘡的。」此話一出，小薛大驚失色，心想：「啊！那我這副英俊非凡的容貌不就全毀了？老子不幹了！」

於是，刺殺計畫就此作罷。不一會兒，迷迷糊糊的宣武帝睡醒了，楊集始也已趕到，向他報告了元禧的陰謀。

宣武帝又恨又怕，因為此刻他的衛兵大都往林子裡殺熊打怪去了，身邊沒幾個人，所以倉促之間不知如何是好。危急時刻，大舅子左中郎將于忠向他獻計：「微臣的父親，領軍于烈此時正留守京城，為防突變，必定有所防備，聖上不必擔憂。」

宣武帝馬上派他騎馬回京查看虛實，果不其然。于烈已經分佈兵力，嚴加守備，做好了應急措施。于烈讓兒子回去奏告女婿，「臣雖年邁，但仍寶刀未老。元禧這幫傢伙雖然倡狂，卻是色厲內荏，不足為慮，希望陛下收拾車駕慢慢回宮，以便安定人心。」

宣武帝聽後喜悅萬分，拍著于忠的後背說：「不錯不錯，你小子深孚朕望，回去好好犒賞。」

此時此刻，元禧不知道陰謀已敗露，正懷抱姬妾在洪池（洛陽城東三十里）的別墅戲耍。有人對元禧說：「殿下召集眾人圖謀大事，事已經挑明，卻又半途而廢，難保事情不洩，您今晚怎能如此逍遙自在？恐危難將至矣！」

元禧很不耐煩的答道：「本王這副身軀，自己知道如何愛惜，難道用得著別人來提醒嗎？」

那人又說：「殿下的大公子已經渡過黃河，但現在我們這裡卻又停止了行動，兩邊互不知情，難道不是很危險嗎？」

元禧說：「本王已經派人追他去了，估計現在應該快回來了。」

其實，元通此刻已經潛至河內，打開牢房，釋放刑徒，分發兵器，開始行動了。

當天夜裡，于烈派遣三百虎賁衛士前去搜捕元禧，元禧倉皇出逃，身邊只有尹龍虎和幾個僮僕跟隨。途中元禧又驚又怕，突然對尹龍虎說：「煩死了，煩死了！來來來，你出謎語我來猜，咱倆解解悶。」

尹龍虎很快想起了以前的一個謎語，說道：「眠則俱眠，起則俱起，貪如豺狼，髒不入己。一物，殿下請猜？」

元禧說：「是眼睛！」

尹龍虎搖頭：「不，不。是筷子。」

渡過洛水之後，元禧又問尹龍虎：「你是否做好了與太尉公一同去死的打算呢？」

尹龍虎正色道：「小人本是山野村夫，承蒙殿下不棄，有幸伺候左右，今日遭逢大難，只恨自己不能為殿下分憂解難。若能與您同赴黃泉，雖死猶生！」不久，追兵趕到，元禧等人被捕。

憤怒的宣武帝將元禧囚禁在華林都亭，然後用千斤鎖鏈縛住尹龍虎，調重兵嚴加看管。當時，天氣酷熱，元禧乾渴熱悶的快要死去，卻被禁止飲水。崔光派人偷偷給他送去一升多的酪漿，被他一口氣喝了個精光。

如此折磨了一段時日之後，元禧精神頹廢，神情恍惚，自感大限將至，就與前來探望他的幾個妹妹進行訣別。談話期間，他向妹妹們打聽起了自己的那些個美人是否安好。

此話一出，氣得公主們一邊哭泣，一邊咒罵：「都是因為你娶了那麼多的賤貨才對財貨貪得無厭，導致今天的下場。事到如今，你怎麼還有臉詢問那些賤人？」

元禧無言以對，羞愧難當。

不久，宣武帝開始清算。首犯元禧賜自裁，子女從皇族名冊中除名；所查抄的巨額資產大都賞賜給了皇帝的幾個親信，其餘的分賞給了內外百官，就連不入流的候補官員也得到了一些賞賜，多者絹帛百餘匹，少則十數匹；參與謀反的十幾個同黨全部被誅。此後，元禧的兒女們缺衣少食，孤苦伶仃，只有六叔彭城王元勰屢屢接濟他們。

河內太守聞知元禧謀反失敗後趕忙殺了住在自己府中的元通，並將首級送往朝廷。但皇帝卻認為這傢伙在元禧未敗之前不拘捕元通，反而現在才動手，顯然是與元通串通合謀，遂把他擄到京城給弄死了。

經此變故，宣武帝越發疏遠和猜忌宗室的成員。後來，北海王元詳、彭城王元勰等人接連都被殺。

死得窩囊　之三

神探專破偷菜門　高湝無端遭橫禍

——北齊神武帝高歡第五子

這些年，有一部中國電視劇《神探狄仁傑》，接連拍了四部。二〇一〇年時還推出一部砸下龐大投資的電影——《通天神探狄仁傑》，二〇一三年更上映了續集《狄仁傑之神都龍王》由此可見票房都還不錯，狄大人儼然成了螢幕上的紅人。

可話說回來，狄公的這些斷案事蹟多為演義，不足為信，而本篇主人公，彭城王高湝的辦案經歷較之前者要真實不少，相必更有資格獲得「中國的福爾摩斯」這一美稱。

高湝的爸爸是北齊神武帝高歡，母親爾朱英娥出身不凡，是北魏末年大軍閥爾朱榮的長女。據說，爾朱英娥不僅容貌甚美，性格直爽，而且精通騎射，身手不凡。然而自古紅顏多薄命，她的婚姻很不幸，前兩任老公都死於政治鬥爭，還賠上一個剛生下不久的兒子。

北魏永熙元年（西元五三二年），政治新星高歡擊敗群雄，逐漸掌握朝政大權，孤苦伶仃、被困後宮的爾朱英娥也被他擄去，納為側室。曾是父親下屬的高歡對她很尊重，每次見面時都要穿戴整齊，勒緊褲帶，並自稱「下官」，逐漸打動了爾朱英娥的芳心。不久，她為丈夫生下一子，即是排行第五的高湝，母子二人頗得高歡的喜愛。

兩年後，高歡南下征討與自己鬧翻的孝武帝元修（北魏最後一位皇帝）。出征期間，他的寵妾鄭大車竟和年僅十三歲的世子高澄（高歡與正房婁昭君所生長子）通姦。高歡回家後，一名婢女告發此事，還拉上兩個同事作證。高歡一氣之下就將兒子關了禁閉，並表示與鄭大車絕交，甚至打算廢掉高澄的世子之位而改立年僅三歲的高湝。後經眾人勸解，氣消的高歡在殺人滅口之後就不再追究此事，廢長立幼的事情也便作罷。

雖然沒能當上接班人，但這並未影響高湝的茁長成長，這孩子從小就表現出了非凡的見識。東魏元象二年（西元五三九年），得益於爸爸是國家實際領導人，年僅八歲的高湝即被封為長樂郡公（從一品）。然而，地位尊崇的小高卻因為字寫得太爛，而遭到了書法老師韓毅在課堂上的當眾調侃。

韓老師笑嘻嘻的說：「五郎寫字作畫這麼不成樣子，如今忽然當了大官，今後可要多加注意哦！」

毫不示弱的高湝嚴肅的答道：「當年甘羅十二歲為丞相，也沒聽說過他多會寫字。品評人物都是注重才幹高下，難道還要動不動就看字寫得如何嗎？博士（韓毅的官職，古代學官，負責傳授專門學問，正七品）倒是很會書寫，怎麼不去作三公？」令人難以置信的是，此番話竟是出自孩童之口，引經據典，綿裡含針，令一把年紀的韓老師無地自容，恨不得一頭撞死。

武定六年（西元五四八年），十六歲的高湝出任滄州（今河北滄州市）刺史。聰明絕頂的他，初出茅廬便震驚四方，令人刮目相看。

自古以來，官場上的迎來送往都是一項難以根除的陋習。凡有官員過境，當地大小幹部定會撂下公務，依據來人的身份、品級和任務而自覺的進行招待。或接風洗塵，或設宴送行，期間的種種腐敗行徑令人瞠目結舌。迎來送往成為很多官員日常生活的主題，更是聯絡感情，攀援富貴的必備技能。

少年老成的高五爺對此深惡痛絕，上任伊始就立下規則：滄州境內的各級官員在公幹期間都必須自備乾糧，嚴禁地方官員藉迎送之機，吃喝嫖賭，行賄受賄，一經發現，嚴懲不貸。

公告一出，百姓無不拍手稱讚，衷心擁護，官員們卻都反感異常，雖然嘴上不敢明言，心裡卻是十足的不滿和怨恨。高湝對此自然心知肚明，然他已經抱定澄清吏治的堅定決心，故而毫不在意。他深知上有政策，下有對策這一官場潛規則，遂在發佈命令的同時，派下明崗暗哨進行監查，以保證政令的貫徹實施。很快，一個腐敗分子落網了。

隰沃縣（在今山東樂陵縣境內）主簿（掌管文書的吏員）張達到滄州城辦完事情之後，天色已晚卻無人款待（官太小），遂借宿於民宅，白吃了戶主的一碗雞肉羹，竟被刺史大人得知。對於這種知法犯法，欺壓良善的惡劣行徑，高湝深表不滿，竟召集州內大小官員前來集體受訓。

「你小子吃了人家那麼大一碗雞肉羹為啥不給錢？用不用本官替你給啊！」高湝叱問張達。

小張吃了一驚，心想，靠，我吃碗羹他都知道，想必是眼線遍佈全州各個大大小小的角落啊。遂趕緊招供，並賠償了民戶的全部經濟損失！經此事件，州內百姓無不嘆服高刺史為民做主，明察秋毫，都尊稱其為「高青天」。

過了段時間又出了個案子。

有一個從幽州來的小販，牽著頭毛驢，馱著一大袋鹿脯（鹿肉乾）趕往滄州。由於長途跋涉，腳疼得實在走不動了，剛好遇上一個也要去滄州的路人，兩人遂結伴而行，相互幫助。誰知，這個路人心生歹念，竟趁小販不注意時連驢帶肉全都給偷了去。鹿脯價值不菲，既是高檔食品還是名貴藥材，小販心疼不已，第二天就跑到了滄州刺史府報案。

高青天升堂問案之後，心中很快有了對策，遂吩咐僕人和差役全都到外面放話：刺史府要高價收購大批鹿脯。

那個偷了小販鹿脯的傢伙，本來就急於銷贓，如今又有暴利可圖，立即跑去推銷「自己」的鹿脯，卻被失主一眼認出，案情真相大白。高青天料事如神，很快打響了品牌，定州（今河北定州市）治安敗壞，皇帝遂調其為定州刺史。

剛剛到任不久，高青天就又接連偵破了兩起事關國計民生的失竊案。

第一起是這麼回事，定州城內有人丟了一頭背上長有白毛的黑牛。高刺史的兩個高級助手：長史（掌管兵馬）韋道建和治中從事（掌管文書）魏道勝聽說此事後，覺得案情蹊蹺，難以偵破，他們就打起了賭。韋長史對魏從事說：「傳聞刺史大人在滄州的時候，斷案如神，俺還真不信。如今，這個案子他要是也能給破了，哥哥請你吃飯！」

說實在的，這等案件對於高青天來說真就是小菜一碟。他故技重施，聲稱願出雙倍價錢收購牛皮，盜賊不久現出原形。定州官員百姓紛紛交口稱讚。如果淨是破一些如此簡單的案件，怎麼對得起「中國福爾摩斯」的頭銜。偵破「偷菜門」，應該算得上是有一定水準的精彩表演了。

有一位王姓的老婆婆，由於兒孫不孝，致其孤苦伶仃，僅靠三畝菜園聊以度日。苦命的王婆婆近來卻發覺蔬菜每天都有被偷的痕跡。聽聞定州城新來了一位高青天，不僅斷案如神，為民做主，而且不收取任何附加費用，她就趕到刺史府訴冤了。

高湝時刻銘記群眾利益無小事的為官準則，在聽完了老太太的陳訴之後，下決心為她討回公道，捉住那個沒良心的偷菜賊。

他先是派人日夜到菜園盯梢，連盯了數日都不見盜賊的蹤影，菜卻仍是每日被偷。這可奇怪了，莫非這傢伙會隱身術不成！

高湝苦思冥想，看著牆上懸掛的字畫，心生一計。他差人去假裝幫著老太太鋤草施肥，期間偷偷的在每棵菜的葉子上都寫字做了記號。第二天，公差到菜市場上專查有字的菜葉子，很快就抓住了偷菜賊。

在高湝的治理下，定州境內路不拾遺，夜不閉戶，人民安居樂業。他也受到朝廷的褒獎，被評為全國模範州長，成了北齊政府樹立的官員典型。沒過多久，由於其突出的政績，特被加封為彭城王，天保四年（西元五五三年）又升為侍中（掌機要，位同宰相），調入朝廷，參與朝政。

高湝收拾行囊，正準備進京赴任，卻聽見府外陣陣哭號之聲，以為是有人鳴冤叫屈，門衛卻回稟說是外面跪滿了嚎啕大哭的百姓，還堆放了很多土特產。原來，定州的父老鄉親捨不得他們的父母官。深受感動的高湝說：「哎呀！鄉親們快快請起，在下何德何能，竟煩勞眾位都來送行啊！」

一位手捧竹籃的老大爺，上前嗚咽著說道，「自從殿下到此，定州吏治大變。五年以來，百姓不認得執法的官吏，官吏也從不敢欺壓良善，豐衣足食，人民安康。老漢我今年七十三，自打記事以來，從沒有過過這等好日子啊！如今殿下要進京了，百姓們思來想去，聽說您還沒有吃過咱定州的燜豬肉，就給您送來了，聊表吾等一番心意，還請您笑納。」

高湝深受感動，不自覺的流下了淚水，就吃了一塊豬肉，細細咀嚼，果然是不肥不膩，香味濃郁啊！

當了京官的高湝依舊兢兢業業，忠於職守，工作幹得有聲有色，獲得了朝中同僚的高度評價。諸事皆順，唯獨喜怒無常的皇帝越來越難伺候。

天保七年（西元五五六年），高湝被調任為司州牧（京城地區軍政長官）。上任新工作之後，高湝依舊十分幹練，任職不到一年，即將州內積壓多時的五百餘起案件全部處理完畢。他秉公執法，剛正不阿；選任官吏也是唯才是舉，從而政治聲望日漸高漲。

他的副手羊脩是個謹小慎微之人，非常擔心長官雷厲風行，不避權貴的行事風格會得罪了朝中顯貴，就給高湝寫了封規勸信，希望他能夠收斂一些。見此情形，高湝差人給羊脩帶了幾句話：「本王走的是正道，光明磊落，依法行政，為什麼要害怕那些不法貴戚？如今你們不但不配合我的工作，反而拿這些來做說辭，真是豈有此理。」

聽了這番義正言辭的訓斥，羊脩等人羞愧萬分。

正當高湝埋頭苦幹，試圖澄清吏治，大幹一場之際，一個十分不幸的消息傳來：母親爾朱英娥遇害。

他的二哥文宣帝高洋在經歷了即位之初的短暫英明之後，迅速走向墮落，蛻變成了一個六親不認，荒淫殘暴的衣冠禽獸。耿直之臣被他誅殺，無辜宗室被他殘害，母妃兄嫂被他姦淫，就連親生母親也險些被他摔死。高湝的母親爾朱氏雖已人過中年，卻風韻猶存。大淫魔高洋竟對這位庶母生出了邪念，借酒助性，試圖強姦，爾朱氏堅決不從，結果被高洋砍殺。

母親遇害，高湝悲痛萬分，可兇手竟是皇帝，如之奈何？也許是為了安撫高湝，沒多久高洋就升遷他為司空（正一品，三公之一），兼尚書令。

後來的幾年裡，北齊政局不穩，皇帝接連換了好幾任，然而，高湝卻憑藉出眾的能力和崇高的聲望，仕途一帆風順，一直做到太師（最高榮銜），錄尚書事（尚書省首腦），可謂是位極人臣。

隨著職位的升遷，高湝對於政務愈加熟練，經辦的案件也都成了要案。

皇建二年（西元五六一年），孝昭帝高演病逝，傳位於同母弟高湛，即武成帝。不久，平秦王高歸彥（高歡族弟）在冀州（今河北冀州市）造反，失敗，子孫十五人全部被處死，趙郡王李公統作為重要策劃人一同被殺，涉案人員的家屬也都受到嚴懲，唯獨李公統的母親崔氏倖免於難。

原來，崔氏的背景很硬，堂兄是禦史中丞（從三品）崔昂，姐夫是右僕射（從二品）魏收。由於這層關係，當年五十的崔氏，詐稱自己已年過六十，從而逃脫了處罰。

依律，若犯謀反大罪，不論其家人是否知情、是否參與、是否首從和是否過失，案犯父子十六歲以上者全部絞死，十五歲以下及母女、妻妾、祖孫、兄弟、姊妹及僕人全部沒入官府為奴，若年滿六十則可免予沒官。因此崔氏才虛報了十歲。

縱然崔氏背景深厚，朝中有兩個省部級高官為其撐腰，案宗也做得滴水不漏，卻還是沒能瞞過神鬼莫測的高湝。一心維護法律尊嚴的高青天眼裡向來進不得沙子。他在明察暗訪，調查取證之後立刻告發了此事。皇帝震怒，崔氏終被沒官為奴，老崔和老魏也因包庇罪被罷官。

通過此案，多疑好殺的武成帝逐漸消除了對高湝的顧慮，將其倚為心腹，每次外出都讓他留守京師。

河清三年（西元五六四年），高湝的老婆鄭氏做了一個噩夢。夢見丈夫遭人追殺，還被砍下了頭顱。鄭氏從夢中驚醒後，將夢中的情形告訴了丈夫，高湝哈哈大笑，全然不當一回事。誰知天降橫禍，夢境很快就應驗了。

這年三月，一夥詐稱皇帝特使的強盜，徑直闖入高湝府邸的內室。這幫傢伙竟試圖拉高湝入夥，去做他們的大哥。高湝哪裡肯從，大聲呼救。為首的頭目拿刀架在高湝的脖子上，惡狠狠的說道：「再喊，老子就把你弄死！」

高湚卻答：「老子可不是被嚇大的。」

他隨後喊叫得更厲害了。眼看著呼救聲就要把衛隊招來，這幫強盜一不做二不休，立馬把高湚給殺了。

公正廉明，神鬼莫測的高青天，剛剛走過人生的第三十二個年頭即橫遭不測。舉國上下無不為他的英年早逝而悲痛惋惜，更為他那窩囊透頂的死法深表遺憾。

死得窩囊　之四

誰比皇家更無情
趙元佐裝瘋賣傻

——宋太宗趙光義長子

關於宋太宗趙光義的登基問題，歷來眾說紛紜。宋仁宗時期的文瑩和尚在《續湘山野錄》中記述了趙光義謀殺其兄宋太祖的「燭影斧聲」一事，頗有影響。後雖有司馬光等史官為其開脫罪責，但無法掩飾趙光義得位不正大光明的重大嫌疑。

他先是設法弄死了太祖的兩個兒子德昭和德芳，後又將矛頭對準了親弟弟秦王趙廷美。在一系列家族血腥的殺戮大戲當中，有一個觀眾崩潰了，原本聰慧的他突然變得瘋瘋癲癲，舉止乖戾。但當兇手死了之後，他又恢復正常了，並且活了個大歲數，此人就是漢王趙元佐。

漢恭憲王趙元佐，字惟吉，初名德崇，是趙光義的長子，胞弟即真宗趙恒。

趙元佐自幼聰慧機敏，喜好武藝，精於騎射，又因長相酷似太宗的緣故而深得父親喜愛。他在十三歲時，曾跟隨父親到郊外狩獵。正在行進之際，突然有隻兔子跑到了車前，太宗讓趙元佐試射。這時，契丹等國的使臣全都在場，紛紛瞪大眼睛觀看大宋皇子如何射殺獵物。趙元佐頂住壓力，屏住呼吸，一箭射中，眾人無不驚歎。

趙元佐是個性情中人，很重視骨肉親情，不但對兄弟姐妹非常友愛，和叔父趙廷美的關係也很親密。話說，趙光義為了走出其兄的巨大光環，樹立自己的崇高威信，登基不久就接連發動了多次對外戰爭，先是滅掉吳越政權，後又於太平興國四年（西元九七九年）御駕親征，進攻北漢。

兩軍對陣期間的某一天夜晚，宋軍突然發生騷亂，軍士到處尋找太宗卻不知其蹤影。為了穩定局勢，忽然有人提出推舉隨軍的武功郡王趙德昭（宋太祖次子）為帝。雖然未果，但當趙光義得知此事後，非常生氣，動起了斬草除根的念頭。

宋軍勢如破竹，北漢頭領劉繼元奉表納款，表示投降。戰後本應儘快犒賞三軍，可趙光義卻遲遲不行嘉獎。趙德昭覺得不應疏忽此事，就去提醒叔叔。趙光義卻以威脅、忌恨的口吻說：「等你當皇帝的時侯，再行封賞不遲。」

趙德昭聞言，自感委屈且百口莫辯，退而自刎。趙光義裝模作樣的哭道：「傻侄兒，朕不過一句氣話，你何必如此呢！」

當時，趙元佐也在軍中，眼看著堂兄就這樣被父親逼死，心中的震撼難以言表。兩年以後，太祖第四子趙德芳也不明不白地死去，年僅二十四歲。於是，威脅趙光義皇帝寶座的兩大「隱患」被消除了。

不久，趙光義將自己兒子的名字全部改成了「元」字輩，而其他侄子卻仍舊是「德」字輩，趙元佐的名字就是這個時候改定的。這一舉措有著很深的政治含義。

趙光義即位之初，為了安撫朝中的反對情緒，特許太祖和弟弟趙廷美的子女也可稱為皇子皇女，以示尊崇。如今這麼一改，無疑表示自己的子女才是真正的龍種；再者，「元」字是「大」、「首」的意思，能夠更加彰顯皇帝子女的獨尊地位。

趙元佐作為皇帝的長子，先是被封衛王，位列宰相之前，後又進封楚王，搬入東宮居住。雖尚無太子之名，但儼然已是皇位的第一候選人了。

趙德昭兄弟死後，對太宗皇位能構成威脅的就只剩下秦王趙廷美了。他雖不敢明目張膽地對趙廷美下手，但只有除掉這個弟弟，才能確保將皇位傳給自己的子孫。太宗想起了老奸巨猾的趙普。

趙廷美排行第四，本名匡美。二哥趙匡胤做了皇帝之後，為了避諱而改叫光美，後來三哥趙光義當了皇帝，他又被改名為廷美。

趙普是北宋的開國功臣，曾在太祖朝長期擔任宰相，權勢頗重，後因收受賄賂而遭人揭發，貶至外地為官。太宗登基後，趙普被召回京城，但最初僅是擔任虛職，未獲重用。

趙光義弒兄篡位之後，一直苦於無法解決登基的合法性問題。善於為主子排憂解難的趙普經過冥思苦想，終於編造出了「金匱之盟」的故事，解決了這一世界性難題。

所謂金匱之盟，據史料記載為：杜太后臨終時召趙普入宮記錄遺命，讓趙匡胤死後將皇位傳給弟弟趙光義。因為這份遺書藏於金匱（即櫃）之中，因此名為「金匱之盟」。趙普的這個辦法成功解決了太宗繼位的合法性問題，令後者十分感激，於是升趙普為司徒、侍中、梁國公，二次拜相。

趙普深知太宗一直試圖除掉趙廷美，遂於太平興國七年（西元九八二年）三月，指使柴禹錫控告趙廷美驕橫不法，心懷不軌。太宗趁機貶趙廷美為西京（今陝西西安市）留守。不久，趙普再次發難，誣告兵部尚書盧多遜與趙廷美暗中勾結，圖謀造反。

太宗召集群臣商議，眾人無不殺氣騰騰，兇神惡煞一般落井下石，表示應當嚴懲罪犯，唯恐落後而留下不忠的嫌疑。王溥等七十四人更是聯名上書，請求將「大逆不道」的趙廷美與盧多遜滅族示眾。此刻，唯有趙元佐挺身而出，慷慨陳詞，提醒父親不可聽信讒言，殘害骨肉，鑄成大錯。

太宗不許，趙元佐痛哭流涕，哀求父親顧念至親之情，對叔父從輕發落。太宗大怒，令人將其拉出朝堂。趙元佐哭聲震天，左右之人無不動容。父親的冷血本色令心地善良的他著實難以接受。結果，盧多遜全家老小被發配崖州（今海南三亞崖州區）。若是換做今日，老盧肯定會感謝皇帝讓他到海濱去度假，可在當時，那可是毒蟲橫行的不毛之地。

趙普憑藉此案，既打擊了政敵盧多遜，又討好了太宗，可謂一箭雙雕。可是，趙廷美的悲慘命運還沒結束。趙普指使開封知府李符，誣告趙廷美不思悔過，心懷怨恨，請求皇帝將其發配外地，以防不測。於是，太宗貶趙廷美為涪陵縣公，發配房州（今湖北房縣），嚴加監管。趙廷美氣憤難平，兩年後死於發配之所，年僅三十八歲。

噩耗傳來，趙元佐立即暈倒在地，不省人事，一直昏迷了好久之後才漸漸醒來，但卻已然是變了個人似的。他變得時而沉默癡呆，時而狂躁不寧，時而喃喃自語，時而妄言叫罵，甚至打人毀物，不分親疏。從症狀來看，顯然是因精神遭受過度刺激而引起的精神病。

趙元佐的發病，令作為父親的太宗皇帝有些措手不及，他沒想到自己的所作所為竟會對兒子產生這麼大的影響，不禁生出一絲愧疚之情，遂廣招天下名醫為兒子治病。到了雍熙二年（西元九八五年）的時候，趙元佐的病情有了些好轉，比先前安靜了許多，太宗很高興，特為此大赦天下。

這年重陽，太宗召集群臣入宮，插茱萸，賞菊花，飲著菊花酒，吃著重陽糕，觀看歌舞表演，好不熱鬧。也許是因為皇帝考慮到趙元佐尚未病癒的緣故，所以沒有讓他參加這次宴會。晚會散場之後，皇子們結伴而回，剛好路過趙元佐的府邸，便都進去看望這位大哥，這下倒好，引發了新的衝突。

原來，當趙元佐得知除了自己以外的其他皇子都去參加了重陽歡宴之後，大為失望，產生一股被拋棄的強烈落寞感，繼而怒不可遏，精神病復發。他先是將弟弟們全都趕了出去，然後獨自喝起了悶酒。他越想越生氣，當年的悲慘往事全都湧上了心頭，父親陷害伯父，逼死堂哥，貶殺叔父，真是自古皇家最無情，哪管他骨肉親情。

趙元佐越喝越瘋狂，喝到半夜的時候已是神智大亂，竟然抄起火把，將宮殿點燃了。一時間，殿閣亭台，煙霧滾滾，火光沖天，冷眼旁觀的趙元佐狂笑不已，這笑聲當中充滿了憤怒與無奈，絕望與悲痛。大火燒掉了富麗堂皇的宮殿，也將他繼承皇位的可能性燒成了灰燼。

太宗震怒，令禦史將縱火之人緝拿歸案，又命中書省連夜提審，趙元佐早已將生死置之度外，對此供認不諱。太宗將其廢為庶人，押往均州（今湖北丹江口市）監管。

自從趙元佐得病之後，朝中那些知情的官員都很是同情，此次縱火亦是事出有因，並非尋釁滋事，有意而為之。宰相宋琦性格耿直，看不下去趙元佐遭此嚴厲處分，就帶頭請求太宗從輕發落，將趙元佐留在京城。太宗不許，凡此再三，他才勉強同意，派人將已經上路的趙元佐追了回來，但仍發往南宮，反省罪過，嚴加看管。

趙元佐的輔官主動請罪，求太宗治其教導無方之過，太宗擺了擺手，無奈的說道：「罷了罷了，就連朕都管不動這孩子，你們怎麼能教得了呢？」

不久，太宗改封次子元僖為開封尹兼侍中，加授中書令，進封許王，成了實際上的皇儲。元僖能力出眾，主政首都開封五年以來，未曾有失，深得民心。然而，人生在世，禍福難料。正當皇帝和臣民非常看好元僖的時候，一場突如其來的災病便要了帝國接班人的小命。

淳化三年（西元九九二年）十一月，元僖早朝入宮，突感身體不適，就趕緊回府醫治，太宗得知後也趕忙跑去探望。誰知元僖的病情突然加劇，腹痛如絞，很快撒手歸西。太宗皇帝白髮人送了黑髮人，異常悲痛，罷朝五日，追贈元僖皇太子名號。

老大瘋了，老二死了，幸運之神降臨到了趙老三元侃的身上。

經過兩年的考察之後，太宗封趙元侃為開封尹，加授檢校太傅，進封壽王。至道元年（九九五）八月，太宗正式冊立趙元侃為皇太子，改其名為趙恆。兩年後，太宗駕崩，趙恆接班，即宋真宗。

太宗死去不久，趙元佐的瘋病也就好了，史書當中再未有過他發病的記錄。真宗對待趙元佐這位已經不具有什麼威脅的大哥還是不錯的，先是封其為左金吾衛上將軍（虛職），後又恢復其楚王爵位。

趙元佐歷經坎坷，忍受了長達十三年的軟禁之苦，功名利祿，富貴榮華，對他來說真是有如過往雲煙。現如今，雖然得到平反，但他卻以養病為由，拒絕參加一切朝會，表示自己置身於政治漩渦之外的決心。真宗求之不得，不但批准，而且加授其為檢校太師、右衛上將軍，讓他享受優厚的物質待遇，安安心心的在家養老。

趙元佐生日的時候，真宗特地送給他一條鑲滿鑽石的寶帶，以示恩寵。趙元佐也很有自知之明，既不過問政事，也不接觸外人，每日只是讀書寫字，餵鳥養魚，悠哉悠哉。

真宗崇佞道教，朝中佞臣也投其所好，君臣多次聯手製造天書降臨的鬧劇。但他還嫌不過癮，又想模仿唐朝尊奉老子的把戲來增添皇室的神聖性。可道教至尊之神「太上老君」姓李不姓趙。於是真宗假託夢見神人傳玉皇之命：「保生天尊大帝」趙玄朗是趙氏帝王的始祖，於是追尊這個臆想出的人物為「上靈高道九天司命保生天尊上帝」，廟號聖祖。他又以玄、朗二字應避諱為由，將孔子的封號「太上玄元皇帝」改作「太上老君混元上德皇帝」，弄得大將楊延朗也不得不改名為楊延昭（即《楊家將》中的楊六郎）。

真宗自己折騰還不夠，又說大哥趙元佐的病症是因為中了邪氣，然後派了一個叫管歸真的道士去給趙元佐設壇祈禱，驅邪除惡。誰知，趙元佐比那個管道長還要神奇，未曾有人通報，他就已經知道了那人要來，差僕人前去迎接。真宗知道後，非常驚奇，以為趙元佐神靈附體，有未卜先知的特異功能，因而更加善待他了。

真宗為了洗刷曾與遼國簽訂城下之盟——澶淵之盟的奇恥大辱，就於大中祥符元年（西元一〇〇八年），大張旗鼓的跑到泰山進行封禪儀式，想借此達到「鎮服四海，誇示外國」的效果。封禪完畢之後，真宗對趙元佐多次封賞，先是封為太傅，後又加封為太尉兼中書令，不久又加太師、尚書令、天策上將軍、興元牧，特賜劍履上殿，詔書不名，可謂是恩寵備至。

後來，宮中發生火災，需要重建那些燒毀的殿宇。趙元佐請求減免自己的俸祿，用來資助工程建設，真宗非但沒有批准，反而讓他兼任雍州牧。看來，真宗皇帝是鐵了心要侍奉好這位非比尋常的大哥了。

乾興二年（西元一〇二二年），真宗病逝，太子趙禎即位，是為宋仁宗。

仁宗上臺後，對大伯趙元佐也是不賴，讓其兼任江陵牧。可是，趙元佐的生命也已經走到了盡頭，不久去世，享年六十二歲。趙元佐雖然沒能繼承皇位，但卻因此而堅持了自己的人性，遠離了那個充斥著陰謀詭計與血腥殺戮的權力大染缸，生活平平淡淡，遠離喧囂，稱得上是安享晚年了。

死得窩囊　之五

爲富不仁天子兒　朱常洵不得好死

——明神宗（萬曆）朱翊鈞第三子

崇禎十四年（西元一六四一年）正月，剛從深山老林之中殺出來沒多久的反明起義領袖李自成把進攻目標鎖定為洛陽城，倒不是因為此處地位有多麼重要，而是因為城裡住著一位肥到流油的大富豪，即福王朱常洵。

朱常洵是明神宗朱翊鈞的第三子，母親是歷史上有名的鄭貴妃。有人說，他的降臨深深改變了明朝末年的政局走勢，甚至有人認為，正是此人挖空了大明的江山。何已至此呢？

神宗的王皇后端莊賢淑，恭謹孝順，但卻不討老公喜歡，加之沒有生下兒子，因而只求生活平平安安。至於皇長子朱常洛的出生，則是神宗皇帝一次性衝動的結果。某日，神宗前去李太后宮中問安，突然下體衝動，二話不說便將身邊的一個王姓宮女攬入懷中，後來就有了朱常洛。這個情節和當年穆宗朱載垕臨幸宮女李氏，而後生下神宗的故事如出一轍。不過，同樣是面對衝動的產物，神宗卻沒有父親朱載垕負責任的態度。

長子的出生，不但絲毫沒有引起神宗的歡喜，反而令他感到十分難堪，覺得此事簡直就是一齣帝國元首的性醜聞。因此他打心眼裡不喜歡這對母子。可討厭歸討厭，在李太后的壓力之下，神宗不得不給生子有功的王姓宮女一個名分，但卻僅提升其為恭妃。

而神宗皇帝最寵愛的女人要數鄭氏。

鄭氏容貌豔麗，機智聰敏，尤其善於逢迎。進宮不久即得到了丈夫的寵愛，後被超擢提升為貴妃，地位甚至躍居已生有皇長子的王恭妃之上。萬曆十四年（西元一五八六年），鄭貴妃產下一子，即朱常洵。這就更不得了，神宗馬上晉升她為後宮二當家，即皇貴妃。正所謂愛屋及烏，愛妻生下的兒子自然就是愛子了，神宗對朱常洵可真是捧在手裡怕摔了，含在嘴裡怕化了，有所求即無不應允。

在神宗的一再縱容之下，鄭貴妃的野心也愈加蓬勃，她不僅盯上了皇后的位子，而且想把自己的兒子立為儲君。

萬曆十四年（西元一五八六年），皇長子朱常洛已經五歲，但卻仍舊沒有封號，母親王氏也只是個妃子。反觀鄭氏，一生下朱常洵即被晉封為皇貴妃（高出王氏兩等），集萬千寵愛於一身。這一系列厚此薄彼的現象使得朝中臣子議論紛紛，他們都說皇帝想要打破祖制，冊立幼子了。

歷朝歷代素來高舉嫡長子繼承制的旗幟，雖然多半未能嚴格遵守，但卻不失其號召力。到了明代，祖師爺朱元璋認為元帝國之所以多次爆發宮廷喋血政變就是因為沒有遵守這項制度。因此，他決定不折不扣的貫徹實施嫡長子繼承制，將其寫入《皇明祖訓》，且率先垂範，在太子朱標死後，果斷的冊立長孫朱允炆為繼承人。

雖然之後的朱棣奪位是對該項制度的極大挑釁，但他隨後就又回到了老路上來，將皇位傳給了長子朱高熾，而不是立下赫赫戰功的次子朱高煦。此後的歷代帝王也遵循這項祖制，文官集團更是堅決捍衛，以保證帝國秩序的穩定。

現如今，神宗皇帝竟然因為寵愛鄭氏而試圖打破已經實行了一百多年的祖制，向來恪守祖制的明代文官怎能袖手旁觀。戶科給事中（從七品監察官）姜應麟率先發難，請求皇帝早日冊立長子為儲君，以定天下之本，拉開了「爭國本」的大幕。他的下場是慘不忍睹的，竟被連貶五級，成了不入流的廣昌典史（縣牢頭）。此後，大小官員多次奏請立朱常洛為太子，卻大都遭到神宗的貶斥。

萬曆二十一年（西元一五九三年），神宗玩了個花招，要將長子朱常洛、三子朱常洵和五子朱常浩一併封王，說是以後將從中擇優立為太子。這顯然是想要抹殺朱常洛的特殊地位。如此伎倆立刻即被識破，朝臣群起反對，神宗知難而退，隨即收回成命。這件事情，前後紛爭竟達十五年之久，一直拖到萬曆二十九年（西元一六〇一年）十月，在李太后的直接干涉下，年已二十的朱常洛才最終被確立為太子，朱常洵亦被封為福王。

神宗沒能完成愛妻和愛子的願望，心裡十分愧疚，就想法設法進行補償。

朱常洵大婚，神宗為他花了三十萬兩銀子，給他修建王府，又花了白銀二十八萬兩，這兩項花銷不但全都是常制的十倍，更是占到了大明全年財政收入的八分之一！按規矩，成年後的親王必須離開京城，前往自己的封地，叫做「就藩」。可朱常洵卻在老爸的縱容之下，長期賴著不走。朝中反對聲音接連不斷，神宗卻充耳不聞，直到常洵將近而立之年，他才終於戀戀不捨地將兒子送出京城。

乖兒子要走了，老爸怎能不表示表示。神宗皇帝無視全國人地矛盾極為尖銳的國情，大筆一揮就賜給兒子良田四萬頃，主管官員竭力爭辯，就連朱常洵也怕因接受這筆超額巨賞而成為眾矢之的，主動上奏請辭。神宗順水推舟，改為兩萬頃。

朱常洵一到洛陽，首先想到的就是爭取自己的那兩萬頃良田。可隨後，他卻發現河南的田地早已被先他而來的幾個藩王瓜分殆盡了。他靈機一動，竟將手伸向了鄰近的山東和湖北，從那裡來補充自己的封田。

他的伴讀和家奴也藉丈量土地之名，跑到山東湖北等地敲詐勒索，地方官員無不爭相巴結，唯恐怠慢。這些人狐假虎威，索要無度，欺壓沿途百姓，禍害不淺。儘管如此，朱常洵仍嫌不足，而神宗皇帝也時常擔心寶貝兒子受窮挨餓，不斷對其大加賞賜。

頭一回，福王請求老爸將查抄前首輔張居正所得的萬兩黃金和十餘萬兩白銀全都賞給自己，神宗照準；後來，福王想要得到江都（今江蘇江都市）至太平府（轄區大致相當於今安徽馬鞍山市及蕪湖市地區）沿江的雜稅和四川鹽稅、茶稅等款項，神宗也答應了；到最後，福王竟然想要插手國家壟斷行業——鹽業。他請求父親每年發給他一千三百份的淮鹽鹽引（售鹽憑證，每引二百斤），從而取得淮鹽在河南地區的專賣權。隨後，由他派人在洛陽開店售鹽，壟斷鹽市，攫取暴利。

此舉影響十分惡劣。

為了解決邊疆軍糧問題，明代實行開中法，即鼓勵商人輸運糧食到邊塞，然後從政府手中換取相應的鹽引，取得販售食鹽的權力，從中賺取差價。後來，開中法改成了折色制，即鹽商可直接用銀兩換取鹽引，無須再運送軍需物資到邊疆。此後的財政收入很大程度上便是靠出賣鹽引來維持的。

以往，洛陽地區銷售的全都是河東鹽（指山西運城地區出產的食鹽），福王獲得淮鹽專賣權後，河東鹽一律不准銷售，銷量立跌，而政府從河東鹽中抽取的邊防軍餉也隨之銳減。也就是說，為了照顧兒子生意，神宗皇帝不惜讓駐防官兵拿不到薪水。

長期欠餉，朝臣恐怕激起兵變，就勸神宗皇帝讓福王改賣河東鹽，神宗卻懶得搭理。神宗晚年，身體欠佳，加之心情惆悵而不願處理政務，常年深居宮中，即便是朝中大臣也難得一見，致使奏章堆積如山，許多事情得不到及時處理。但，凡事總有例外，福王的特使便可隨意出入宮廷，而且早上彙報的事情，下午就能得到圓滿答覆。足見神宗對福王的寵愛。

可是，寵愛終有盡頭日。

萬曆四十八年（西元一六二〇年），神宗病逝，享年五十七歲，接班的朱常洛是個短命鬼，登基不足一月就莫名其妙的死掉了，十六歲的長子朱由校即為，糊裡糊塗的幹了八年木匠活之後死於服用「仙藥」（朱由校對木匠活有興趣，沉迷於刀鋸斧鑿油漆的工作。後因落水病重，服用了霍維華製的「靈露飲」病情加重而死），因其沒有子嗣，故而傳位給了五弟朱由檢，即明思宗，又稱崇禎皇帝。

思宗登基後，非但沒有因為當年爭儲的事情而怪罪三叔朱常洵，反而對他以禮相待，十分尊重。

回過頭來看看，除了斂財之外，朱常洵還有何事可做呢？

明初，藩王享有軍政大權，燕王朱棣之所以能夠奪位成功，很大程度上即是得益於此。有鑒於此，朱棣登基後首先要做的就是大力削減藩王的權力，同時給予他們優厚的物質待遇，使其安心享樂，不要過問政務。因而此後的歷代藩王大都成了養尊處優的寄生蟲。

福王朱常洵也不例外，每日閉門謝客，躲在家裡吃喝玩樂，泡妞聽歌，體重一路飆升，高達一百多公斤，堪稱「大明第一肥」。較之福王的奢靡生活，外面的民眾卻生活在水深火熱當中，一牆之隔，宛若天堂與地獄。

從崇禎十年（西元一六三七年）開始，北方地區遭受到了五百年一遇的超大旱災，連續七年降水量不足常年一半，致使江河斷流，土地龜裂，蝗蟲鋪天蓋地，莊稼顆粒無收，餓殍滿地，人吃人的現象也變得不再罕見，出現了大量無人村。

對於門外的災情，朱常洵卻視如不見，毫無憐憫之心，依舊歌舞昇平，縱情享樂。這時，饑民中間開始盛傳：先帝耗盡天下財富養肥了福王，洛陽的王府要比紫禁城還要富麗堂皇！那些途徑洛陽，前往陝西鎮壓農民暴動的官兵也私下說：「福王府的金玉珠寶堆積如山，卻讓我們餓著肚子去送死，這是什麼世道！」

饑民餓兵打起了福王府的主意，這無疑是個危險的信號。

在一個政府腐敗透頂，貧富差距極大的社會，許多被逼上絕路的底層民眾都具有嚴重的仇富情結，原因不在於他們豔羨富人，而是因為許多富人的財富來路不正，而且目無法紀，勾結官府，欺壓良善，囂張不可一世，怎能不令百姓憤慨。

正在洛陽講學的大學者呂維祺聞出了其中的危險氣味，趕忙跑去勸說朱常洵：「王爺應該立刻開倉放糧，賑濟災民，以免激化矛盾。倘若釀成民變、兵變，就是王府也難保不被洗劫啊！」

福王毫不理會，因為在他眼中，這些賤民命該如此，即便死絕，與他何干。至於所謂的民變和兵變，不過是誇大其詞而已，這些人連肚子都填不飽，拿什麼反抗？呂維祺不再說什麼了，也許他已經預感到一場災難的即將來臨了。

崇禎十三年（西元一六四〇年），剛被明朝悍將左良玉擊敗的闖王李自成從湖北房縣的大山之中逃了出來，踏上了河南大地。一行人衣不蔽體，饑腸轆轆，急待找塊肥肉宰上一頓，而此時的河南在連年饑荒的打擊之下，已經沒有多少富戶可供打劫了。

那位住在洛陽城中的福王，卻是富甲天下，名聲在外，而朝廷大軍正在川鄂地區跟著民變首領之一的張獻忠隊伍對峙，河南兵力空虛，災民眾多，便於搶佔地盤和拉隊伍。因此，洛陽城自然成了農民軍的重點打擊對象。農民軍一路北上，掙扎在死亡線上的饑民不得不鋌而走險，加入到了造反的隊伍當中。

洛陽西部的永寧（今河南洛寧縣）、宜陽（今河南宜陽縣）兩地相繼被農民軍攻克，他們於次年正月進抵洛陽城下。這回朱常洵慌了神，他派王胤昌把守城池，緊急徵調附近的王紹禹、劉見義、羅泰三將前來救援。

極為吝嗇的朱常洵竟還破天荒的設宴款待了三位援兵，希望他們擊敗敵軍，保衛洛陽。幾日後，農民軍開始攻城，朱常洵又拿出千金，招募敢死隊，然後趁著月黑風高之時，將他們推出城牆，偷襲敵軍。農民軍沒有防備，被迫向後退卻。

正在朱常洵慶賀剛剛取得的「大捷」之時，忽然城中起火，一片喊殺之聲，農民軍攻入城來了。原來，洛陽守將王胤昌對於福王的驕奢淫逸非常痛恨；之前的宴會，三個外來人員成了座上賓，自己反而未受到邀請，新仇加舊恨使得王胤昌決定背棄主子，投入農民軍的陣營。

王胤昌在與農民軍達成協定之後，率領親兵登上城樓，殺死反抗之人，舉火為號，大開城門，農民軍隨即殺入城中。福王聞訊慌忙出逃，趁亂爬出城牆，由於體重過重險些將繩子掙斷。這時，城外有很多農民軍在巡邏，於是福王等人藏入了迎恩寺裡。

農民軍將福王府洗劫一空之，卻沒能發現福王，遂四處追捕。福王體態豐滿，走路顛顛晃晃，特徵過於明顯，搜捕人員一打聽就追到了迎恩寺，將他拖了出來。農民軍大都是苦出身，面黃肌瘦，頭一次見到這麼肥的傢伙，恨意頓生，上來就是一頓拳打腳踢。朱常洵連聲討饒。

這時，剛剛被捕的呂維祺恰好從路旁經過，看見這些人如此打罵福王，很是生氣，又看見福王哭爹喊娘的一副衰樣，就更加憤慨了，他昂首對福王說：「死生有命，名節至重，萬望王爺不要自取其辱。」意思是要身為大明皇子的朱常洵自重，實在不行就自刎。但他既沒有自殺的機會，更沒有自殺的勇氣。

後來，朱常洵的死法是極其血腥的。

李自成代表人民將朱常洵狠狠的喝斥一番，隨即派人宰了幾頭梅花鹿，而後像殺豬一樣，將朱常洵扔在熱水鍋裡燙洗一遍，洗剝乾淨，剁成肉塊，放上佐料，和鹿肉混在一起燉成了下酒菜，美其名曰「福祿（鹿）宴」。

之後，農民軍將富麗堂皇的福王府付之一炬，大火連燒了三天三夜仍未停息。死訊傳到京城，崇禎帝大為震驚，彷彿看到了大明帝國的覆滅，罷朝三日，為福王舉哀。

兩年後，李自成率兵攻入北京，崇禎帝自吊煤山，明朝滅亡。

血染的皇權：中國歷代天子鬥爭史

作　　者　王振興

發 行 人　林敬彬
主　　編　楊安瑜
編　　輯　黃谷光、何亞樵
特約編輯　黃亭維
內頁編排　李偉涵
封面設計　陳膺正
編輯協力　陳于雯、林裕強

出　　版　大旗出版社
發　　行　大都會文化事業有限公司
11051台北市信義區基隆路一段432號4樓之9
讀者服務專線：(02)27235216
讀者服務傳真：(02)27235220
電子郵件信箱：metro@ms21.hinet.net
網　　址：www.metrobook.com.tw

郵政劃撥　14050529 大都會文化事業有限公司
出版日期　2019年04月初版一刷
定　　價　380元
ＩＳＢＮ　978-986-97047-5-5
書　　號　History-108

Metropolitan Culture Enterprise Co., Ltd.
4F-9, Double Hero Bldg., 432, Keelung Rd., Sec. 1,
Taipei 11051, Taiwan
Tel:+886-2-2723-5216　Fax:+886-2-2723-5220
E-mail:metro@ms21.hinet.net
Web-site:www.metrobook.com.tw

◎本書由遼寧人民出版社授權繁體字版之出版發行。
◎本書如有缺頁、破損、裝訂錯誤，請寄回本公司更換。

國家圖書館出版品預行編目（CIP）資料

血染的皇權：中國歷代天子鬥爭史 / 王振興 著.
-- 初版. -- 臺北市：大旗出版：大都會文化發行,
2019.04；368 面；17×23公分.

ISBN 978-986-97047-5-5（平裝）
1. 傳記　2. 中國史

610.4　　108001672

大都會文化　讀者服務卡

書名：血染的皇權：中國歷代天子鬥爭史
謝謝您選擇了這本書！期待您的支持與建議，讓我們能有更多聯繫與互動的機會。

A. 您在何時購得本書：______年______月______日
B. 您在何處購得本書：____________書店，位於____________（市、縣）
C. 您從哪裡得知本書的消息：
1. □書店　2. □報章雜誌　3. □電台活動　4. □網路資訊
5. □書籤宣傳品等　6. □親友介紹　7. □書評　8. □其他
D. 您購買本書的動機：（可複選）
1. □對主題或內容感興趣　2. □工作需要　3. □生活需要
4. □自我進修　5. □內容為流行熱門話題　6. □其他
E. 您最喜歡本書的：（可複選）
1. □內容題材　2. □字體大小　3. □翻譯文筆　4. □封面　5. □編排方式　6. □其他
F. 您認為本書的封面：1. □非常出色　2. □普通　3. □毫不起眼　4. □其他
G. 您認為本書的編排：1. □非常出色　2. □普通　3. □毫不起眼　4. □其他
H. 您通常以哪些方式購書：（可複選）
1. □逛書店　2. □書展　3. □劃撥郵購　4. □團體訂購　5. □網路購書　6. □其他
I. 您希望我們出版哪類書籍：（可複選）
1. □旅遊　2. □流行文化　3. □生活休閒　4. □美容保養　5. □散文小品
6. □科學新知　7. □藝術音樂　8. □致富理財　9. □工商企管　10. □科幻推理
11. □史地類　12. □勵志傳記　13. □電影小說　14. □語言學習（____語）
15. □幽默諧趣　16. □其他
J. 您對本書（系）的建議：

____

K. 您對本出版社的建議：

____

讀者小檔案

姓名：______________　性別：□男　□女　生日：____年____月____日
年齡：□ 20 歲以下 □ 21～30 歲 □ 31～40 歲 □ 41～50 歲 □ 51 歲以上
職業：1. □學生 2. □軍公教 3. □大眾傳播 4. □服務業 5. □金融業 6. □製造業
7. □資訊業 8. □自由業 9. □家管 10. □退休 11. □其他
學歷：□國小或以下 □國中 □高中／高職 □大學／大專 □研究所以上
通訊地址：______________________________
電話：（H）______________（O）______________　傳真：______________
行動電話：______________　E-Mail：______________________
◎謝謝您購買本書，也歡迎您加入我們的會員，請上大都會文化網站 www.metrobook.com.tw 登錄您的資料。您將不定期收到最新圖書優惠資訊和電子報。

血染的皇權

中國歷代
天子鬥爭史

北區郵政管理局
登記證北台字第9125號
免貼郵票

大都會文化事業有限公司

讀者服務部 收

11051 臺北市基隆路一段432號4樓之9

寄回這張服務卡〔免貼郵票〕
您可以：
◎不定期收到最新出版訊息
◎參加各項回饋優惠活動

大旗出版
BANNER PUBLISHING

大旗出版
BANNER PUBLISHING

大旗出版
BANNER PUBLISHING

大旗出版
BANNER PUBLISHING